Hinterher ist man immer schlauer!

Uwe Wilkesmann · Heiko Antoniewicz ·
Maximiliane Wilkesmann

Hinterher ist man immer schlauer!

Wissenstransfer in der gehobenen Gastronomie

Uwe Wilkesmann
Dortmund, Deutschland

Heiko Antoniewicz
Werne, Deutschland

Maximiliane Wilkesmann
Dortmund, Deutschland

ISBN 978-3-658-37929-2   ISBN 978-3-658-37930-8 (eBook)
https://doi.org/10.1007/978-3-658-37930-8

Die Deutsche Nationalbibliothek verzeichnet diese Publikation in der Deutschen Nationalbibliografie; detaillierte bibliografische Daten sind im Internet über http://dnb.d-nb.de abrufbar.

© Der/die Herausgeber bzw. der/die Autor(en), exklusiv lizenziert an Springer Fachmedien Wiesbaden GmbH, ein Teil von Springer Nature 2022
Das Werk einschließlich aller seiner Teile ist urheberrechtlich geschützt. Jede Verwertung, die nicht ausdrücklich vom Urheberrechtsgesetz zugelassen ist, bedarf der vorherigen Zustimmung des Verlags. Das gilt insbesondere für Vervielfältigungen, Bearbeitungen, Übersetzungen, Mikroverfilmungen und die Einspeicherung und Verarbeitung in elektronischen Systemen.
Die Wiedergabe von allgemein beschreibenden Bezeichnungen, Marken, Unternehmensnamen etc. in diesem Werk bedeutet nicht, dass diese frei durch jedermann benutzt werden dürfen. Die Berechtigung zur Benutzung unterliegt, auch ohne gesonderten Hinweis hierzu, den Regeln des Markenrechts. Die Rechte des jeweiligen Zeicheninhabers sind zu beachten.
Der Verlag, die Autoren und die Herausgeber gehen davon aus, dass die Angaben und Informationen in diesem Werk zum Zeitpunkt der Veröffentlichung vollständig und korrekt sind. Weder der Verlag, noch die Autoren oder die Herausgeber übernehmen, ausdrücklich oder implizit, Gewähr für den Inhalt des Werkes, etwaige Fehler oder Äußerungen. Der Verlag bleibt im Hinblick auf geografische Zuordnungen und Gebietsbezeichnungen in veröffentlichten Karten und Institutionsadressen neutral.

Einbandabbildung: Deblik unter Verwendung eines Fotos von Hendrik Berns

Planung/Lektorat: Katrin Emmerich
Springer ist ein Imprint der eingetragenen Gesellschaft Springer Fachmedien Wiesbaden GmbH und ist ein Teil von Springer Nature.
Die Anschrift der Gesellschaft ist: Abraham-Lincoln-Str. 46, 65189 Wiesbaden, Germany

Vorwort der Autor*innen

Hinterher ist man immer schlauer – wie wäre es denn mal mit vorher?
Genau das haben wir drei uns gedacht, als wir unsere Köpfe zusammengesteckt und dieses Buchprojekt in Angriff genommen haben. Man könnte sagen, dass wir von Natur aus neu- bzw. wissbegierig sind und unser Wissen auch gerne weitergeben. Sei es in Gestalt von Vorträgen, Interviews, Beratung und Seminaren oder in Form von Publikationen. So gesehen sind die Aneignung und der Transfer von Wissen zentrale Bausteine unserer eigenen Arbeit und in diesem Buch möchten wir die beiden Welten der wissenschaftlichen und der praktischen Beschäftigung mit dem Thema Wissenstransfer in der Gastronomie zusammenbringen. Die Gastronomie ist für uns drei eine Quelle des absoluten Vergnügens und von ungebrochenem Interesse. Schließlich geht es in der gehobenen Gastronomie um das Sammeln von neuen Erfahrungen sowie um den Erwerb von Wissen – sei es als Gast oder als Profi in der Gastronomie. Insofern ist das gastronomische Lernen für uns eine nie versiegende Quelle der Faszination.

Wir hoffen, dass der Funke dieser Faszination auf Sie, liebe Leserinnen und Leser, überspringt und wünschen Ihnen spannende Einblicke und viel Freude bei der Lektüre!

Dortmund
im Mai 2022

Danksagung

Namentlich möchten wir folgenden Personen für ihre großartige Unterstützung zu dem Buch in alphabetischer Reihenfolge danken: Juan Amador, Mona Bassyiouny, Tobias Bätz, Klaus Baumgartner, Hajo Bergmann, Hendrik Berns, Tristan Brandt, Hannes Buchner, Benjamin Chmura, Michael Dyllong, Sabine Eichbauer, Felix Eichbauer, Sven Elverfeld, Katrin Emmerich, Andrea Goedecke, Daniel Gottschlich, Matthias Hahn, Jan Hartwig, Ingo Hettig, Martina Höffmann, Myriam Huhn, Denis Kleinknecht, Tim Koch, Manuel Kölmel, Sabrina Koos, Christian Kratz, Sabine Krogemann, Tim Mälzer, Stefan Messner, Anne Meyer-Hannes, Kersten Mügge, The Duc Ngo, Silvio Nickol, Heiko Nieder, Jörg (Joshi) Osswald, Sunny Randlkofer, Florian Randlkofer, Mona Röthig, Dirk Rogge, Lukas Rohé (†), Marie Schlötterer, Phillip Schneider, Ralf Schmitt (Papaya Schmitti), Sarah Schweizer, Sascha Stemmberg, Ronja Vorberg, Joachim Wissler und Lea Zindel.

Inhaltsverzeichnis

1	**Alles Zucker – oder was?**	1
1.1	Unsere »Speise« Karte	3
1.2	Unsere wissenschaftlichen »Beilagen«	4
2	**Die Gastronomie – ein Fach ohne klar definierte Grenzen?**	7
2.1	Die Ursprünge der Gastronomie	8
2.1.1	Essengehen in der Antike	10
2.1.2	Die Geburt der Restaurants in Frankreich – wie eine Speise zum angesagten Ort wird	17
2.2	Die Industrialisierung der Gastronomie und die Veränderung des Geschmacks	24
2.2.1	Nahrungsbeschaffung und Ernährungsgewohnheiten im Wandel	25
2.2.2	Die Geburt der Kantinen im Zuge der Industrialisierung	35

	2.2.3 Die Industrialisierung der Küchenstrukturen und Produktionstechniken	39
	2.2.4 Die Reorganisation der Gastronomie – Rationalisierung und Convenience	44

3 Wissen, Nichtwissen und Wissenstransfer in der Gastronomie ... 55
  3.1 Was ist Wissen? ... 56
    3.1.1 Unterschiede zwischen Daten, Information und Wissen ... 57
    3.1.2 Implizites und explizites Wissen ... 62
  3.2 Ist Nichtwissen das Gegenteil von Wissen? ... 68
    3.2.1 Bekanntes Nichtwissen ... 70
    3.2.2 Unbekanntes Nichtwissen ... 72
    3.2.3 Unbekanntes Wissen ... 74
    3.2.4 Bekanntes Wissen ... 76
    3.2.5 Vom Koch-Novizen zur Meister-Köch*in ... 77
  3.3 Was bedeutet eigentlich Wissenstransfer? ... 81
  3.4 Die Verortung des Wissens in verschiedenen Küchentypen ... 87
    3.4.1 Die Zubereitungsküche ... 87
    3.4.2 Die Mischküche ... 92
    3.4.3 Die Regenerations-, Zubereitungs- und Aufbereitungsküche ... 93
    3.4.4 Die Küche in der Systemgastronomie ... 94
    3.4.5 Die Satellitenküche ... 95
  3.5 Von welchen Faktoren hängt ein erfolgreicher Wissenstransfer ab? ... 96
    3.5.1 Organisationsstruktur ... 97
    3.5.2 Führung ... 99
    3.5.3 Kultur ... 103
    3.5.4 Motivation und soziale Normen ... 112

4	**Kann man Wissen managen?**	**123**
4.1	Die Organisation des Wissens	125
4.2	Die Bausteine des Wissensmanagements in der Gastronomie	130
4.2.1	Wissensziele	130
4.2.2	Wissensidentifikation	133
4.2.3	Wissenserwerb	134
4.2.4	Wissensentwicklung	145
4.2.5	Wissensverteilung	156
4.2.6	Wissensnutzung	162
4.2.7	Wissensbewahrung	163
4.2.8	Wissensbewertung	165
5	**Wissen und Wissenstransfer im Service**	**167**
5.1	Service-Wissen in der Spitzengastronomie	169
5.2	Wissenserwerb im Service	174
5.3	Wissensbewahrung im Service	175
5.4	Facetten des Service im Wissenstransfer	177
6	**Wissenstransfer in Form von Beratung**	**183**
6.1	Gastronomie-Beratung durch die »tellerrand consulting« GmbH	185
6.2	Beratung durch ein Food-Unternehmen	189
6.3	Beratung im Service-Bereich	196
6.4	Kaffee- und Barista-Beratung	203
7	**Case Studies**	**205**
7.1	Wissenstransfer im Team von Alexander Herrmann	205
7.2	Wissenstransfer im familienbetriebenen Sternerestaurant von Sascha Stemberg	213
7.3	Wissenstransfer in und zwischen den Restaurants von The Duc Ngo	218
7.4	Neuausrichtung im Premium Catering bei Alois Dallmayr	226

7.5	Wissenstransfer in ein neues Business-Feld – vom Boden in die Luft	233
7.6	Wissenstransfer im Gegenstrom-Prinzip bei einem großen Kantinenbetreiber	237
7.7	Gastronomie bei Cluburlaubanbieter im Premiumsegment	244

8	**Lernen in und aus der Krise**	249
9	**Ein kleiner »Absacker« zum Schluss**	257
Anhang		263
Literatur		265

Über die Autoren

Das Autorenteam. (Foto: Hendrik Berns)

Uwe Wilkesmann ist Direktor des Zentrums für HochschulBildung und Inhaber des Lehrstuhls für Organisationsforschung und Weiterbildungsmanagement an der Technischen Universität Dortmund. **Heiko Antoniewicz** ist Koch, Buchautor, Coach, Vordenker und

Visionär und wird von den Kolleg*innen seiner Zunft liebevoll »Kochprofessor« genannt. Er entfaltet Ideen und entwickelt Food-Konzepte, bevor sie Trend werden. Als mehrfach ausgezeichneter Buchautor und Impulsgeber gibt er der gastronomischen Szene immer wieder neue Ideen und Inspirationen. **Maximiliane Wilkesmann** hat die Heisenberg-Professur für Arbeits- und Organisationssoziologie an der Fakultät Sozialwissenschaften an der Technischen Universität Dortmund inne. Als Forscherehepaar haben Uwe und Maximiliane Wilkesmann bereits ein Buch zur Organisation der Spitzengastronomie geschrieben, für das sie im Feuilleton der FAZ als »Gourmetprofessoren« geadelt wurden.

1

Alles Zucker – oder was?

In der ersten Folge der sechsten Staffel der bekannten Kochduell-Sendung *Kitchen Impossible* muss Tim Mälzer ein Gericht von mir, Heiko, nachkochen. Während er am Herd steht, um das Gericht nachzukochen, fragt er nach Zucker, worauf er von mir die Antwort bekommt: »*Welchen Zucker hättest Du denn gern?*«

Zucker ist nämlich nicht gleich Zucker – jeder Zucker hat ein anderes Geschmacksbild. Deshalb ist es für ein Gericht wichtig zu wissen, welcher Zucker verwendet werden soll. In fast allen Rezepten steht an dieser Stelle aber nur das Wort »Zucker«, verbunden mit einer Gewichtsangabe: z. B. »200 g Zucker«. Allerdings ist damit nicht geklärt, ob es sich dabei um weißen Kristallzucker handelt oder um Muskovado Zucker. Muskovado Zucker ist ein unraffiniertes bis teilraffiniertes Produkt aus Rohrzucker und hat durch seinen hohen Melassegehalt einen ganz anderen Geschmack, mehr Tiefe, mehr Rundungen als Kristallzucker. Aufgrund dieses hohen Melassegehalts lässt er sich aber nicht karamellisieren und eignet sich deshalb z. B.

nicht für die Zuckerkruste auf einer Crème-Brûlée. Das muss man erst einmal wissen – aber nicht nur das! Zucker, der aus deutschen Zuckerrüben oder aus Zuckerrohr aus Brasilien gemacht wurde, unterscheidet sich ebenfalls im Geschmack. So müsste, ganz genau und puristisch betrachtet, nicht nur die Art, sondern auch die Herkunft des Zuckers in einem Rezept vermerkt sein. In der angesprochenen Folge von *Kitchen Impossible* hat Tim Mälzer den Zucker beim Karamellisieren in einem meiner Töpfe anbrennen lassen. Allerdings nicht, weil er Muskovado Zucker verwendet hat, sondern weil er ihn einfach unbeobachtet im Topf ließ. Diesen verbrannten Topf habe ich ihm als Andenken auf eine Leinwand drucken lassen (Abb. 1.1) und dient als Sinnbild für den Untertitel: Hinterher ist man immer schlauer – wie wäre es mit vorher? Die Abb. 1.1 zeigt das Original aus der *Kitchen Impossible* Folge 1 aus der 6. Staffel.

Übrigens handelt es sich bei dem »Gericht« auf dem Teller des Buchcovers um Tamarinden, die absichtlich verbrannt wurden, um daraus Pulver herzustellen. Dieses Pulver kann man prima zum Würzen von Fisch verwenden oder um Limonaden den letzten Kick zu geben.

Abb. 1.1 Der von Tim Mälzer in der Folge 1 der 6. Staffel von *Kitchen Impossible* verbrannte Topf. (Foto: Heiko Antoniewicz)

1.1 Unsere »Speise« Karte

Wie bei einer Speisekarte, die Appetit machen und die Vorfreude auf den Genuss der ausgewählten Speisen steigern soll, möchten wir Ihnen kurz vorstellen, was Sie in unserem Buch zum Wissenstransfer in der Gastronomie erwartet. Dabei haben wir uns an dem gängigen Aufbau einer Speisekarte orientiert. Gerade eben in diesem Moment lesen Sie den »Gruß aus der Küche«, der Sie auf unser Buch einstimmen soll. Bei den »Vorspeisen« werden Sie erfahren, was man eigentlich unter Gastronomie versteht, wie diese entstanden ist und wie sich die Gastronomie, aber auch unser Essverhalten im Laufe der Zeit gewandelt haben. In der Gastronomie spielen eine Vielzahl von Faktoren eine Rolle, die für die von einer Gruppe, einem Ort, einer Region oder sogar einer Nation verzehrten und konsumierten Lebensmittel und Getränke relevant sind. Insofern umfasst die Beschäftigung mit der Gastronomie auch die Untersuchung jener Faktoren, die den Genuss von Lebensmitteln beeinflussen und wie dieser Genuss maximiert werden kann (Gillespie und Cousins 2001). Die gerade geschilderte Eingangsszene aus *Kitchen Impossible* hat Sie hoffentlich schon ein bisschen auf unsere »Hauptspeisen« vorbereitet. Schließlich zeigt das Beispiel, wie vielfältig allein die Beschäftigung mit verschiedenen Zuckersorten sein kann und warum es sich lohnt, sich neues (Zucker-)Wissen anzueignen. Doch wann werden diese neuen Informationen zu Wissen? Das ist eine Frage, der wir bei den Hauptspeisen genauso nachgehen, wie der Frage, ob Nichtwissen das Gegenteil von Wissen ist und ob bzw. wie man Wissen managen kann? Zudem erfahren Sie auch, von welchen Faktoren Wissenstransfer abhängig ist. Wie die Entwicklung von neuem Wissen und die Vermeidung von Wissensverlusten organisiert werden kann, ist ebenfalls ein Thema in diesem Buch. An vielen »Beilagen« in Form von verschiedenen Praxisbeispielen zeigen wir, wo und wie einzelne Aspekte des Wissenstransfers besonders gut umgesetzt werden. Uns ist bewusst, dass es viele Dinge gibt, die man im Vorhinein (noch) nicht wissen kann. Der Umgang mit den Auswirkungen der Corona-Pandemie ist ein eindrückliches Beispiel hierfür. Auch wenn es sich hierbei um eine der einschneidendsten Krisen für die Gastronomie in der jüngsten Vergangenheit handelt, ziehen wir abschließend bei den »Desserts« (die ja in der heutigen Zeit nicht mehr unbedingt quietschsüß sein müssen) die Lehren aus der Pandemie und enden mit einer kurzen Zusammenfassung. Bei den Getränken haben Sie die freie Auswahl zwischen einer alkoholischen oder alkoholfreien Begleitung.

1.2 Unsere wissenschaftlichen »Beilagen«

Bei unseren Ausführungen haben wir uns – wie es sich für drei ordentliche (Koch-bzw. Gourmet-)Professor*innen gehört – natürlich an die Regeln guter wissenschaftlicher Praxis gehalten und wissenschaftliche Methoden angewandt, deren Zutaten wir kurz beschreiben.

Ganz wichtig an dieser Stelle zu betonen ist, dass sich unser Buch an ein breites Publikum wendet, das in der Gastronomie beheimatet ist oder das sich für wissenschaftliche Einblicke in die Gastronomie interessiert. Zusätzlich zu unserem eigenen Experten- und Beratungswissen existieren zu einigen Teilaspekten, die in diesem Buch behandelt werden, schon wissenschaftliche Untersuchungen. Dies ist etwa zur Innovation beim Restaurant El Bulli sowie zu den sozialen Normen unter Köch*innen der Fall. Außerdem gibt es umfangreiche wissenschaftliche Erkenntnisse zum Wissenstransfer und Wissensmanagement aus anderen Branchen, die wir für dieses Buch ebenfalls aufbereitet haben.

Neben unserem Erfahrungswissen waren unsere wichtigsten Quellen die fast 40 Interviews, die wir unter anderem mit Köch*innen, Servicekräften, Personen aus der Produktionsleitung von Catering-Unternehmen und Unternehmen aus der Lebensmittelbranche sowie Gastronomie-Berater*innen für dieses Buch geführt haben. Hierunter fallen auch Interviews, die wir für das Buch „Nicht nur eine Frage des guten Geschmacks" (Wilkesmann und Wilkesmann 2020) mit Personen aus der Spitzengastronomie durchgeführt und einer Zweitauswertung unterzogen haben. Alle Interviews dauerten zwischen 50 und 90 Minuten. Sie wurden alle aufgezeichnet und transkribiert, um sie anschließend auswerten zu können. Einige der Interviewpartner*innen haben uns die Erlaubnis gegeben, sie namentlich zu zitieren. Da diese Personen zum Teil auch öffentlich bekannt sind, ist es sicherlich interessant zu wissen, von wem genau einige Zitate stammen. Deshalb sind manche Interviews namentlich gekennzeichnet, andere nur mit der Funktionsbezeichnung, um für die Leserinnen und Leser verständlich zu machen, aus welcher Perspektive ein Statement abgegeben wurde. Eine Übersicht zu den einbezogenen Interviewpartner*innen für unser Buch gibt Tab. 1.1.

Zusätzlich haben wir eine quantitative Online-Befragung während des ersten Corona-Lockdowns im Frühjahr 2020 unter Köch*innen durchgeführt. Dabei haben wir alle 309 Köch*innen in Deutschland angeschrieben, die mit einem Michelin Stern im Jahre 2019 ausgezeichnet wurden. Insgesamt 68 Michelin-Sterneköch*innen haben unseren Fragebogen ausgefüllt. Dies entspricht einer beachtlichen Rücklaufquote von 22 %. Parallel dazu haben wir uns auch die nicht mit einem Stern ausgezeichneten Köch*innen näher angesehen, um ihre Motive mit denen der vom Guide Michelin mit einem Stern ausgezeichneten Köch*innen zu vergleichen, indem wir eine offene Online-Umfrage über Social-Media-Kanäle verbreitet haben. Nach der Bereinigung dieses Rohdatensatzes enthielt die Stichprobe Daten von 80 nicht ausgezeichneten Köch*innen. Für die weiteren Analysen haben wir die Daten aus beiden Umfragen abgeglichen, sodass insgesamt 148 Köch*innen enthalten sind. Die Tab. 1.2 zeigt die Verteilung der aus-

Tab. 1.1 Verteilung der Interviewpartner*innen. (Quelle: eigene Darstellung)

Interviewpartner	Anzahl der Interviews
Köch*innen	23
Berater*innen	4
Gastronomie- oder Produktionsleiter*innen	3
Mâitre	1
Sonstige Mitarbeiter*innen	4
Journalist*innen	2
Lebensmittelproduzent*in	1
Gesamt (davon weiblich)	**38 (6)**

Tab. 1.2 Teilnehmende Köch*innen an der Befragung 2020. (Quelle: Wilkesmann und Wilkesmann 2021b, S. 12)

	Nicht im Guide Michelin gelistet	Bib Gourmand Auszeichnung	"Teller" Auszeichnung	1 Michelin Stern	2 Michelin Sterne	3 Michelin Sterne	Σ
Köch*innen	58	12	6	58	13	1	148

gezeichneten und nicht ausgezeichneten Köch*innen (vgl. Wilkesmann und Wilkesmann 2021a).

Angesichts unserer gesammelten Daten könnte man vermuten, dass es uns vor allem um die Spitzengastronomie gehen würde. Dies ist aber nicht der Fall. Warum wir unter Gastronomie mehr verstehen als Spitzen-Restaurants, zeigt das nachfolgende Kapitel unseres Buches. Wir starten mit einer möglichst schlank gehaltenen Zusammenfassung der Entstehung und Entwicklung der Gastronomie.

2
Die Gastronomie – ein Fach ohne klar definierte Grenzen?

> **Vor·spei·se**
>
> /Vórspeise/
> *Substantiv, feminin* [die]
>
> 1. normalerweise: kleinere, appetitanregende Speise, die eine aus mehreren Gängen bestehende Mahlzeit einleitet
> 2. in unserem Fall: gedankliche Einstimmung auf die Entstehungsgeschichte der (gehobenen) Gastronomie

Die Gastronomie ist ein Fach ohne klar definierte Grenzen (Gillespie und Cousins 2001; Wagner 2015). Schaut man sich die Regelungen in Österreich, Deutschland oder in der Schweiz an, wird die Gastronomie als ein Gewerbe verstanden, das wiederum in verschiedene Betriebsarten unterteilt wird. In Deutschland bildet die Gastronomie zusammen mit der Hotellerie das Gastgewerbe und wird laut dem Statistischen Bundesamt in zehn verschiedene Betriebstypen unterteilt (Bars und Vergnügungslokale, Cafés, Caterer, Discotheken und Tanzlokale, Eisdielen, Imbisshallen, Kantinen, Restaurants, Schankwirtschaften sowie Trinkhallen). In Österreich werden Gastronomiebetriebe bei der Konzessionierung auf eine bestimmte Betriebsart festgelegt (z. B. Gasthaus, Restaurant, Kaffeehaus, Kaffeerestaurant, Kaffeekonditorei oder Buffet). Die Betriebsart wird durch die Räumlichkeiten, die Ausstattung oder Einrichtung und die Betriebsführung bestimmt (Wagner 2015). In der Schweiz hingegen definiert der Schweizer Kochverband die Gastronomie als den Teil des Gastgewerbes, der sich vom Bistro bis zur Kneipe mit der Bewirtung der Gäste befasst. Nicht nur Durst und Hunger, sondern auch kulturelle Erlebnisse und das Bedürfnis nach Kommunikation sollen dabei gestillt werden. Neue Formen entstehen durch die System- oder Erlebnisgastronomie; bei ersterer wird das Essen nach genau definierten Standards angeboten, bei letzterer kommt ein gewisser Erlebnisfaktor hinzu (Embacher 2022).

Die Gastronomie ist zudem ein Bereich, der im Prinzip allen Interessierten, Anbieter*innen und Verbraucher*innen offensteht und sich stetig wandelt, sei es durch die Verfügbarkeit von (neuen) Zutaten oder Zubereitungstechniken und Experimentierfreude der Köch*innen, die visuellen Anregungen in verschiedenen Medien oder durch die (kritische) Nachfrage und Ernährungspräferenzen der Gäste. Ganz bewusst werden wir in diesem Buch (fast) die volle Breite der Gastronomie in den Blick nehmen, angefangen von kleinen besternten Spitzenrestaurants über das gehobene Catering bis hin zu Großküchen. Das hat auch damit zu tun, dass Definitionsversuche in der Gastronomieforschung ein breites Spektrum aufweisen. Grob lassen sich zwei Hauptbereiche unterscheiden, deren Grenzen sich überschneiden und verschwimmen (vgl. Scarpato 2002, S. 52): Einerseits wird unter Gastronomie ausschließlich der Genuss von Speisen und Getränken auf hohem Niveau verstanden. Andererseits wird die Gastronomie als eine weitreichende Disziplin definiert, die alles umfasst, was mit Lebensmitteln zu tun hat, einschließlich aller Dinge, die wir essen und trinken.

2.1 Die Ursprünge der Gastronomie

Der Name »Gastronomie« ist wortwörtlich in aller Munde. Doch was bedeutet dieser Begriff überhaupt? Wenn wir zunächst auf den Ursprung des Wortes »Gastronomie« zurückgehen (Wagner 2015),

2 Die Gastronomie – ein Fach ohne klar definierte Grenzen?

wird sehr schnell deutlich, worum es hier eigentlich geht und warum der Begriff in vielen Sprachen genauso gebraucht wird. Sei es im Englischen der Begriff »gastronomy«, im spanischen, italienischen und osteuropäischen Raum der Begriff »Gastronomia« oder in den skandinavischen Ländern »Gastronomi«. Alle gebräuchlichen Bezeichnungen gehen auf die griechische Variante »Γαστρονομία« (gastronomía) zurück, die als Ursprung des Begriffs ausgemacht werden kann. In der eigentlichen Bedeutung setzt sich das Wort zusammen aus »γαστρός« (gastrós), was so viel bedeutet wie »*Bauch*« bzw. »*Magen*« und der Wortendung »*-nomia*« mit der Bedeutung »*Fachgebiet*« oder »*Kunde*«. Wortwörtlich haben wir es also mit der »*Magenkunde*« zu tun.

Man könnte an dieser Stelle denken, dass sich das Wort »Gast« ebenfalls daher ableitet – dem ist aber nicht so. Das Wort »Gast« kommt vielmehr aus dem althochdeutschen bzw. gotischen Sprachgebrauch und bedeutet so viel wie »Fremdling«. Im frühneuhochdeutschen Wörterbuch wird ein Gast als »*Zugereister*« oder als »*jemand, der von einem Gastgeber, Wirt beherbergt, bewirtet wird; Eingeladener, Besucher*« bezeichnet und Gaststätten sind somit Orte, an denen Besucher bewirtet werden. Insofern haben wir es mit zwei unterschiedlichen sprachlichen Ausgangspunkten der Begriffe »*Gastronomie*« und »*Gast*« zu tun, wobei der Begriff der Gastronomie mehr als nur Gaststätten umfasst.

Auswärts zu essen war schon immer von sozialen Normen und wirtschaftlichen Aspekten geprägt, denn eigentlich aß man in der Antike in der Regel mit einer festen, privaten Gruppe von verwandten Menschen, sodass das Essen in der Öffentlichkeit und mit Fremden zunächst eine Ausnahme war. Anlässe, bei denen man den Kreis der Tischgenossen erweiterte, waren zum Beispiel Reisen (Arbeit, Religion, Krieg, Handel), Verhandlungen (Handel, Diplomatie) und Feiern (vgl. Rawson und Shore 2020, S. 10). Das gemeinsame Essen und Trinken von Menschen, die nicht miteinander verwandt waren, war bereits ein Merkmal von antiken Gesellschaften, über die es Aufzeichnungen gibt und die wir nun kurz vorstellen werden.

2.1.1 Essengehen in der Antike

Bleiben wir also für einen kurzen Moment in der Antike bei den alten Griechen. Ihre Küche basierte auf den drei Gaben der Götter, ohne die zivilisierte Menschen nicht leben können: Getreide, Wein und Öl. Das Getreide war das Geschenk der Göttin Demeter, der Wein das des Gottes Dionysos, während Athene den Menschen die Olivenkultur beigebracht haben soll (vgl. Grimm 2019, S. 73). Den Griechen wird zugesprochen, dass sie eine Kultur der Ernährung herausbildeten und diesbezüglich als Trendsetter in der Antike galten. Dies hat damit zu tun, dass im antiken Griechenland, insbesondere in Athen, das Essengehen in einer Gaststätte kultiviert wurde. In der Antike aß man täglich mit einer festen Gruppe von Menschen, die, wie oben beschrieben, je nach Anlass manchmal erweitert wurde.

Gaststätten und Wirtshäuser waren schon in den griechischen Städten und Stadtstaaten (Polis) bekannt und reichten von einfachen Garküchen bis hin zu Hotels, etwa in Form des *Leonidaion* in Olympia. Den alten Quellen nach zu urteilen, betraten angesehene Bürger diese Gaststätten und Gasthäuser aber eher nicht, weil diese auch als Bordelle fungierten und der angebotene Wein häufig gepanscht wurde (vgl. Hirschfelder 2005, S. 60 f.). Aus diesem Grund fand in Athen bei den wohlhabenden und intellektuellen Griechen das gesellschaftliche Leben weniger in den Gasthäusern als vielmehr im privaten Bereich in Form des sogenannten *Symposions* statt, eine Art formalisiertes Trinkgelage, von dem Frauen und Kinder ausgeschlossen waren. Das Symposion verstand sich als hierarchisch strukturierte Zusammenkunft, in der es eine klare Ordnung gab (vgl. Dalby 1998, S. 35 f.; Hirschfelder 2005, S. 62; Rawson und Shore 2020, S. 11 f.): Zunächst gab es ein gemeinsames Essen, das auf Speisesofas zu sich genommen wurde. Die Gäste legten sich allein oder zu zweit auf diese Bänke und aßen die mundgerechten Häppchen mit den Händen. Dann wurde der Zechmeister, der sogenannte Symposiarch, ausgelost. Er organisierte zunächst die Weihe des Weins, der an den Weingott Dionysus geopfert wurde. Er bestimmte, in welchem Verhältnis Wasser und Wein – der stärker war als der Wein von heute – gemischt werden sollten. Oftmals übernahm die Rolle auch der Gastgeber, um den Grad des Betrunkenwerdens

2 Die Gastronomie – ein Fach ohne klar definierte Grenzen?

seiner Gäste sicherzustellen und diese von Hemmungen zu befreien, worin das eigentliche Ziel des Symposions bestand. Die Becher wurden rechtsherum gereicht und in einem Zug geleert, es wurde musiziert, es wurden Gedichte vorgetragen und all jenes getan, was die Männer amüsierte – Liebschaften und Seitensprünge inklusive. Insofern ersetzte das Symposion für die Männer praktisch das Wirtshaus, welches sie wegen des schlechten Rufs und aufgrund ihrer gesellschaftlichen Stellung nicht aufsuchen konnten. Jenseits von Athen gibt es nur wenige Berichte darüber, wie gegessen und gefeiert wurde. Eine Ausnahme bildet Sparta, weil der Kontrast zwischen der Lebensweise der Spartaner und der Athener sehr groß war, sodass die Athener das Leben in Sparta detailliert beschrieben. Von Platon ist beispielsweise überliefert, dass ein Spartaner Folgendes sagte:

„Der Gesetzgeber in Sparta scheint mir mit Recht zu befehlen, daß man die Vergnügungen meiden soll […] denn alles, bei dem die Menschen am ehesten in die ausschweifendsten Lüste und Frevel in alle mögliche Torheit verfallen, […] und weder auf dem Lande noch in den Städten, die den Spartanern unterstehen, wirst du ein Symposion sehen können" (Platon zitiert nach Dalby 1998, S. 41)

In diesem Zitat wird die Herkunft des Wortes »spartanisch« nur allzu deutlich. Damit ist die Vermeidung von Luxus gemeint, aber auch eine Härte gegenüber sich selbst, die augenscheinlich die Bewohner des antiken Sparta auszeichnete und sich stark von den Vorstellungen der Schriftgelehrten aus Athen unterschied. In der breiten antiken griechischen Bevölkerung jedoch, die zu 95 % der Landwirtschaft nachging, wurde ebenfalls auf Luxus verzichtet und einfache Mahlzeiten gemeinsam eingenommen. Meist bestanden diese aus wenig proteinreichen Zutaten, weil tierische Nahrung im Land Mangelware war. An der Küste spielten Fisch und Meeresfrüchte eine wichtige Rolle bei der Ernährung. Dies zeigt sich einerseits in Form von archäologischen Funden (z. B. Münzen, Zeichnungen, versteinerte Essensreste in Tongefäßen), andererseits gibt es viele antike Literaturquellen, die dies belegen (Wilkins 2005; Grimm 2019). Unter diesen Quellen findet sich auch eine Vielzahl von Rezepten. Und da unsere Leserinnen und Leser sicherlich ein Rezept in unserem Buch erwarten, werden wir auch direkt ein aus der Antike überliefertes Rezept zum Besten geben:

> „Zunächst sollte in einer Kasserole Olivenöl erhitzt werden. Anschließend waren zwei Esslöffel Fischsoße und ein guter Esslöffel klarer Honig hinzuzufügen. Zusammen mit etwa einem halben Pfund frischer Garnelen sollte das Ganze kurz kochen. Dann wurden die Garnelen mit einem Sieb entnommen. Die Brühe verkochte zur Hälfte, wurde mit zwei Teelöffeln frisch gehacktem Oregano abgeschmeckt und wieder über die Garnelen gegossen" (Hirschfelder 2005, S. 69).

Uns ist beim Schreiben direkt das Wasser im Mund zusammengelaufen. Geht es Ihnen genauso? Das hat damit zu tun, dass wir beim Lesen des Rezepts die einzelnen Zutaten und Zubereitungsmethoden in unserem Kopf schmecken können und vielleicht haben auch Sie eine Vorstellung davon, wie es geschmeckt haben könnte. Interessant ist an dieser Stelle, dass hier eine tolle Geschmackskombination aus der Süße des Honigs mit der Fischsoße beschrieben wird, die schon den alten Griechen einen Umami-Moment auf die Zunge gezaubert haben wird. Zu den Geschmackssinnen kommen wir später noch ausführlicher. Bleiben wir zunächst bei der Fischsoße, die in der Antike unter dem Namen »gáros« (griechisch) bzw. »garum« (römisch und byzantinisch) bekannt war und folgendermaßen hergestellt wurde:

> „Sie nehmen vorzugsweise kleine oder große Menolas oder sonst Sardellen, Stöckerfische oder Makrele […] oder eine Mischung von all diesen, legen sie in eine Schüssel von der Art, in der man Teig knetet. Dann kneten sie sechs italische Pfund[1] Salz für jeden Peck (Viertelscheffel) Fisch ein, *so daß diese mit dem Salz gut vermischt sind, lassen das Ganze über Nacht stehen und geben es dann in einen irdenen Krug, den sie zwei oder drei Monate offen in der Sonne stehenlassen, wobei sie gelegentlich mit einem Stock umrühren; dann nehmen sie [die Flüssigkeit], decken sie ab und lagern sie ein" (Dalby 1998, S. 114).

---

[1] Beim italischen Pfund handelt es sich um eine spätantike Maßeinheit: 1 italisches Pfund = 327 g.

2 Die Gastronomie – ein Fach ohne klar definierte Grenzen?

Die Herstellung und Nutzung der Fischsoße hatte zur Folge, dass zum einen nicht verwertbare Eiweißlieferanten (z. B. Flossen, Gräten, Innereien) nachhaltig genutzt und haltbar gemacht werden konnten (vgl. Hirschfelder 2005, S. 70). Zum anderen konnte die Fischsoße in Amphoren gelagert als Salzersatz ins Landesinnere transportiert und dort gehandelt werden. Salz fand sich durchaus in den antiken Küchen, jedoch wurde das Salz eher zum Konservieren und zum Pökeln eingesetzt: „Im antiken griechischen Essen kam sicherlich ein Großteil des Salzes in Form von Fischsoße und Pökelfisch zur Speise. Sicher ist dies zwar erst später für Rom, den Rezepten des Apicus nach zu urteilen: *liquamen* (Fischsoße) kommt in fast jedem Rezept vor, Salz hingegen in nur drei von über vierhundert Rezepten für fertige Gerichte und Soßen" (Dalby 1998, S. 116).

Manchmal laufen einem neue Themen einfach zu

Heiko Antoniewicz (Foto: privat)

Nicht ohne Grund haben wir im Vorwort von unserer Neugier und unserem Wissensdurst geschrieben, die uns alle drei einen. Die Augen offen zu halten und bereit zu sein für neue Erfahrungen und Begegnungen, ist dabei ganz wichtig. Denn manchmal läuft einem ein (scheinbar) neues Thema auch einfach zu. So erging es mir bei der Fermentation.

„Meine erste Begegnung mit dem Thema Fermentation gab es bei einer Aufzeichnung zu der Sendung »Planet Wissen«. Ich stellte dort römische Gerichte vor und musste über deren Entstehung berichten. Von Anfang an faszinierte mich die Herstellung von Garum, eine fermentierte Fischsoße, die als Würzmittel eingesetzt wurde. So einfach und simpel es klang war es dann auch. Drei Zutaten miteinander vermählen und warten.

In den folgenden Jahren haben wir begonnen, uns mehr mit fermentierten Produkten zu beschäftigen, und wir haben in andere

> Kulturkreise geschaut, wie diese mit dem Thema umgehen. Es ist ein Schritt in eine kulinarische Zukunft, die auf Tradition gebaut ist.
>
> Wir haben schnell gelernt, dass sich das Geschmacksbild der Produkte während des Fermentationsprozesses ändert und wir einen großen Einfluss darauf nehmen können. Den Einsatz von Gewürzen haben wir bei manchen Zubereitungen ganz zurückgesetzt, da wir den Eigenschmack der Produkte sehr zu schätzen gelernt haben. Ätherische Öle werden potenziert und gebunden, sie können optimal in Speisen eingearbeitet werden. Eingelegte Salzorangen haben unsere klassische Ente à l'orange zu neuen Ufern getragen, da nicht nur der Geschmack, sondern auch der Duft von Orangen dank der Fermentation unvergleichlich transportiert werden kann" (Antoniewicz 2021, S. 3).

Dies führt uns zu einem weiteren wichtigen Punkt, der sich auf das Wechselspiel zwischen Gesellschaft und Gastronomie bezieht. In arbeitsteiligen Gesellschaften, deren Wirtschaft auf Geld und nicht auf Tausch gründet, sind Wirtshäuser seit jeher Teil der städtischen Kultur. Im römischen Reich entwickelte sich aus diesem Grund schon früh ein kommerziell geprägtes Gaststättenwesen. Neben Tavernen, den Vorläufern der heutigen Kneipen, gab es viele andere Formen der Bewirtung von Gästen, die unter den Namen *caupona* (Lokal, Weinschenke, Herberge), *thermopolium* (Gaststätte, in der warme Speisen und Getränke als Schnellimbiss verkauft wurden), *hospitium* (Herberge), *deversorium* (Herberge, Gasthaus), *mansium* (Wohnung) oder *stabulum* (Kneipe, Gasthaus oder Bordell) bekannt waren. Ausgrabungen in Pompeji legen nahe, dass viele Schenken den Service anboten, mitgebrachte Speisen aufzuwärmen, weil zu Hause oftmals keine Feuerstätten vorhanden waren (vgl. Hirschfelder 2005, S. 90). Eigene Küchen in den Haushalten waren bis ins 19. Jahrhundert für die Angehörigen der Arbeiterklasse eine Seltenheit, sodass diese ihr Essen in der Regel auswärts zu sich nahmen (vgl. Rawson und Shore 2020, S. 14). Aus diesem Grund entwickelten die Menschen Rituale und Techniken für das gemeinsame Essen in der Öffentlichkeit. Ausgrabungen zeigen, dass die Römer Gefäße zum Kochen, Essen und Trinken in großen Mengen herstellten. Die zentrale Mahlzeit der Römer war das Abendessen. Ein einfaches oder aufwendiges Abendessen bestand im alten Rom aus mindestens drei Gängen: der *gustatio*

2 Die Gastronomie – ein Fach ohne klar definierte Grenzen?

(Vorspeise), dem *primae mensae* (Hauptgericht) und schließlich dem *secondae mensae* (Nachspeise). Innerhalb eines jeden Ganges wurde eine mehr oder weniger große Auswahl an Gerichten serviert, aus denen die Gäste nach Belieben auswählen konnten. Für die römische Aristokratie war das Gastmahl, das sogenannte *convivium*, die wichtigste Gelegenheit für den Genuss des Essens und der Geselligkeit, wie das Wort »zusammenleben« andeutet *(con=zusammen und vivere=leben)*. Damit unterschieden sie sich bewusst von den Griechen, deren wichtigstes Gemeinschaftserlebnis, wie wir bereits gesehen haben, das *symposion* war und eher »gemeinsames Trinken« bedeutete. Der Unterschied war in der Tat beträchtlich: Römische Ehefrauen nahmen mit ihren Ehemännern an dem Bankett teil, während griechische Ehefrauen bei den Gelagen ihrer Männer nicht willkommen waren (vgl. Grimm 2019, S. 85).

Zusätzlich etablierten sich bei den Römern Örtlichkeiten und Räume für die Zusammenkünfte, wie die bereits genannte *caupona*. In Pompeji konnten zwei dieser *caupona* ausgegraben werden, von denen der Archäologe Stefan Ritter (2012, S. 156) eine wie folgt beschreibt:

> *„Das Lokal ist ca. 55 m² groß und besitzt zwei Eingänge [...]. Seinen Rufnamen erhielt das Lokal nach einer aufgemalten Wahlempfehlung an der Hausfassade, links neben dem Haupteingang, als deren Verfasser ein gewisser Salvius firmiert, bei dem es sich um einen Besitzer oder Pächter dieses Lokals gehandelt haben könnte. Durch die beiden Eingänge gelangte man in den größten der vier Räume, den eigentlichen Schankraum. Dieser ist, zum Haupteingang hin, mit dem üblichen L-förmigen Tresen ausgestattet, in den zwei tönerne Behälter eingelassen sind. Von diesem Raum aus gelangte man durch zwei Türen in der Ostwand in weitere Räume: rechterhand in einen größeren, annähernd quadratischen Raum, der wohl ebenfalls zur Bewirtung diente, und linkerhand in einen schmalen, als Küche fungierenden Gang, in dem sich der Herd zur Zubereitung von Speisen und warmem Wasser befindet. Hinter diesen beiden Räumen liegt ein schmaler Gang, in dem, von der Küche aus begehbar, eine Treppe hinauf in das nicht erhaltene Obergeschoss führte."*

Die Schilderung der Räumlichkeiten zeigt starke Ähnlichkeiten mit den heutigen Gaststätten. Dies trifft auch auf Bestecke und Kochutensilien zu, die aus langstieligen Bratpfannen, Kasserollen, Töpfen, kleinen

Abb. 2.1 Mortarium mit Herstellerstempel »Sollus«; Ausstellungsstück aus dem British Museum. *(Quelle:* https://de.wikipedia.org/wiki/Mortarium#/media/Datei:Roman_pottery_mortarium.jpg; *CC BY-SA 3.0)*

Kesseln und dergleichen bestanden und aus Bronze oder gebranntem Steingut gefertigt wurden. Häufig im Einsatz war zudem schon etwas, was man durchaus als eine der ersten „Küchenmaschinen" bezeichnen kann: Das *mortarium* (Abb. 2.1), eine Reibschüssel und im Prinzip ein Vorläufer des Mörsers (vgl. Grimm 2019, S. 89).

Das *mortarium* ist eine schwere Reibschale aus Keramik. Mit seiner rauen bzw. fein gerillten Oberfläche diente das *mortarium* zum Zerkleinern und Mischen von Zutaten. Zudem befindet sich ein seitlicher Ausguss, der die Entleerung des Gefäßes erleichterte. Reibschalen waren im Altertum weit verbreitet, sodass die Römer das *mortarium* im ersten Jahrhundert nach Christus auch nach Britannien brachten. Das abgebildete *mortarium* mit einem Durchmesser von 29,7 cm wurde in London gefunden und in Britannien hergestellt. Am Rand ist es mit dem Namen des Herstellers »Sollus« gestempelt. Römischen Quellen zufolge wurden in den Reibschalen verschiedene Zutaten wie Kräuter und Gewürze, Fleisch, Öl, Fischsoße und Wein gemischt, um Gerichte wie Kroketten, Soßen und *moretum* (eine Art Käsebrot) zuzubereiten. Dies belegen auch Analysen der eingeschlossenen Rückstände in den Wänden dieses »Küchenmischers«. Der Vergleich mit Rückständen aus römischen Kochtöpfen zeigt, dass Pflanzen im *mortarium* gemahlen und anschließend im Topf gekocht wurden (Cramp et al. 2011). Neben

2 Die Gastronomie – ein Fach ohne klar definierte Grenzen?

Pflanzen fand man auch tierische Fette, darunter Milchprodukte. Im berühmten ältesten Kochbuch der Welt, dem »Apicius Cealius – Altrömische Kochkunst« werden die Reibschalen häufig in den erhaltenen Rezepten für die Zubereitung verschiedenster Speisen gebraucht. Etwa in einem Rezept für einen Eierkuchen mit Spargel:

> *„In einen Reibstein gib die Kopfenden von Spargeln und verreibe sie mit Wein, Pfeffer, Liebstöckel, frischem Koriander, Bohnenkraut, Zwiebel, Lake und Öl. Diesen Brei schütte in eine eingefettete Pfanne, vermische ihn mit Eiern und setze die Pfanne aufs Feuer. Sobald die Omelette gar ist, streue Pfeffer über und serviere"* (Gollmer 2000 [1909], S. 70).

Die Rezepte aus dieser Zeit zeigen, dass die Römer eine Tiefe und Komplexität in der Zubereitung ihrer Speisen zu bevorzugen schienen, etwa vielschichtige Aromen, Kombinationen aus pfeffrig und scharf, süß und pfeffrig sowie süß und sauer (Grimm 2019).

Der Blick in die antike Geschichte lehrt uns, dass wir auf lange und vielfältige Traditionen rund um das organisierte Essen und Trinken zurückblicken können. Traditionen beinhalten nicht nur die Überlieferung von Ideen, wie etwa eine Gaststätte aussehen soll, sondern auch von Verhaltensweisen, Ideen, Rezepten und Kulturen, die von Generation zu Generation entwickelt und weitergegeben werden. Somit sind wir schon mitten im Thema unseres Buches, das sich um den Wissenstransfer in der Gastronomie dreht. Aus diesem Grund betrachten wir in diesem Buch ganz bewusst (fast) die gesamte Bandbreite der Gastronomie, vom kleinen (Spitzen-)Restaurant, über Großküchen und Catering bis hin zur Systemgastronomie. Daher werden wir uns auf den nächsten Seiten mit der Entstehung von Restaurants und Großküchen beschäftigen.

2.1.2 Die Geburt der Restaurants in Frankreich – wie eine Speise zum angesagten Ort wird

Pascal Ory (1998), ein französischer Historiker, definiert französische Gastronomie als die Aufstellung von Regeln für das Essen und Trinken und unterscheidet die gute Küche *(bonne cuisine)* von der feinen Küche *(haute cuisine)*. Die Ursprünge der Gastronomie führt Ory auf die französische Herrschaft Ludwigs XIV. zurück, als die Menschen sich für die Entwicklung von Regeln zur Unterscheidung zwischen gutem und schlechtem Stil interessierten und ihr Denken auf die Festlegung des guten kulinarischen Geschmacks ausweiteten. Die üppige und raffinierte Küche und die Praktiken des französischen Hofes wurden zum kulinarischen Vorbild für die französische Gesellschaft. Zu diesen Entwicklungen gehörte auch die Geburt der Restaurants Mitte des 18. Jahrhunderts.

Das Wort »Restaurant« war ursprünglich die Bezeichnung für eine Fleischsuppe oder Bouillon, die aus konzentrierten Fleischsäften hergestellt wurde und als medizinisches Mittel galt. In England ist dieses Gericht unter dem Begriff »beef tea« bekannt. Dem Wörterbuch »Dictionnaire Universel« von Antoine Furetière und Henri Basnage de Beauval aus dem Jahr 1708 zufolge wird ein Restaurant als eine „Speise oder ein Heilmittel bezeichnet, das die Eigenschaft hat, die verlorenen Kräfte eines kranken oder müden Menschen wieder aufzubauen." Die Tab. 2.1 gibt die Definition eines Restaurants wieder.

In Paris entstanden um das Jahr 1760 Lokale, die eben diese gesundmachende, in sauberen Kesseln gekochte Brühe anboten – die sogenannten Restaurants. Bevor Restaurants – wie wir sie heute kennen – zu einem angesagten Ort zum Ausgehen wurden, war ein Restaurant demnach ein Gericht, das die Kraft und Gesundheit der Essenden wiederherstellen und stärken sollte (Spang 2020). Die Erfindung des Restaurants (als Betrieb, in dem Restaurants als Suppen verkauft wurden) markierte weit mehr als den Triumph der kulinarischen Moderne und der Nouvelle Cuisine. Das lag daran, dass jahrhundertelang, bevor die ersten Restaurants ihre Türen öffneten, die Reisenden und Pariser ohne eigene Küche auf den Besuch von verachteten Gasthäusern, Garküchen und Weinhandlungen angewiesen waren. Man saß meist zur selben Zeit mit fremden Personen an einer langen Tafel und war auf das Speiseangebot des Wirtes angewiesen, das meist aus nur einem einzigen Gericht bestand. Nicht selten machten die verzehrten Speisen die Gäste aufgrund mangelnder Hygiene krank. So kursierte in Paris der Spruch: *„Der Arzt macht Menschen gesund – der Koch macht sie krank"* (Ribbat 2018).

2 Die Gastronomie – ein Fach ohne klar definierte Grenzen?

Tab. 2.1 Restaurant »Dictionnaire Universel« (1708, S. 555; Übersetzung der Autor*innen)

»Restaurant« Definition (original)	»Restaurant« Definition (Übersetzung)
„Aliment ou remede qui a la vertu de reparer les forces perduës d'un malade, ou d'un homme fatigué. Un consommé, un pressis de perdrix, sont de bons restaurants. Le vin, l'eau de vie, les potions cordiales, sont de bons restaurants pour ceux dont les esprits sont épuisez. Il y a des restaurants distillez à l'alembic, qui sont des extraits de chairs succulentes & delicates avec mie de pain blanc & des eaux & poudres cordiales, des conserves & electuaires, & autres choses de bonne substance & odeur. La gelée est une espece de restaurant, mais elle est plus alimenteuse, & de consistance plus ferme que le restaurant,qui est liquide."	„Eine Mahlzeit oder ein Heilmittel, das die Eigenschaft hat, die verlorenen Kräfte eines kranken oder müden Menschen wieder aufzubauen. Eine Consommé, eine Rebhuhnpastete, sind gute Restaurants. Wein, Branntwein und herzhafte Tränke sind gute Restaurants für Menschen, deren Geist erschöpft ist. Es gibt Restaurants, die in der Alembik destilliert werden, das sind Auszüge aus saftigem und delikatem Fleisch mit Weißbrotkrumen und herzhaften Wässern und Pulvern, Eingemachtem und Kurkuma und anderen Dingen von guter Substanz und Geruch. Das Gelee ist eine Art Restaurant, aber es ist nahrhafter und von festerer Konsistenz als das Restaurant, das flüssig ist."

In den ersten Jahrzehnten des Restaurantbetriebs war der unternehmerische oder berufliche Hintergrund nicht der entscheidende Faktor, der die Restaurateure von den Traiteuren[2] der damaligen Zeit unterschied. Vielmehr distanzierten sich die ersten Restaurateure ausdrücklich von den mit Gerichten handelnden Traiteuren, indem sie vor allem die Sorge um die Gesundheit und das Wohlbefinden ihrer Gäste betonten. Indem sie behaupteten, dass die Entdeckungen der medizinischen Wissenschaft die Grundlage für ihre neue Art der Suppen bilden würden, betonten die frühen Restaurateure die

---

[2] Ein Traiteur war ein professioneller Handwerker, der Gerichte verkaufte, die er vorbereitet hatte und schließlich die Lieferung sicherstellte. Früher bekochten Traiteure das Großbürgertum und den Adel, heutzutage wird als Traiteur ein Koch-Service im Sinne eines Caterers bezeichnet, der für die Planung und Durchführung anspruchsvoller Festmahle für große, aber auch kleine Feierlichkeiten gemietet werden kann.

»restaurierenden« Kräfte ihrer Bouillons. Armand Roze, der eigenen Angaben zufolge 1766 das erste Restaurant eröffnete, sowie andere ihm nacheifernde Restaurateure servierten die »Nouvelle Cuisine« des 18. Jahrhunderts einem Publikum, das sich leicht von Behauptungen über die Fortschritte der Moderne faszinieren ließ. Sie versprachen den Gästen eine subtile Mischung aus Vergnügen und Gewinn: Gewinn für den Gastronomen, aber auch für den einzelnen Kunden und damit für die ganze Nation. Kurzum, alle konnten von einer kleinen Tasse Bouillon profitieren und gestärkt sowie wiederhergestellt und erfreut werden (vgl. Spang 2020, S. 25).

Um den Gästen etwas Gutes zu tun, boten die ersten Restaurateure neben ihren namensgebenden Bouillons auch eine Reihe weiterer gesunder Speisen an. Zu einer Zeit, in der die traditionellen Pariser Traiteure Hammelkoteletts, gewürzte Würste, dicke Pasteten und gedünsteten Spinat zubereiteten, boten Restaurateure ihren Gästen leichte Reiscremes mit Orangenblütengeschmack und Früchte der Saison an. In der Tat waren die angepriesenen Lebensmittel nicht nur auf den Speisekarten der Restaurants zu finden, sondern auch in medizinischen Büchern. So wurden Reiscremes (sehr weiche, süße Reispuddings aus wenig Reis, viel Milch oder Sahne und Eigelb, Zucker und Orangenblütenwasser) zur gleichen Zeit von Rozière de la Chassagne, einem Arzt aus Montpellier, als bestes Mittel gegen Rippenfellentzündung verschrieben (vgl. Spang 2020, S. 53). Jean François Vacossin, der ebenfalls zu einem der ersten Restaurateure zählte, betonte die gesundheitsfördernden Aspekte seiner Speisen, indem er potenziellen Kunden mitteilte, dass er nur solche Gerichte serviere, die zur Erhaltung oder Wiederherstellung der Gesundheit beitragen würden. Überlieferungen nach war das Schaufenster seines Restaurants in der Rue-de-Grenelle mit folgendem Leitsatz versehen: »*Accurite ad me omnes qui stomacho laboratis et ego vos restaurabo*« (lat.=Lauft alle zu mir, deren Mägen schmerzen, und ich werde euch wiederherstellen). Dieser Spruch war nicht nur eine Anspielung an Jesus Christus Satz »Kommt her zu mir, alle, die ihr mühselig und beladen seid; ich will euch erquicken« (Matthäus 11,28), sondern er betonte durch die Verwendung des Lateinischen, das sonst vor allem die Fachsprache der Ärzteschaft war, auch den medizinischen Anspruch des

Restaurateurs (vgl. Spang 2020, S. 29). Die ersten Restaurateure knüpften damit zum einen an langjährige Traditionen an, indem sie sich der halb erlernten Schnittstelle von Medizin und Kochkunst positionierten und versuchten, diese miteinander zu verbinden. Zum anderen reagierten sie auf die Angriffe auf die Kochkunst, die von den sich professionalisierenden medizinischen Berufen ausgingen. Im Mittelalter und in der Renaissance wurde nämlich kaum zwischen medizinischem und kulinarischem Wissen unterschieden, sodass in einzelnen Manuskripten häufig Rezepte mit Heilmitteln kombiniert wurden. Erst im Laufe des 17. Jahrhunderts betonten Ärzte, Apotheker und Chirurgen zunehmend ihr eigenes wissenschaftliches Fachwissen und distanzierten sich von den Künsten der Küche (vgl. Spang 2020, S. 28).

Interessanterweise wurde dieses medizinische Fachwissen genau zu dieser Zeit für Laien zugänglich, indem die medizinischen Bücher nicht mehr nur als dicke Wälzer mit teuren Einbänden, sondern auch in vergleichsweise preiswerten und tragbaren Formaten vertrieben wurden. Somit wurde die Lektüre medizinischer Abhandlungen zu einem verbreiteten Zeitvertreib und zu einer Inspirationsquelle für die Restaurateure. Diese bekamen nicht nur vonseiten der Ärzte Druck, die die Verfügbarkeit dieser Texte kritisierten (vgl. Spang 2020, S. 26), sondern auch die Handwerkszünfte übten Druck auf die Restaurateure aus, da diese zu keiner Zeit eine legale Zunft bildeten. Im Paris des frühen 18. Jahrhunderts gab es tausende von Lebensmittel- und Getränkehändlern, die durch monarchische Dekrete in 25 verschiedenen Zünften sehr abgeschottet voneinander organisiert waren. Allein die Lebensmittelhandwerke wurden aus den folgenden 25 verschiedenen Berufsgemeinschaften gebildet (Tab. 2.2).

Die Lebkuchenverkäufer, die Essigmacher, die Konditoren: alle hatten ihre eigenen, sich gegenseitig ausschließenden Statuten. Was ein Meister des einen Gewerbes durfte (z. B. Lebkuchen herstellen und verkaufen), war allen anderen gesetzlich verboten (Spang 2020). Die Charcutiers (Fleischbeschauer) beispielsweise monopolisierten den Handel mit Würsten, Schinken und anderen Schweinefleischprodukten. Die Meisterköch*innen hatten das Recht, komplette Mahlzeiten mit verschiedenen Zutaten in einer Soße zu servieren, da der Beruf des

Tab. 2.2 Lebensmittelhandwerke: Métiers de l' alimentation. (vgl. de Lepinasse 1886, S. VII f.)

1. Bäcker	14. Fischer
2. Getreidehändler	15. Obstbauern und Erntehelfer
3. Getreidevermesser	16. Gewürzhändler und Apotheker
4. Kornträger	17. Kerzenmacher und Ölmacher
5. Metzger	18. Essigmacher, Büffetmacher, Wurstmacher und Senfmacher
6. Köche, Feinkosthändler	
7. Fleischwarenhändler	19. Destillateure und Limonadenhersteller
8. Geflügelzüchter, Verkäufer von Geflügel	
9. Bräter	20. Brauereien und Spirituosenhersteller
10. Konditoren, Oblatenmacher	
11. Lebkuchenbäcker	21. Weinhändler und Tavernenbesitzer
12. Händler und Verkäufer von Seefisch	22. Weinmesser
	23. Verkäufer von Weinen
13. Süßwasserfischhändler	24. Weinbauern
	25. Gärtner

Kochs ein freier Beruf war, d. h. er stand allen offen. Insofern gab es keine besondere Zuordnung zu einer Zunft, da sich die Köch*innen in der Folgezeit in mehrere Zweige aufteilten. Die Rôtisseure (Bräter), die einen großen Teil davon bildeten, behielten sich das Monopol vor, Geflügel, Federwild, Lämmer und Zicklein zu zerlegen, zuzubereiten und zu braten (vgl. de Lepinasse 1886, S. 352). Dank der kompromisslosen Vorschriften der Zünfte durfte ein Koch von Eintöpfen keinen Senf verkaufen und den Zubereitern von Pasteten war der Verkauf von Kaffee untersagt. Die Vorschriften der Zünfte enthielten auch Hygienevorschriften und Strafenregister für die Kundschaft. So wurden beispielsweise diejenigen, die Bier von Schaustellern kauften, mit einer Geldstrafe von 500 Livres belegt (vgl. de Lepinasse 1886, S. 631).

Auch wenn es keine Beweise in den Justiz-, Polizei- oder Firmenarchiven gibt, welche die Geschichte der Niederlage des Restaurateurs Boulanger gegen die streitlustigen Traiteure belegen (Spang 2020), ist an dieser Stelle festzuhalten, dass es – im Gegensatz zu den anerkannten Zünften – bei den Restaurateuren keine Statuten, keinen Schutzpatron und auch keinen Versammlungssaal gab. Jedenfalls ist in die französische Geschichte ein monumentaler Rechtsstreit eingegangen, bei dem es darum ging, ob die von einem Pariser Restaurateur namens

2 Die Gastronomie – ein Fach ohne klar definierte Grenzen?

Boulanger angebotenen Schafshufe in weißer Soße ein Restaurant, d. h. eine Consommé oder ein Ragout seien und dies gegen die eiserne Regel der Zünfte verstoße und somit dringend zu verhindern sei, da die Zubereitung von Ragout allein das Privileg der Traiteure sei. Nach einer Reihe von Einsprüchen entschieden die Gerichte schließlich zugunsten der Gastronomen und beschränkten die Restaurateure auf den Verkauf von Bouillons (Ribbat 2018; Spang 2020).

Trotz der Widrigkeiten, welche die Betreiber der ersten Restaurants vonseiten der Medizin und der Zünfte erleiden mussten, hat sich weltweit die Idee des Restaurants als eine kulturelle Institution herausgebildet, die darauf abzielt, den Appetit zum Wohle des Körpers außer Haus zu stillen (Gillespie und Cousins 2001). Dank der Französischen Revolution kamen die Restaurants, wie wir sie heute kennen, in Mode. Könige und Adelige wurden durch die Guillotine enthauptet, und ihre meist männlichen Köche und das Küchenpersonal verloren ihre Arbeit. Um ihr eigenes Essen auf den Tisch zu bringen, eröffneten sie ihre eigenen Restaurants, die sich zu einem spezifischen kulturellen Ort für das gehobene Essen der Bourgeoisie entwickelten, wie das folgende Zitat wunderbar beschreibt:

> *„Nicht nur die Bouillon macht das frühe Restaurant attraktiv. Es ist auch die Tatsache, dass man hier einen Tisch für sich allein hat. Hier steht keine grosse Tafel wie bei der table d'hôte. Man muss nicht neben kauenden, schluckenden, rülpsenden Fremden sitzen. Man ist für sich oder zu zweit oder in einer kleinen Gruppe. Man bekommt, das ist neu, eine Speisekarte in die Hand gedrückt und kann seine eigene, persönliche Wahl treffen. Frauen und Männer besuchen Restaurants gemeinsam, was nicht-französische Beobachter der neuen Institution sehr erstaunt. Natürlich, das ist ebenso wissenschaftlich bewiesen, sind auch Frauen, die vornehmen zumindest, dringend auf restaurierende Bouillons angewiesen. Weil zum Restaurant stets diverse grosse Spiegel gehören, kann man also lauter hochsensible Damen und Herren beim Hineinkommen und Herausgehen beobachten. Während das Pariser Café grosse, übersichtliche Räume anbietet, wo sich alle Gäste im Blick haben, finden sich im Restaurant Nischen, Alkoven, zum Teil sogar separate Zimmer, «cabinets particuliers», die einiges dazu beitragen, dass sich die Balance zwischen Privatheit und Öffentlichkeit bald in die eine, bald in die andere*

Richtung verschieben kann. [...] Diese Lokale geben einem das Gefühl, dazuzugehören. In den vielen Spiegeln sieht man sich selbst als Teil dieses eleganten Raums, beleuchtet von diversen Lampen und den auf den Tischen verteilten Kerzen. So heben sich das Wohlgefühl und das Bewusstsein des eigenen Status" (Ribbat 2018).

Sehr eindrücklich beschreibt die Historikerin Rebecca Spang (2020) die Entstehung einer gastronomischen Kultur mit speziellen Normen und Regeln, die zunächst ihre Köch*innen versteckte, die Kochkunst verschleierte und die Theatralik des öffentlichen Essengehens in den Vordergrund stellte, ohne sich um die Vorgänge in den Küchen zu kümmern. Insofern war es der Guide Michelin, der zu Beginn des 20. Jahrhunderts die Bewertung von Restaurants zu einer besonderen Angelegenheit machte (Parkhurst Ferguson 2004) und die Arbeit der Köch*innen ins Rampenlicht setzte. Mit dem Aufkommen des Guide Michelin hat sich die Kulinarik – auch in Deutschland – nachhaltig verändert (siehe ausführlich dazu Wilkesmann und Wilkesmann 2020).

2.2 Die Industrialisierung der Gastronomie und die Veränderung des Geschmacks

Essen ist bekanntermaßen Geschmackssache. Doch die Entwicklung eines eigenen Geschmacks ist sehr stark davon abhängig, in welchen regionalen, nationalen oder internationalen Geschmackswelten und in welcher Zeit wir aufwachsen. Zu den wichtigsten Faktoren, die den Geschmack und die Ess- und Trinkgewohnheiten in verschiedenen Epochen beeinflusst haben, zählen die Bodenverhältnisse, das Klima, die Gewohnheiten, die religiösen Überzeugungen, die kulturelle Bildung, das Wissen über die naturgegebenen Zusammenhänge sowie der Stand von Wirtschaft und Technologie. Im Laufe der Zeit konnten krankhafte Veränderungen im menschlichen Organismus immer besser diagnostiziert werden, sodass die alten mittelalterlichen Gesundheitslehren durch neue medizinische, natur- und ernährungswissenschaftliche Erkenntnisse zurückgedrängt wurden. Der Mensch löste sich somit von den religiösen Normen für die Nahrungsaufnahme und wurde zu einem Individuum, das seine Speisen und Getränke relativ frei wählte und nun begann, seinen Geschmack nach Einkommensverhältnissen, sozialem Prestige, regionalem Umfeld und kommerzieller Werbung auszurichten (Teuteberg 1988).

Zudem verändern sich unsere eigenen Geschmackswelten im Laufe des Lebens und sind von unseren eigenen (ess-)kulturellen Erfahrungen abhängig. Sie werden sicher auf Anhieb ein Lieblingsessen aus Ihrer Kindheit benennen können und es in diesem Moment förmlich im Mund schmecken. Dieser Geschmackserinnerung hat Marcel Proust in seinem Roman »Auf der Suche nach der verlorenen Zeit« ein literarisches Denkmal gesetzt, als er eine Madeleine in einen Tee taucht und durch dieses Geschmackserlebnis in seine Kindheit zurückversetzt wird. Ebenso ist die Entwicklung unseres eigenen Geschmacks sowie der gastronomischen Vielfalt vom Angebot an Lebensmitteln und Zubereitungstechniken abhängig. Es handelt sich dabei um zwei Aspekte, auf die wir nun kurz eingehen werden.

2.2.1 Nahrungsbeschaffung und Ernährungsgewohnheiten im Wandel

Wie wir gesehen haben, reichen die literarischen Äußerungen über die menschliche Ernährung sehr weit zurück. Sowohl aus der Antike als auch aus dem Mittelalter sind zahlreiche Schriften überliefert, die von Beschreibungen großer Festessen über die Regeln für eine gesunde Lebensweise bis hin zu religiösen Fasten, Speise- und Getränkeverordnungen und Sammlungen von Kochrezepten (z. B. von Apicus) reichen (Barlösius 2016). Jahrhundertelang träumten die Menschen davon, durch eine möglichst gesunde Lebensweise (zu der auch die richtige Ernährung gehörte) den Tod hinauszuzögern. Man weiß noch immer sehr wenig über die Veränderungen in der Ernährung im Detail, aber es ist sicher, dass sich weder die rein pflanzliche noch die rein fleischliche Ernährung jemals auf Dauer durchgesetzt hat.

Interessanterweise gab es immer wieder Umbrüche in den Ernährungsgewohnheiten. Rein pflanzliche Nahrung war allerdings immer eine Notlösung in Krisenzeiten. Aber auch die Oberschicht, für die es in der natürlichen Nahrungsbeschaffung im Prinzip keinerlei Grenzen gab, hat sich bemerkenswerterweise nie ausschließlich von Fleisch ernährt. Sie strebten stets nach möglichst leicht verdaulicher und dennoch schmackhafter Nahrung, die mit wenig Aufwand beschafft und zubereitet werden konnte (vgl. Teuteberg 1988, S. 326 f.). Auch im 19. Jahrhundert bildete die pflanzliche Nahrung das Fundament der Ernährung. Die kohlenhydratreiche pflanzliche Kost war umgeben von Nahrungsmitteln tierischer Herkunft, die in Menge und Qualität variierten.

Bis ins späte Mittelalter konnten Tiere mit geringem Arbeitsaufwand und wenigen Hilfsmitteln ausgedehnte Flächen nutzen und lieferten einen Großteil der Nahrung für die Menschen. Der relativ hohe Fleischkonsum des späten Mittelalters mit jährlich 100 kg pro Kopf wurde in den folgenden Jahrhunderten bis ins frühe 19. Jahrhundert zunehmend durch pflanzliche Lebensmittel ersetzt. In dieser Zeit ging auch der Konsum von Butter, Eiern, Geflügel und Wein, der durch das billigere Bier verdrängt wurde, zurück (Teuteberg 1988). In der Folge übernahm daher der Ackerbau die Deckung des Nahrungsmittelbedarfs. Das Tier trat in den Dienst dieser Landwirtschaft. Hätte man sich dem Zwang entziehen können, der sich aus dem Düngemittelbedarf in der Landwirtschaft ergab, hätte man in den meisten Teilen Deutschlands die Viehzucht vielleicht ganz aufgegeben. Im Jahr 1800 entfielen rund 53 % der landwirtschaftlichen Erzeugung auf die vier Getreidearten (Roggen, Hafer, Gerste, Weizen) und 23 % auf Obst, Gemüse, Hackfrüchte (für den menschlichen Verzehr), Hülsenfrüchte, Wein, Tabak, Hopfen, Flachs, Hanf und »nur« 24 % auf die tierischen Erzeugnisse. Der Pro-Kopf-Verbrauch an Fleisch betrug um das Jahr 1800 ca. 14 kg (vgl. Abel 1963, S. 326 f.). Im Zuge der Industrialisierung stieg der Pro-Kopf-Verbrauch wieder auf 26 kg an, wobei der tatsächliche Verzehr vor allem in den Arbeiterfamilien stark vom Geschlecht und Alter abhängig war. So gab es in der Arbeiterschicht Fleisch nur für den Sonntagsbraten oder für den Familienvater. „Da in erster Linie dem Vater die Hauptportion zustand, war gerade die Fleischernährung der Frauen und Kinder völlig unzureichend" (Stockhaus 1994, S. 256), obwohl sie häufig mitarbeiteten. Die Beschaffung von

2 Die Gastronomie – ein Fach ohne klar definierte Grenzen?

Lebensmitteln war dabei eines der dringendsten Probleme der Arbeiterhaushalte. Die Arbeiterfrau wurde in zweifacher Hinsicht Verwalterin des Mangels, weil sie nicht nur das knappe Haushaltsgeld, sondern auch ihre knapp bemessene Zeit verwalten musste. Es fehlte zudem an Lagerraum, an Geld für Großeinkäufe und an Zeit für das aufwendige Einmachen. Täglich wurden schnelle, oft kleine und überteuerte Einkäufe beim Händler um die Ecke getätigt. Und oft wurden die Kinder für diese Besorgungen losgeschickt, die natürlich kein Gefühl für überteuerte Waren hatten. Hinzu kam das Einkaufen nach dem Preis, man kaufte z. B. einen Presssack für 20 Pfennig, ohne zu wissen, wie viel man eigentlich dafür bekommen musste. Häufig reichte der wöchentlich ausgezahlte Arbeitslohn nicht, der zum Teil auch stark variierte, sodass beim Krämer um die Ecke angeschrieben werden musste. Um diesen Missstand zu überwinden, wurden die ersten Konsumgenossenschaften gegründet: „Der genossenschaftliche Wareneinkauf, die eigene Lebensmittelproduktion sowie die Verteilung der erreichten Gewinne unter den Mitgliedern galten als Prinzipien der organisierten Selbsthilfe und Solidarität innerhalb der Arbeiterschaft. Das Einkaufen im Konsum, da war der Konsum tatsächlich noch eine Verbrauchergenossenschaft für die Armen und für die Guten, die Identifikation mit der eigenen Verteilstelle und die Bevorzugung bestimmter Produkte wie Kapselbrot oder Pfannennudeln wurden zur gemeinsamen und eindeutigen Erfahrung der Arbeiter" (Stockhaus 1994, S. 264). Das Essen am Arbeitsplatz, in der Freizeit, in der Schankwirtschaft oder im Ausflugslokal diente dazu, das soziale Prestige zu demonstrieren und sich gegenüber anderen abzugrenzen. Während die Arbeiter die Maß Bier in ihren Wirtshäusern unter ihresgleichen tranken, bevorzugten die Bürger das Kaffeehaus oder das Glas Wein in der Gaststätte (Stockhaus 1994). Festzuhalten bleibt an dieser Stelle, dass soziale und gesellschaftliche Unterschiede schon immer durch die unterschiedliche Bewertung und den Konsum von Lebensmitteln spürbar waren und sich diese auch bewusst dadurch manifestieren.

Nach den kriegsbedingten Entbehrungen wuchs der Fleischkonsum in Deutschland wieder massiv an und liegt seit den 1960er Jahren bei 60 kg pro Kopf. Hirschfelder (2005, S. 242) bezeichnet diese Entwicklung als eine regelrechte „Fresswelle", die im deutschen Wirtschaftswunder der

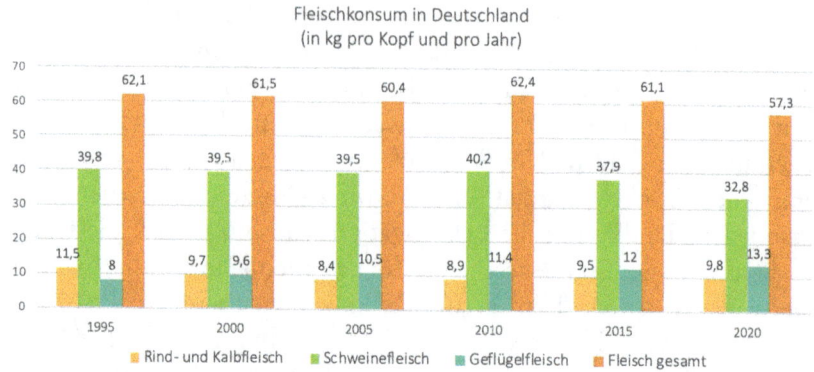

Abb. 2.2 Fleischkonsum pro Jahr. (eigene Darstellung; Quelle: Bundesinformationszentrums Landwirtschaft 2021)

1960er Jahre ausbrach und die den Alkoholkonsum ebenso betraf. So lag der Bierkonsum in der BRD im Jahr 1950 bei 37 l pro Kopf, im Jahr 1980 wuchs dieser auf 145 l an und fällt seither wieder ab, sodass dieser im Jahr 2020 bei knapp 87 l lag (Statistisches Bundesamt 2021). Eine ähnliche rückläufige Entwicklung ist beim Fleischkonsum in Deutschland zu sehen. Im Jahr 2020 lag der Pro-Kopf-Fleischverbrauch bei 57,3 kg, dem niedrigsten Wert seit der genauen Berechnung des Verbrauchs im Jahr 1989, wie die Abb. 2.2 zeigt.

Gegenüber dem Jahr 2019 wurden 2,4 % weniger Schweinefleisch und 2,7 % weniger Rindfleisch erzeugt. Dafür stieg die Erzeugung von Geflügelfleisch um 1,7 %. Zudem wurden 14,8 % weniger lebende Tiere importiert und 11 % weniger exportiert (Bundesinformationszentrums Landwirtschaft 2021).

Der hohe Fleischkonsum hat zur Folge, dass nach den Angaben des Bundesministeriums für Ernährung und Landwirtschaft (2020) heutzutage in Deutschland etwa 57 % (ca. 25 Mio. t) und somit der Großteil des erzeugten Getreides in den Futtertrögen der Nutztiere zur Erzeugung von Fleisch, Milch und Eiern landet und nur 20 % (ca. 9 Mio. t) für den menschlichen Verzehr bestimmt sind. Ein weiteres Fünftel des Getreides wird als nachwachsender Rohstoff für die Energieerzeugung und die Industrie genutzt (z. B. zur Erzeugung

2 Die Gastronomie – ein Fach ohne klar definierte Grenzen?

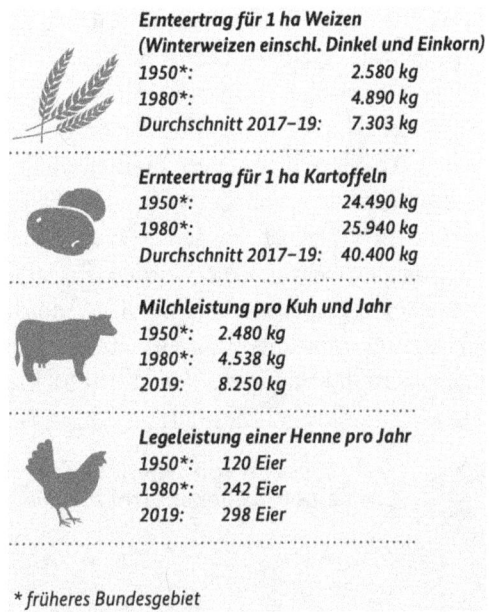

*früheres Bundesgebiet

Abb. 2.3 Ernteerträge und tierische Leistungen im historischen Vergleich (Bundesministerium für Ernährung und Landwirtschaft 2020, S. 13)

von Alkohol oder zum Bierbrauen). Gleichzeitig sind durch die Weiterentwicklung von Produktionstechniken in Form von landwirtschaftlichen Maschinen, Zuchtanpassungen bei Pflanzen und Tieren sowie Düngemittel die landwirtschaftlichen Erträge nach dem 2. Weltkrieg in (West-)Deutschland massiv gestiegen, wie Abb. 2.3 zeigt.

Infolge der Industrialisierung und Verstädterung seit der zweiten Hälfte des 19. Jahrhunderts wurden die Haushalte innerhalb weniger Jahrzehnte aus ihrer alten landwirtschaftlichen Subsistenzwirtschaft herausgerissen und gerieten zunehmend in Abhängigkeit von den sich überall ausbreitenden Lebensmittelmärkten. Statt ihre eigenen Lebensmittel zu produzieren, wurden sie von Lebensmittelhändlern beliefert, die ihre Waren von den Großmärkten und der Lebensmittelindustrie bezogen. Die Abkehr von der alten Subsistenzwirtschaft offenbarte dabei sowohl negative als auch positive Seiten: Einerseits wurde die neue bürgerliche Küche von den Preisbewegungen anonymer Märkte abhängig, was zunächst zu großer Verhaltensunsicherheit führte. Der regelmäßige Umgang mit Geld bei der täglichen Beschaffung von Lebensmitteln musste zunächst mühsam erlernt werden, vor allem von Frauen, die auf dem Lande zur Selbstversorgung erzogen worden waren. Andererseits erlaubten die neuen Freiheiten der Lebensmittelbeschaffung eine Emanzipation von der regionalen, häufig monotonen und sozialschichtentypischen Kost. Zudem verloren viele Lebensmittel ihren einst hohen sozialen Status und wurden für alle erschwinglich, wie das Beispiel Zucker zeigt (Teuteberg 1990). Allerdings musste die bessere Grundversorgung mit einer zunehmenden Entfremdung von den täglichen Lebensmitteln erkauft werden (Hirschfelder 2005).

Zucker – von einem exklusiven Gewürz zu einem Lebensmittel für alle

Zucker (Foto: Maximiliane Wilkesmann)

Zucker ist ein Multitalent und wurde im Laufe der Menschheitsgeschichte auf vielfältige Weise verwendet: als Medizin, als Gewürz, zur Dekoration, als Süßungsmittel, als Nahrungsmittel und als Konservierungsmittel (Mintz 1987). Die verschiedenen Verwendungsmöglichkeiten sind nicht klar voneinander zu trennen, sondern flossen immer ineinander über. Eine gewisse Neigung zum Süßen gehört wohl zur menschlichen Natur. Der Konsum von Zucker in breiten Teilen der Bevölkerung setzte jedoch erst im Zuge der Industrialisierung ein. Zuvor war der Genuss von zuckerhaltigen Speisen den reichen und adeligen Schichten vorbehalten, denen die Verwendung von Zucker in der europäischen Region spätestens seit den Kreuzzügen bekannt war und über die Hanse verbreitet wurde. Doch auch dort wurde Zucker nur sehr sparsam als Gewürz für Speisen eingesetzt, weil es den Gewürzen wie Pfeffer, Safran, Muskatnuss, Ingwer und Koriander zugeordnet wurde.

Mit der Entdeckung des Marzipans, einer Verbindung von Zucker und Mandeln, die aus dem Orient stammte, mauserte sich Zucker als Bestand-

2 Die Gastronomie – ein Fach ohne klar definierte Grenzen?

teil üppiger Dekorationen von Festmahlen an den königlichen Höfen. Die Dekorationen wurden zugleich für die Darstellung politischer Symbole genutzt (z. B. Wappen, religiöse Themen, siegreiche Schlachten, Zuckerschlösser), um die königlichen Rechte und Privilegien zu bekräftigen und die Gäste zu ehren (Mintz 1987). Somit entstand aufgrund der Verbreitung des Zuckers der Beruf der Zuckerbäcker. Diese waren die ersten Hersteller von Marzipan, neben Köch*innen und Gewürzkrämern. Die Zünfte der Zuckerbäcker lassen sich im Orient, in Italien und Frankreich bis ins 12. und 13. Jahrhundert zurückverfolgen (Fincke 1927). Allerdings entbrannte im Mittelalter ein Streit um den Verkauf von Süßwaren. Eine um 1530 erlassene Lübecker Verordnung über den Verkauf von Gewürz- und Apothekenwaren verbot den Krämern den Verkauf von Süßwaren, einschließlich Marzipan, weil der Verkauf dieser Waren den Apotheken vorbehalten war (vgl. Fincke 1927, S. 120). Hintergrund war, dass die Lagerräume für Heil- und andere Kräuter im Mittelalter als Apotheken bezeichnet wurden, noch bevor die Tätigkeit der Arzneimittelzubereitung durch Apotheker von der ärztlichen Tätigkeit getrennt wurde. Nach und nach kam es zu einer Arbeitsteilung, die dann in Verbindung mit der amtlichen Aufsicht zum ausschließlichen Recht der Apotheken zur Abgabe von Arzneimitteln im modernen Sinne führte. Zucker war bereits von arabischen Ärzten als Heilmittel empfohlen worden und wurde zunächst auch in Europa für medizinische Zwecke verwendet. Darüber hinaus war Zucker ein geeignetes Süßungsmittel, um unangenehm schmeckende Medikamente genießbar zu machen. Berücksichtigt man zudem die Fertigkeit des Apothekers in der Herstellung von Substanzen aller Art, seinen Besitz an Gerätschaften und die zu ihrer Herstellung notwendigen Stoffe, so ist es nicht verwunderlich, dass auch die Herstellung von Süßwaren, darunter Marzipan, lange Zeit in seinen Tätigkeitsbereich fiel. In Frankreich entschied Ludwig XIV im Jahr 1707 einen solchen Streit zugunsten der Apotheker, denen damit das ausschließliche Recht zugesprochen wurde, Süßwaren zu liefern. Jedoch konnte die privilegierte Stellung der Apotheker für diesen Bereich irgendwann nicht mehr aufrechterhalten werden, weil nur der Verkauf, aber nicht die Herstellung von Marzipan verboten werden konnte. Da die Zuckerbäcker seit jeher neben den Apothekern existierten und der Zuckerkonsum immer größer wurde, verschwand die Herstellung von Süßwaren allmählich aus den Händen des Apothekenwesens. Geblieben ist aus dieser Zeit die Funktion des Zuckers als Dekor für festliche Anlässe.

Mit der Kolonialisierung und der Arbeit von Zuckersklaven auf Plantagen in Lateinamerika wurde Zucker in großen Mengen importiert (Zeuske 2019), sodass der Preis erstmals sank und Zucker kein Gewürz mehr war, sondern zu einer lukrativen Handelsware wurde. Der US-amerikanische Sozialanthropologe Sydney W. Mintz (1987), der sich in seiner Forschung insbesondere mit den Regionen Karibik und Lateinamerika auseinandergesetzt hat, bringt es folgendermaßen auf den Punkt: „1650 eine Rarität, 1750 ein Luxusgut, wurde aus dem Zucker

> nach 1850 ein schlichter Bedarfsartikel" (Mintz 1987). Zunächst wurde Zucker jedoch noch hauptsächlich von den Armen als Süßungsmittel für Tee verwendet. Mintz vermutet, dass Menschen, die ohnehin unterernährt waren, gerne heiße Flüssigkeiten tranken, die sowohl anregend waren als auch stärkende und süße Kalorien enthielten. Unter den Bedingungen der Frühindustrialisierung, so Mintz, habe dieses Nahrungsmittel den zusätzlichen Vorteil gehabt, dass es überall und mit wenig Aufwand zubereitet werden konnte und den hohen Kalorienbedarf der armen, arbeitenden Bevölkerung auffüllen konnte. Ein entscheidender Faktor für diese Entwicklung war laut Mintz die Erfindung der Marmelade, die um 1870 zu einem wichtigen Nahrungsmittel für die Arbeiterklasse wurde. „Das Zeitalter der Kalorie brach an, aber noch nicht das Zeitalter der Vitamine" (Teuteberg 1988, S. 360). Ausgangspunkt war der Freihandel und die Abschaffung der Zuckerzölle, welche die Herstellung der Marmelade viel kostengünstiger machte. Die Arbeiter schmierten sich Marmelade, die zur damaligen Zeit meist zu 50 % aus Zucker bestand und auch eine konservierende Wirkung hatte, als Butterersatz auf die Brote.

Das rasante Wachstum der Städte in Deutschland seit 1850 wäre ohne diese grundlegenden Veränderungen in der Lebensmittelverteilung gar nicht möglich gewesen. Denn nicht nur die Ausgaben für Lebensmittel sanken innerhalb von 100 Jahren von 80 % des Haushaltseinkommens um 1800 auf 45 % im Jahr 1900, sondern auch die Standardisierung der Lebensmittel hinsichtlich deren Qualität und Füllgewichte (Teuteberg 1990). Hinzu kam es zu einer zunehmenden Monetarisierung, da die täglichen Lebensbedürfnisse zunehmend nur noch mithilfe von Geld befriedigt werden konnten, weil die arbeitende Bevölkerung nicht mehr ihre Lebensmittel selbst herstellte.

An dieser Stelle können wir schon einmal festhalten, dass die endgültige Überwindung der Hungersnöte und die Veränderung der gastronomischen Vorlieben der Bevölkerung vor allem durch folgende drei Revolutionen erreicht wurde (Teuteberg 1988, S. 355 f.): Erstens durch die *Agrarrevolution*, in der die Produktivitätssteigerung durch die Umstellung auf Fruchtfolge, Kunstdüngung und Mechanisierung sowie eine neue Landverteilung im Rahmen der Agrarreformgesetzgebung realisiert werden konnte. Zweitens durch die *Transportrevolution*, indem die Öffnung des Übersee- und Eisenbahnverkehrs für Lebensmitteltransporte diese in großem Umfang ermöglichte und man zunehmend in der Lage war, entstehende Nahrungsmittellücken jederzeit zu schließen. Und drittens durch die *Konservierungsrevolution,* durch die wichtige Grundnahrungsmittel erstmals in der Geschichte über längere Zeiträume transport- und lagerfähig wurden, ohne dabei viel von ihrem Geschmack und ihrer Bekömmlichkeit zu verlieren. Seit dieser Zeit ist Deutschland praktisch unabhängig von Missernten geworden; die nachfolgenden Ernährungskrisen sind keine Hungersnöte im eigentlichen Sinne mehr, sondern haben nur noch den Charakter von Lebensmittelteuerungen. Im Zuge der Industrialisierung traten völlig neue Lebensmittel auf den Plan und alte Speisevorschriften verloren ihre Bedeutung. Des Weiteren entwickelten sich neue Konsum- und Freizeitgewohnheiten, vor allem in den Städten, in denen die Gastronomie mit ihren Restaurants, Cafés und Kneipen zunehmend an Bedeutung gewann. Die veränderten Konsum- und Freizeitgewohnheiten hingen auch damit zusammen, dass es überhaupt Urlaub und Freizeit gab. Hierzu trugen maßgeblich die Gewerkschaften bei:

„Gegen Ende des 19. Jahrhunderts gewährten einzelne Arbeitgeber einzelnen Arbeitern, Angestellten und Beamten zwei, drei, maximal sechs Tage Urlaub – im Jahr! […] Die erste tarifvertragliche Urlaubsregelung erstreitet dann aber doch – im Jahre 1903 in Stuttgart und in Thüringen – der Zentralverband deutscher Brauereiarbeiter: drei freie Tage im Jahr. […] Auch für die abhängig Beschäftigten war Urlaub etwas Unvorstellbares: Ein Vorarbeiter, der 1916 bei der AEG in Berlin nach zwanzigjähriger Tätigkeit erstmals vier Tage Urlaub erhielt, kam argwöhnisch jeden Tag mittags in den Betrieb und prüfte nach, ob jemand anderes seinen Arbeitsplatz übernommen hatte. […] 1951 wird in der DDR durch eine Urlaubsverordnung das in der Verfassung festgeschriebene Recht auf Urlaub umgesetzt. In der Bundesrepublik Deutschland gilt von 1963 ein einheitliches Bundesurlaubsgesetz, das allen Arbeitnehmerinnen und Arbeitnehmern einen Mindesturlaub von drei Wochen zusichert" (Müller 2013).

Als Folge der nun möglichen Urlaube veränderte sich die Esskultur in Deutschland, weil fremde Länder und Kulturen bereist wurden und sich Urlaubserinnerungen in Form von Geschmäckern besonders gut konservieren ließen. Zudem etablierte sich in Westdeutschland schon früh durch die Arbeitsmigration eine neue Esskultur, sei es in der

Pizzeria, der griechischen Taverne, dem Balkan-Grill oder dem Döner-Imbiss (Barlösius 2016; Wilkesmann und Wilkesmann 2020).

In den 1950er und 1960er Jahren gab es in Deutschland aufgrund der Nachkriegszeit und der wirtschaftlich angeschlagenen Situation keine breite Nachfrage nach gehobener Gastronomie. Das Aufkommen der Supermarktketten in den 1950er Jahren führte zu einer Homogenisierung der Lebensmittel, wenn auch auf sehr einfachem Niveau. Regionale Produkte verschwanden mit der Zeit aus den Küchen (Lane 2014, S. 179). Dieser Trend sorgte auch dafür, dass deutsche Lebensmittel im Vergleich zum restlichen Europa – man muss an dieser Stelle eigentlich sagen – zu billig waren und zudem die deutschen Erzeuger klassischer Grundnahrungsmittel immer weniger für ihre Arbeit entlohnt werden, wie die Abb. 2.4 im Zeitverlauf zeigt.

Bei den Erzeugern kommt ein immer kleinerer Teil dessen an, was die Verbraucher*innen für die Lebensmittel bezahlen. Im Jahr 2020 lag ihr Anteil an den Verkaufserlösen insgesamt nur noch bei knapp 21 %. Im Jahr 1980 war dieser noch mehr als doppelt so hoch. Neben diesen Grundnahrungsmitteln hat sich die Bandbreite der Lebensmittel seit den 1970er Jahren stark gewandelt. Es ist keine Selbstverständlichkeit, dass wir heute in fast jedem Supermarkt Lebensmittel kaufen können,

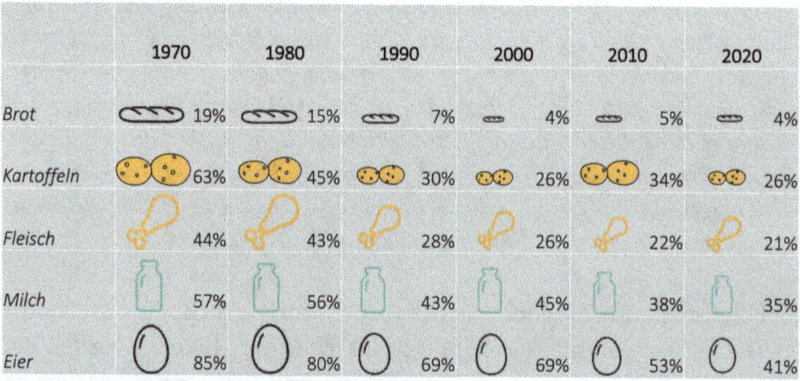

	1970	1980	1990	2000	2010	2020
Brot	19%	15%	7%	4%	5%	4%
Kartoffeln	63%	45%	30%	26%	34%	26%
Fleisch	44%	43%	28%	26%	22%	21%
Milch	57%	56%	43%	45%	38%	35%
Eier	85%	80%	69%	69%	53%	41%

Abb. 2.4 Anteil der Verbraucherausgaben für Nahrungsmittel, die in der Landwirtschaft ankommen. (eigene Darstellung in Anlehnung an Bundesinformationszentrum Landwirtschaft 2022)

die früher nur in besternten Spitzenrestaurants verwendet wurden. Der Chefredakteur des Guide Michelin bringt es im Interview wie folgt auf den Punkt (Wilkesmann und Wilkesmann 2020, S. 13):

> *„Die Witzigmanns und wie sie alle heißen, mussten früher alle nach Paris zum Großmarkt fahren, um sich die Zutaten zu besorgen. … Produkte wie Tonka-Bohnen oder Zitronengras kannte vor 20 Jahren kein Mensch. Heute gibt es so etwas in jedem Bistro. Das zeigt einfach, dass diese Spitzenköch*innen eine gewisse Vorreiterrolle haben."*

Die Spitzenrestaurants waren in dieser Hinsicht Vorreiter der Nutzung globalisierter Lieferketten, die uns Appetit auf fremde Geschmäcker gemacht haben und auch heute noch Trends setzen. Ein neuer Trend, den wir später aufgreifen werden, ist die Rückbesinnung auf kurze Lieferketten und Regionalität, wobei allerdings eine sehr hohe Qualität der Erzeugnisse im Vordergrund steht. Ebenso im Wandel sind und waren die Gar- und Küchentechniken, die wir nun kurz skizzieren werden.

2.2.2 Die Geburt der Kantinen im Zuge der Industrialisierung

Mit der Industrialisierung und der damit verbundenen Standardisierung sowie Technisierung gingen gravierende Veränderungen einher, die sich gleichermaßen auf das Zusammenspiel zwischen der Gastronomie sowie den Arbeits- und Lebensbereichen auswirkten.

Zum einen veränderte die Industrialisierung die Lebensführung der arbeitenden Bevölkerung, die ihren Tages- und Essensrhythmus nunmehr nach dem Takt der Maschinen ausrichten mussten. Sowohl zu Hause als auch am Arbeitsplatz wurde sehr schnell gegessen und wenig gesprochen. „Das Frühstück, eine Tasse Kaffee in der Eile, trank der Familienvater oft alleine vor seiner Arbeit, manchmal aß er noch schnell eine oder mehrere Scheiben Brot dazu, ebenso wie die Kinder und die Mutter ihre Kaffeemahlzeiten eher beiläufig und nebenher erledigten. Das Mahlzeitensystem in Arbeiterhaushalten war zersplittert" (Stockhaus 1994, S. 270) und glich eher einer Imbiss-Kultur, sodass die warme Mahlzeit am Abend den gemeinsamen Fixpunkt darstellte. Besonders nachteilig an der Fabrikarbeit war, dass das Frühstück am frühen Morgen oder während der Arbeitszeit hastig verschlungen werden musste, da die meisten Fabrikordnungen nur eine Mittagspause kannten. Die Frühstückspause war und blieb lange Zeit ein hart erkämpftes Privileg des Vorarbeiters oder Aufsehers in der Fabrik. Die Mittagspause reichte kaum aus, um eine Mittagsmahlzeit zuzubereiten, wenn die Frau arbeitete. Halbgekochtes oder schlecht zubereitetes Essen war die Folge. Wenn der Weg nach Hause weit war, wurde das Mittagessen im Freien oder am Arbeitsplatz eingenommen. Den Luxus langer Pausen erlaubte die Maschine nicht mehr. Vor der Industrialisierung konnte man in Deutschland, wie auch heute noch in den südlichen Ländern, bis zu zwei Stunden lang essen, aber jetzt mussten die Essenszeiten streng rationalisiert und an die Maschine angepasst werden (vgl. Teuteberg 1988, S. 357).

Zum anderen führte dies auch zu einer veränderten Esskultur. Waren Essen und Trinken im vorindustriellen Zeitalter wichtige Statussymbole mit einem gewissen Präsentationscharakter innerhalb der Familie, waren die Fabrikarbeiter*innen nun gezwungen, ihre Mahlzeiten unter den Augen der Arbeitskolleg*innen zu essen. In mancher Hinsicht löste dies Futterneid aus und führte gleichzeitig zu einem gewissen sozialen Druck, was die Arbeiterschaft in der Konsequenz zu hohen Essensausgaben zwang (Hirschfelder 2005). Trotz der Trennung von Arbeitsplatz und Wohnung lehnte die Arbeiterschaft die externen Essensangebote und vor allem die anfänglich spärlichen Maßnahmen der Arbeitgeber ab. Sie wollten sich schlichtweg nicht in den Topf schauen lassen. So wurde bis in die 1930er und 1940er Jahre das warme Essen häufig von Familienmitgliedern zum Werkstor gebracht und abseits der Arbeitskolleg*innen im Familienkreis verzehrt (Stockhaus 1994). Wenn die Arbeitskräfte kein Geld für ihr eigenes Essen hatten, aßen sie und ihre Familie in Notzeiten in den öffentlichen Speiseanstalten und Volksküchen, wo seit 1800 die Armensuppe ausgeteilt wurde. In Berlin gab es 1891 15 Volksküchen, die rund 2,7 Mio. warme Mahlzeiten austeilten, die ganze Portion für 25 Pfennig, die halbe Portion für 15 Pfennig (vgl. DEHOGA 2015, S. 4).

2 Die Gastronomie – ein Fach ohne klar definierte Grenzen?

Die Arbeiterschicht setzte sich zudem größtenteils aus Zugewanderten zusammen, die gezwungen waren, eine Gaststätte in Fabriknähe aufzusuchen, was zu einem regelrechten Aufschwung des Gaststättenwesens führte. Allein in Frankfurt verdoppelte sich zwischen 1890 und 1914 die Anzahl der Gast- und Schankwirtschaften (vgl. Hirschfelder 2005, S. 204). Das Essen außer Haus wurde in der mobilen städtischen Gesellschaft zu einem notwendigen Ersatz für die Mahlzeiten am heimischen Tisch. Die Fabrikanten gründeten seit 1870 zunehmend Kantinen, um die Arbeitskraft ihrer Beschäftigten zu erhalten und sie enger an die Fabriken zu binden. Auch hierbei wurde sozial differenziert zwischen Angestellten, die ins Kasino gingen, und der Arbeiterschaft, die ihr Essen im Arbeiterspeisesaal oder in der Menage einnahmen. Zunächst lehnte die Arbeiterbewegung die subventionierten Betriebskantinen ab, um nicht noch stärker in die Abhängigkeit der Fabrikanten zu geraten. (Stockhaus 1994; Hirschfelder 2005).

„Dieses Misstrauen hatte seine Wurzeln in den Übelständen des vor allem in Ziegeleien weit verbreiteten Trucksystems, das den Arbeiter in Abhängigkeit vom Fabrikanten brachte, indem den Arbeitern Kost und Logis überhöht auf den Lohn angerechnet wurden oder sie nur Blechmarken als Bezahlung erhielten. Diese konnten in Läden, die im Besitz von Unternehmern waren, gegen Waren getauscht werden, so dass die Löhne auf Umwegen in die Tasche der Unternehmer zurückflossen. Daher blieben die Arbeiter den Kantinen gegenüber oft misstrauisch, während die Angestellten sie deutlich stärker nutzten und zwar insbesondere die Junggesellen. Daneben hing die Frequenz von der Angebotsstruktur ab: Je vielfältiger das Angebot, desto höher die Teilnahme.

Im Gegensatz zu anderen europäischen Ländern trugen die beiden Weltkriege aber nicht zu größerer Akzeptanz der Kantinen bei. Trotz der Bemühung der Werksleitungen, im Hinblick auf die Produktivität die knappen Rationen aus eigenen Mitteln aufzustocken, trotz gewährter Extrazulagen blieb die Nutzung der Kantinen eher dürftig. Nach Ende des Ersten Weltkrieges hing ihnen lange ihr negatives Image der Massenspeisungskost nach. [...] In der Wirtschaftswunderzeit wuchs die Zahl der Einrichtungen, aber auch der Teilnehmerzahlen dann erheblich an. Exakte Zahlen liegen nicht vor, doch nach Schätzungen vom Ende der 50er Jahre sollen 60 %

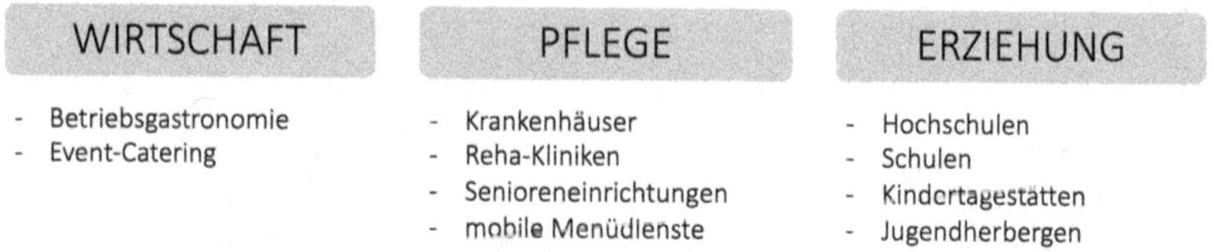

WIRTSCHAFT	PFLEGE	ERZIEHUNG
- Betriebsgastronomie - Event-Catering	- Krankenhäuser - Reha-Kliniken - Senioreneinrichtungen - mobile Menüdienste	- Hochschulen - Schulen - Kindertagesstätten - Jugendherbergen

Abb. 2.5 Drei Säulen der Gemeinschaftsverpflegung. (eigene Darstellung in Anlehnung an DEHOGA 2015, S. 6)

der erwerbstätigen Bevölkerung an der Kantinenverpflegung teilgenommen haben. Noch in den 1970er Jahren glaubte man an einen weiteren Aufstieg der Kantinen, doch diese Erwartungen erfüllten sich nicht. Die Zunahme von Imbissangeboten und Snacks führte zu deutlichen Einbußen bei den Besucherzahlen. 1991 nahmen nur noch 26 % derjenigen, die die Möglichkeit dazu gehabt hätten, das Angebot der betrieblichen Verpflegungseinrichtungen wahr." (Thoms 2002, S. 241)

Heutzutage können drei Säulen der Gemeinschaftsverpflegung unterschieden werden (s. Abb. 2.5): Wirtschaft, Pflege und Bildung. Unter ihrem Dach finden sich jeweils weitere, kleinere Segmente, die der Gemeinschaftsverpflegung zugeordnet werden: Vom Event-Catering, Truppenküchen, mobilen Menüdiensten im Kontext der Altenpflege über die Campusverpflegung in Form von Mensen und dem expandierenden Markt der Kinder- und Schulverpflegung (DEHOGA 2015).

Der Marktanteil im Bereich Erziehung liegt bei ca. 5 %, im Bereich der Pflege liegt dieser bei 14 %. Mit 81 % Marktanteil dominiert der Bereich der wirtschaftlich geprägten Gastronomie (vgl. DEHOGA 2015, S. 6). Zu den zentralen Fragen der Gemeinschaftsverpflegung gehört seit langem die Frage, in welcher Betriebsform die Verpflegung organisiert wird. Neben dem Eigenbetrieb oder der Verpachtung gibt es die Möglichkeit des Contract-Catering, auf das wir später noch mit einem Fallbeispiel eingehen werden. Diese Entwicklung hat mit der Industrialisierung der Gastronomie zu tun, die auf das Ende des 19. und den Beginn des 20. Jahrhunderts zurückdatiert werden kann.

2.2.3 Die Industrialisierung der Küchenstrukturen und Produktionstechniken

Wenn man sich mit der Organisation der gehobenen Gastronomie befasst, kommt man nicht an Auguste Escoffier (1846–1935) vorbei. Escoffier setzte sich nicht nur für die Verbesserung der Arbeitsbedingungen und der gesellschaftlichen Stellung von Köch*innen ein, sondern er revolutionierte Anfang des 20. Jahrhunderts die gehobene Küche in Frankreich und gilt als der Urvater der modernen Küche. Seine Grundprinzipien und Organisationsmethoden, die auch heute noch weltweit angewandt werden, hielt er erstmals in seinem 1903 erschienen Kochkunstführer, dem »Guide Culinaire«, fest. Dieses Werk gilt neben seinem zweiten Buch, dem »Livre des Menu« (1912), in welchem er mehrgängige Menüs auf der Grundlage des Guide Culinaire zusammengestellt hat, bis heute als »die« Bibel aller Köch*innen. Aus heutiger Sicht kann sein visionärer Geist nicht genug gewürdigt werden. So schrieb er bereits vor über hundert Jahren:

„Die Küche muss sich wie eine Mode mit der Zeit entwickeln, wir müssen allzeit mit fundamentalen Veränderungen rechnen, die das Leben der Menschen erfassen und ihrerseits beschleunigt werden. Konsequenterweise werden wir Schritt für Schritt leichtere Gerichte und einfachere, kleinere Menüs vorschlagen" (Escoffier 1903).[3]

„Kochen ist alles in allem eine Kunst, sie wird sich zukünftig mit höherer Präzision und wissenschaftlicher entwickeln, gleichzeitig werden wir die Bedeutung der Ernährung und der Aromen respektive deren Vielfalt verbessern und somit den Wert einer Speise erhöhen" (Escoffier 1912).[4]

---

[3] Zitiert nach Michel Escoffier, dem Urenkel von Auguste Escoffier, in seinem Vorwort zum Buch von Georg Berger (2015, S. 4) über Auguste Escoffier.

[4] ebd.

Er war weiterhin der Meinung, dass man sich nur mit dem Besten zufriedengeben sollte. Zu komplizierte Rezepte oder unnötiges kulinarisches Spektakel lehnte er hingegen strikt ab. Seiner Meinung nach sollte das höchste Ziel eines jeden Kochs das Streben nach Perfektion, Einfachheit und Aufrichtigkeit sein. Seine kulinarischen Visionen gab er an mehr als 2000 Köch*innen weiter, die er im Laufe der Zeit ausgebildet hatte und die auf diese Weise zur Verbreitung seiner Botschaft beitrugen (Berger 2015).

Damit die Arbeit in der Küche effektiver wurde, führte er nicht nur moderne Koch- und Garmethoden ein, sondern teilte die Küche auch in verschiedene Abteilungen, die sogenannten Posten, ein. Diese Posten wurden in hierarchischen Abstufungen mit spezialisierten Köch*innen besetzt, die für klar definierte Aufgabenbereiche zuständig waren und einzelne Komponenten für die Gerichte herstellten. Durch die Auflösung der bisher ganzheitlichen Zubereitungsprozesse in der Küche verlief die Zubereitung der Speisen in der Arbeitsteilung nun wesentlich schneller. Auf diese Weise war es möglich, sich an die mit der Industrialisierung veränderten gesellschaftlichen Bedürfnisse (z. B. qualitativ verbesserte, leichter verdauliche Lebensmittel) anzupassen. Insofern können seine arbeitsorganisatorischen Überlegungen auch als Übernahme neuer industrieller Fertigungsideen interpretiert werden, indem die Arbeit in der Küche nun durch eine stärkere Standardisierung, Arbeitsteilung und Hierarchisierung gekennzeichnet war (Ruiner und Wilkesmann 2016; Wilkesmann und Wilkesmann 2020).

In diese Phase fällt auch der Anbruch des Konservenzeitalters, d. h. der steigenden Nachfrage nach vorgefertigten Lebensmitteln in meist konzentrierter Form, die schnell und ohne große Kochkünste zubereitet werden konnten. Die Erfindung des Fleischextrakts markierte dabei den Beginn der industriellen Lebensmittelkonservierung.

Die Erfindung des Fleischextrakts

Fleischextrakt (Foto: Maximiliane Wilkesmann)

Während des 19. Jahrhunderts wurden verschiedene Fleischextrakte für den medizinischen und allgemeinen Gebrauch entwickelt, doch keines von ihnen hatte so viel Erfolg wie der Fleischextrakt von Justus Liebig, dem berühmten deutschen Chemiker, der von 1803 bis 1873 lebte. Die relativ schonende Gewinnung des Produkts, seine Reinheit und seine gleichbleibend hohe Qualität beschleunigten seine damalige Einführung erheblich. Liebigs Name, der in der Werbung verwendet werden durfte, tat ein Übriges, um seinen Fleischextrakt zu einem vollen Erfolg zu machen. Doch wie kam es dazu?

„Liebig beschäftigte sich viel mit analytischen Fragen. Unter anderem untersuchte er Getreide und Brot, pflanzliches und tierisches Fett und schließlich ab 1843 zusammen mit seinen Studenten auch das Fleisch verschiedener Tierarten auf seine Zusammensetzung und Inhaltsstoffe. Er extrahierte dabei das Fleisch mit kaltem und mit heißem Wasser und fand in der Brühe u. a. das Kreatin und die Zersetzungsprodukte Kreatinin, Sarkosin und Inosinsäure und viele andere Substanzen, deren Konstitution er zunächst nicht aufklären konnte. Die Vielzahl der im Extrakt gelösten Stoffe brachte Liebig auf den Gedanken, dass der Extrakt dem Fleisch möglicherweise weitgehend gleichwertig sei und das Fleisch ersetzen könne. Er bemühte sich, die Fleischbrühe einzudampfen und erhielt einen braunen Sirup, in dem sich Kreatinkristalle bildeten. In weiteren Versuchen gelang es ihm, die Brühe in ein trockenes Pulver zu verwandeln. Liebig machte seine Herstellungsmethode durch eine Broschüre und durch seine Artikelserie Chemische Briefe bekannt, die regelmäßig in der Augsburger Allgemeinen Zeitung erschienen. [...]. Immerhin ließ der Leibarzt des bayerischen Königs, Prof. von Breslau, der Liebigs Abhandlung gelesen hatte, ein Extractum Carnis nach Liebigs Vorschrift in

der königlichen Hofapotheke des Franz Xaver Pettenkofer zubereiten. Er verordnete seinen Kranken den Extrakt in geeigneten Fällen und fand die in dieses diätetische Mittel gesetzten Erwartungen so vollkommen gerechtfertigt, dass auf seine Empfehlung hin die Verfasser der neuen bayerischen Pharmakopöe 1847 beschlossen, dasselbe unter die officinellen Präparate aufzunehmen. Daraufhin entschloss sich Franz Xaver Pettenkofer, nun selbst Extrakte herzustellen, von Liebig prüfen zu lassen und dann in seiner Apotheke zu verkaufen. Später war Liebig stolz, dass die Hofapotheke fast 2500 kg Rindfleisch jährlich zu Fleischextrakt verarbeitete. [...] Der Extrakt wurde von Münchener Ärzten mehr und mehr als gutes Kräftigungsmittel empfohlen, doch nur wenige konnten den hohen Preis bezahlen. Denn der Extrakt wurde vom Hofapotheker und alsbald auch von anderen Münchener Apothekern nur in kleinen Mengen produziert. Man brauchte 32 kg frisches, mageres Fleisch, um daraus 1 kg Fleischextrakt zu gewinnen." (Judel 2003, S. 28)

Es dauerte noch eine Weile, bis die Herstellung des Extrakts für breite Bevölkerungsschichten erschwinglich wurde.

„Seit 1870 wurden in viele europäische Zeitungen großflächige Inserate gesetzt, die einen Topf Fleischextrakt zeigten, der u. a. die Aufschrift „Extractum carne Liebig" trug und in blauer Farbe den Schriftzug von Liebigs Namen. Hiermit sollte die Originalität und Qualität des Extraktes hervorgehoben werden. In den folgenden Jahren wurden diese Anzeigen ergänzt durch solche, die auch für Fleischpepton, eine Extraktpaste, und OXO, eine flüssige Fleischbouillon, warben, die später „Liebig flüssig" genannt wurde und heute „Liebox Bouillon" heißt. Die Liebig's Extract of Meat Company [LEMCO], die sich abgekürzt auch „Liebig's Company" nannte, verbreitete also ihre Angebotspalette, um alle Bedürfnisse der Hausfrauen in Bezug auf Speisewürzen abdecken zu können. Im Jahre 1870 gab Henriette Davidis, die führende deutsche Kochbuchautorin jener Zeit, ein Kochbuch heraus, das die Vorzüge und Einsatzmöglichkeiten des Fleischextraktes für die bürgerliche Küche herausstellte. Dies Buch mag der LEMCO den Anstoß gegeben haben, nun auch in eigener Regie kleine Koch- und Jahrbücher mit buntem Einband an Hausfrauen kostenlos abzugeben nach dem Motto: Kleine Geschenke erhalten die Kundschaft! Natürlich wurde in jedem Rezept eine Prise Fleischextrakt empfohlen. Die Kochbücher erfreuten sich allgemeiner Beliebtheit, vor allem bei jungen Ehefrauen, die besonders bestrebt waren, ein schmackhaftes Essen auf den Tisch zu bringen" (Judel 2003, S. 33).

2 Die Gastronomie – ein Fach ohne klar definierte Grenzen?

> Die Idee von Liebig mit seinen zwei Zutaten, die eine unglaubliche geschmackliche Tiefe und Mundfülle sowie einen Umami-Geschmack bringen, hat auch heute noch Bestand. Ich, Heiko, habe diese Idee mit meinem Team aufgenommen und wir haben uns intensiv damit auseinandergesetzt und das Ganze Verfahren dem heutigen Zeitgeist in unserer Produktion angepasst.

Auch das Entstehen der Nudel-, Marmeladen- und Suppenwürfelindustrie fiel nicht zufällig mit dem Beginn der Industrialisierung zusammen (Teuteberg 1988). Um das Jahr 1896 wurde von Friedrich Heine in Wernigerode die Dosenwurst erfunden und zu einem preiswerten Nahrungsmittel für die breite Öffentlichkeit, das zudem ungekühlt haltbar war. Die Fleisch- und Wurstfabriken, die in den 1950er Jahren entstanden, wurden wiederum zu Vorläufern der eigentlichen Lebensmittelindustrie (vgl. Teuteberg 1988, S. 358), welche die Gastronomie und die privaten Haushalte gleichermaßen erreichte. Die Technisierung drang in den 1960er Jahren durch die Massenfertigung in viele Arbeits- und Lebensbereiche ein und trug zu einem grundlegenden Wandel der Esskultur bei (Hirschfelder 2005).

Gewisse Methoden der Haltbarmachung von Lebensmitteln (z. B. das Trocknen, Räuchern, Fermentieren bzw. Einlegen in Essig-, Salz- oder Zuckerlösungen), sind, wie wir bereits am Beispiel der Fischsoße gesehen haben, schon recht alt. In der Antike wurden bereits Schnee und Eis zur Kühlung von Fleisch verwendet, das in tiefen Gruben gelagert wurde. Der elektrisch betriebene Kühlschrank, der für uns heutzutage aus der Küche nicht mehr wegzudenken ist, setzte sich in Europa erst in den 1960er Jahren durch. Dies emanzipierte nicht nur die private Küche, sondern auch die Gastronomie von der Abhängigkeit der Jahreszeiten und dem damit verbundenen Lebensmittelangebot, das den Speiseplan beherrschte. Wurde die komplexe Technologie des Einfrierens von Lebensmitteln zuvor im Dienst der Militärwirtschaft eingesetzt, fanden Tiefkühlprodukte nun über kommunale Gefrieranlagen und wachsende Tiefkühlketten ihren Weg in die neuen Geräte der Haushalte (Spechtenhauser 2006). „Jetzt ermöglichten der Kühlschrank und die Gefriertruhe beispielsweise denjenigen, die im Herbst selbst schlachteten, das Fleisch einzufrieren. Dadurch verdrängten

Kotelett und Schnitzel die geräucherten Würste, die Wurstkonserven und Wurstgläser. Durch die neuen Kühlmethoden konnten außerdem mehr frische Nahrungsmittel verzehrt werden" (Hirschfelder 2005, S. 245). Die neuen Küchentechnologien waren auch mit der Erfindung und Fertigung neuer Küchenmöbel verbunden, die nun in Serie für den Massenmarkt produziert wurden. Der Trend zur modernen Kompaktküche war unaufhaltsam: Doppelspülen, Dunstabzugshauben, Arbeitsplatten für immer neue fließende Arbeitswege und möglichst viele, nach der Größe des Geschirrs und der Küchengeräte aufgeteilte Schrankfächer wurden eingebaut. Insofern hielten Prinzipien der fabrikorientierten Arbeitsorganisation mit ihrer Standardisierung und Technisierung auch Einzug in die privaten Haushalte. Manche verglichen die neuen Küchen wegen ihres weißen Aussehens und der vielen chromblitzenden Geräte mit „Operationssälen" (Teuteberg 1990, S. 378). Darüber hinaus wurden durch die Gerätschaften in den gehobenen privaten Haushalten das Dienst- und Küchenpersonal abgebaut, was uns zu einer ganz ähnlichen Entwicklung in der Gastronomie führt, der Rationalisierung.

2.2.4 Die Reorganisation der Gastronomie – Rationalisierung und Convenience

Die Verschlankung bzw. Rationalisierung von Prozessen in der Gastronomie lässt sich auf verschiedene Entwicklungen zurückführen, die zum Teil Hand in Hand gehen. So wurden Reorganisationsmaßnahmen der »Lean Production« aus der Industrie auch auf die Gastronomie übertragen. Im Zuge der Einführung von Prinzipien der »Lean Production« in der Industrie sollte seit Anfang der 1990er Jahre jegliche Art von Verschwendung menschlicher Aktivitäten, die unnötig Ressourcen verbrauchen, aber keinen Wert erzeugen, aus den Arbeitsprozessen eliminiert werden. Neben der Rationalisierung innerhalb eines Unternehmens wurden auch Einsparpotentiale durch die Auslagerung (Outsourcing) von Dienstleistungen umgesetzt (Ruiner und Wilkesmann 2016). Im Bereich der Gemeinschaftsverpflegung ist vor allem der Zuwachs an Contract-Caterern eine Entwicklung, die auf diese durch die Industrie angestoßenen Rationalisierungsmaßnahmen zurückzuführen ist und bis heute anhält. Immer mehr Betriebe lagern die über ihr Kerngeschäft hinausgehenden Dienstleistungen aus, wozu auch die Personalverpflegung gehört.

Zudem stellt die mcdonaldistische Produktionsweise eine modifizierte Anpassung des industriellen Produktionsmodells dar (Voswinkel 2000), die sich in vier Rationalisierungsbereiche aufteilen lässt:

„Der erste Bereich McSkill beinhaltet die Trennung von Planung und Anleitung einerseits und die Arbeit und deren Ausführung andererseits. Die Arbeitstätigkeiten und -abläufe sind hochgradig standardisiert und dequalifiziert. Auf die Fast-Food-Industrie bezogen umfasst dies beispielsweise die Industrialisierung der Speisenfertigung, die Vereinfachung der Servicetätigkeiten, die Fixierung der Arbeitstätigkeiten, aber auch die Möglichkeit zur Rotationstätigkeit. McJob stellt den zweiten Bereich dar, da die Fast-Food-Industrie vor allem Teilzeit- und geringfügig Beschäftigte umfasst. [...] Auf diese Weise können die Länge und die unterschiedliche Arbeitsintensität der Betriebszeiten effektiv und kostengünstig abgedeckt werden, wobei die resultierenden Fluktuationsraten relativ hoch sind, weil viele Beschäftigte ihre Arbeit nur als Nebentätigkeit begreifen. Mit dem dritten Bereich, dem McService, erfolgt eine Reduktion des Services mit gleichzeitiger Verlagerung von Arbeiten auf den Gast. Dieser übernimmt Arbeiten zum einen aufgrund der Erwartung, dass so niedrigere Preise ermöglicht werden. Zum anderen kommt die Selbstbedienung den Bedürfnissen der Gäste entgegen, da sie sich Effektivität, Kontrolle und Selbstbestimmung wünschen. McFun bezeichnet den vierten Bereich und umfasst die verzauberte Akzeptanz des rationalisierten Angebots, welches in einer lockeren Atmosphäre (z. B. Klecker-Toleranz) stattfindet und somit die Attraktivität des Systems für bestimmte Zielgruppen ermöglicht" (Ruiner und Wilkesmann 2016, S. 78 f.).

Als die Fast-Food-Ketten der Burgerbrater als Vorreiter der Systemgastronomie Mitte der 1970er Jahre aus den USA nach Deutschland kamen, war es keineswegs so, dass dieses neue gastronomische Konzept sofort auf Gegenliebe stieß. Vielmehr bewegten sich diese längere Zeit in der Verlustzone, da die neue Hamburgerkultur zunächst in kein vorhandenes Raster passte und von den Gästen erst erlernt und akzeptiert werden musste. Wobei man sich an dieser Stelle natürlich kritisch die Frage stellen muss, ob Fast Food denn tatsächlich erst mit der Amerikanisierung der Esskultur einhergeht, wie es der bereits verstorbene Christoph Wagner als ehemaliger Chefredakteur der Gault Millau Österreich einmal treffend folgendermaßen auf den Punkt brachte:

> „Um zu verstehen, was Fast Food sein kann, ist es freilich notwendig den Begriff des schnellen Essens von der Fixierung auf das Konzerndenken zu befreien bzw. entsprechend zu erweitern. Fast Food findet man heute keineswegs nur im Fast-Food-Lokal. Auch wer sich zwischendurch ein Lachsbrötchen reinschiebt, wer an der Hafenmöle eine Tüte Krabben auspuhlt, wer im Euro-City frühstückt, sich seine Geburtstagsparty catern läßt, beim Spanier um die Ecke auf ein paar Tapas reinschaut, in der Konditorei Kaffee und Kuchen bestellt, zwischen zwei Terminen auf offener Straße ein halbes Dutzend Austern schlürft – auch der ißt Fast Food" (Wagner 1995, S. 261)

Gleichwohl diente die Standardisierung der Abläufe und der eingesetzten Lebensmittel der Systemgastronomie als Vorbild für die Reorganisation der gastronomischen Betriebe, die nun auch vorproduzierte Waren einsetzte, sodass sich die bis in die 1970er Jahre klare Trennung zwischen der Imbisskultur auf der einen Seite und den Restaurants und Gaststätten auf der anderen Seite zunehmend auflöste (vgl. Hirschfelder 2005, S. 252).

Möglich war dies, weil die Lebensmittelindustrie ihre Angebotspalette aufgrund neuer Herstellungs- und Lagertechniken kontinuierlich weiterentwickelte. Zu nennen ist hierbei die technische Möglichkeit des Schnellgefrierens von Lebensmitteln, die zu einer weit verbreiteten industriell genutzten Methode für die Langzeitkonservierung verderblicher Lebensmittel wurde und neue Einsatzmöglichkeiten in der Gastronomie eröffnete.

2 Die Gastronomie – ein Fach ohne klar definierte Grenzen?

Die Geschichte der Tiefkühlkost

Gefrorene Erdbeere (Foto: Maximiliane Wilkesmann)

Bereits 1865 wurde in New York das erste mit Sole betriebene Kühlhaus gebaut, dem wenige Jahre später die Einführung von Ammoniak als Kältemittel folgte. Zu Beginn des 20. Jahrhunderts experimentierten viele Menschen mit mechanischen und chemischen Methoden zur kühlenden Konservierung von Lebensmitteln. Schon 1874 erfand Carl von Linde eine Kältemaschine, die ebenfalls mit Ammoniak arbeitete. Allerdings war der Gefrierprozess zu langsam, sodass sich in den gefrorenen Lebensmitteln große Kristalle bildeten, die die Zellstruktur zerstörten und so die Konsistenz und den Geschmack der Lebensmittel beeinträchtigten (Vensky 2010). Tiefkühlkost schmeckte so widerwärtig, dass sie in den Gefängnissen des Staates New York verboten wurde, weil sie den kulinarischen Ansprüchen der Insassen nicht genügte (Johnson 2016).

Als industrielles Verfahren begann die Geschichte des Schnellgefrierens um das Jahr 1924, als Clarence Birdseye, von Hause aus Meeresbiologe, einen Weg fand, Lebensmittel im Schnellverfahren einzufrieren. Seine Erfindung kann als einer der bedeutendsten Fortschritte bezeichnet werden, die in der Lebensmittelindustrie gemacht wurden. Was genau hatte er entdeckt? Während seines Aufenthalts in der Arktis zwischen 1915 bis 1922 beobachtete Birdseye, dass die Kombination aus Eis, Wind und niedrigen Temperaturen von bis zu minus 45 Grad Celsius den gerade gefangenen Fisch der Inuit fast sofort gefrieren ließ. Vor allem aber stellte er fest, dass sich solche tiefgefrorenen Fische, wenn sie gekocht und verzehrt wurden, an Geschmack und Konsistenz kaum von frischem Fisch unterschieden. Wichtig ist an dieser Stelle festzuhalten, dass sich die Gefriergeschwindigkeit stark auf die Qualität auswirkt (Birdseye 1929). Zurück in New York gründete Birdseye 1922 das Unternehmen »Birdseye Seafoods«. In der Nähe des Fulton Fish Market fror er Fischfilets bei minus 43 Grad Celsius ein, taute sie wieder auf – und nicht nur er, sondern auch seine Kundschaft war jedes Mal von der schlechten Qualität enttäuscht. Das führte dazu, dass sein erstes Unternehmen zwei Jahre später Konkurs anmelden musste. Doch noch im selben Jahr entdeckte er die

> Lösung seines Problems, indem er den Fisch unter Druck zwischen zwei eisgekühlten Platten einfror und der gefrorene Fisch seine Zellstruktur nicht verlor, sodass er frisch blieb. Die Technik, die er sich 1930 patentieren ließ (US-Patent Nr. 1.773.079, 1930), erlaubte es ihm, nicht nur Fisch schockzugefrieren, sondern auch Fleisch, Obst und Gemüse, die er in Schachteln aus Wachskarton verpackte. Der Meeresbiologe fand zudem heraus, dass Lebensmittel nach dem Einfrieren am besten bei einer Temperatur von 0 Grad Fahrenheit gelagert werden sollten, damit sie keinen großen Geschmacks- oder Qualitätsverlust erlitten und für einen längeren Zeitraum schonend konserviert werden konnten. Bei 0 Grad Fahrenheit kommt die Zellaktivität vollständig zum Stillstand, was ansonsten zum Verderben führen würde. Die empfohlene Lagertemperatur von 0 Grad Fahrenheit entspricht genau den minus 18 Grad Celsius, die auch heute noch als Goldstandard für die Lagerung gelten.
>
> Danach startete er eine Reihe von Unternehmen, die sich mit der Herstellung, dem Transport und dem Verkauf von Tiefkühlkost befassten (z. B. der Bau von Gefriertruhen mit Doppelplatten und Vitrinen für Lebensmittel) und wandte sich der Vermarktung seiner Idee zu (vgl. Fikiin 2008, S. 102 f.). Hierzu funktionierte er zunächst die bereits weit verbreitete amerikanische Eiscremetruhe um, damit Einzelhändler die tiefgefrorenen Haushaltspackungen an Obst, Gemüse und Fisch anbieten konnten. Birdseye kaufte Kühltruhen bei der American Radiator Corporation in größeren Mengen und vermietete sie günstig an die Supermärkte, die sich im Gegenzug dazu verpflichten mussten, nur seine Produkte exklusiv anzubieten (Vensky 2010). Mitte der 1930er Jahre war der Durchbruch seiner Idee geschafft und »Quick Frozen Food« feierte seine ersten Erfolge. Die jährliche Gesamtproduktion lag bereits bei 170.000 t, vor allem Fisch, aber auch Obst und Gemüse (Teuteberg 1991).
>
> Kühl- und Küchentechniken werden ständig weiterentwickelt und das Pacossieren stellt aktuell eine boomende Küchentechnik dar. Beim Pacossieren werden mit dem Pacossiermesser hauchdünne Schichten einer im Block eingefrorenen Flüssigkeit in Sekundenschnelle abgefräst, sodass portionsgenau eine feinste Mousse mit der idealen Serviertemperatur für gefrorene Desserts von minus 12 Grad Celsius entsteht.

In Deutschland spielte der Verbrauch von Tiefkühlkost selbst in den 1960er Jahren mit einem jährlichen Verbrauch von 400 g pro Kopf allerdings noch eine sehr untergeordnete Rolle. In den 1990er Jahren stieg der Verbrauch auf 16 kg pro Kopf (Hirschfelder 2005) und lag laut den Angaben des Deutschen Tiefkühlinstituts im Jahr 2021 bei 46 kg Verbrauch von Tiefkühlprodukten pro Kopf. Zu den erfassten Tiefkühlprodukten gehören gefrorenes Gemüse und Obst (einschließlich

2 Die Gastronomie – ein Fach ohne klar definierte Grenzen?

Fruchtsäfte) sowie Fleisch- und Fischprodukte, Pizzen und Tiefkühlgerichte, Backwaren, Beilagen und Snacks sowie Kartoffelprodukte. Speiseeis ist von der statistischen Erfassung ausgeschlossen.

Der steigende Verbrauch an Tiefkühlkost, sowohl in den privaten Haushalten als auch in der professionellen Gastronomie, hat auch etwas mit der Bequemlichkeit (Convenvience) der Essenszubereitung zu tun. Während Kantinen früher auf eine „zentrale, autarke Produktion mit Convenience »Ready to cook« setzten, gilt heute weitverbreitet das Prinzip »Ready to eat«. Lag gestern noch der Fokus des betriebswirtschaftlichen Denkens auf einem reibungslosen Ablauf in der Küche, steht heute vielmehr der Gast im Mittelpunkt: Um ihn zu gewinnen und optimal zu versorgen, erlauben Convenience-Produkte mit einer hohen Fertigungstiefe und Front-Cooking-Center die Produktion vor den Augen des Gastes. Begleitet wird diese Entwicklungsstufe vom Teil-Outsourcing von Serviceleistungen, knapper Lagerhaltung just-in-time und einer teilverlagerten Vorstufen-Produktion" (vgl. DEHOGA 2015, S. 6). Dies führt uns geradewegs zum (politisch aufgeheizten) Thema der Convenience-Produkte.

Der Convenience Irrtum

Heiko Antoniewicz (Foto: privat)

Längst ist das Thema Convenience in fast jeden Haushalt eingezogen und alle von uns haben schon das ein oder andere jener Produkte konsumiert. Genauso ist es auch in der Gastronomie. Die meisten Gastronomen, die sich die Verarbeitung von frischen und regionalen Lebensmitteln auf die Fahne geschrieben haben, wissen meist nicht, dass auch in ihrem Kühlhaus das ein oder andere Convenience-Produkt lagert. Der Irrtum besteht darin, zu glauben, dass ausschließlich billige, meist nicht sehr gesunde und

> niederqualitative Lebensmittel oder Produkte dazu gehören. Doch dem ist nicht so. Convenience fängt dort an, wo jegliche Art von rohen Lebensmitteln – sei es Obst, Gemüse oder auch Fleisch und Fisch – verarbeitet werden. Sobald das Brot schon gebacken, der Spargel schon geschält, oder das Tier gehäutet und zerlegt ist, sprechen wir von Convenience. Bestellen die geschätzten Kolleg*innen also beispielsweise frische, bereits zerlegte Fische oder vom Metzger frisch zerlegtes Wild, ist es bereits verarbeitet und somit ein Convenience-Produkt, was nicht gleich eine schlechtere Qualität bedeuten muss. Möchte man also in seinem Betrieb vollständig ohne Convenience auskommen, müsste man jegliche Art von Verarbeitung, die den Rohzustand des Lebensmittels verändert, selbst ausführen, was in den meisten Fällen nicht sehr rentabel und meist auch nicht sehr praktikabel ist.

Wie lassen sich Convenience-Produkte definieren? Unter Convenience-Produkten werden vorgefertigte Produkte verstanden, sei es nun selbst vorgefertigte oder zugekaufte Produkte, die nach unterschiedlichen Verarbeitungsstufen klassifiziert werden. Zwar existiert keine international verbindliche Einteilung, aber in Deutschland wird in der Regel das in Tab. 2.3 dargestellte Schema verwendet.

Es sollte deshalb auch nicht von Convenience-Produkten allgemein gesprochen werden, sondern von der Convenience-Stufe. Ab der Convenience-Stufe III kann das Problem entstehen, dass z. B. warme Grundsoßen zu viel Salz und Fett enthalten, Salatdressing einen zu hohen Salz-, Fett- und Zuckergehalt oder Desserts einfach zu viel Zucker beinhalten können. Arens-Azevêdo und ihre Kolleginnen (2020) haben deshalb einen Vergleich zwischen selbst hergestellten Soßen und Desserts und Convenience-Produkten vorgenommen und festgestellt, dass die Qualität der getesteten Produkte, was Fett-, Zucker- und Salzgehalt anbelangt, sehr unterschiedlich ist – übrigens auch in einigen Rezepten der Selbstherstellung. Es muss also genau auf die Inhaltsstoffe und deren Mengen geachtet werden. Ebenso muss die Qualität, z. B. des Fettes, im Auge behalten werden (gesättigte Fette vs. hochwertige Öle).

Die Lebensmittelindustrie hat mittlerweile die Zeichen der Zeit erkannt und achtet mehr auf die Zutaten, wie einer unserer Gesprächspartner aus der Lebensmittelindustrie im Interview meinte:

Tab. 2.3 Einteilung der Convenience-Produkte in verschiedene Convenience-Stufen (in Anlehnung an: Arens-Azevêdo et al. 2020, S. 11)

Convenience-Stufe		Definition	Beispiel	Arbeiten zur nächsten Stufe
Grundstufe	0	Unbehandelte Ware	Tierhälften, Gemüse, ungewaschen	Waschen, schälen, entkernen, entbeinen, Fleisch zerlegen, entfernen aller ungenießbaren Teile
Küchenfertig	I	Lebensmittel müssen vor dem Garen noch vorbereitet werden	Entbeintes, zerlegtes Fleisch, geputztes Gemüse	Zerkleinern, portionieren, panieren
Garfertig	II	Ohne weitere Vorbereitung zu garen, Rezeptleistung ab dieser Stufe meist nicht mehr durch den Koch erbracht	Filet, Teigwaren, TK-Gemüse, paniertes, gewürztes Fleisch	Kochen, braten, dämpfen, schmoren
Aufbereitfertig	III	Durch das Aufbereiten (z. B. Mischen, Auffüllen, Würzen) verschiedener Lebensmittel werden fertige Speisen hergestellt	Salatdressing, Kartoffelpüree	In Flüssigkeit anrühren, (nach-)würzen
Regenerierfertig	IV	Durch Wärmezufuhr werden die Speisen verzehrfertig	Fertiggerichte (einzelne Komponenten oder fertige Menüs)	Aufwärmen
Verzehr-/ tischfertig	V	Zum sofortigen Verzehr geeignet	Kalte Soßen, fertige Salate, Obstkonserven	

> „Die Industrieunternehmen haben in den letzten Jahrzehnten all die Dinge rausgenommen, die heute verpönt sind und einseitig medial beleuchtet werden. Geschmacksverstärker, künstliche Aromen, wie Hefe und all diese Dinge rezeptieren die großen Unternehmen inzwischen eigentlich wieder raus."

Allerdings kämpft die Lebensmittelindustrie mit dem selbst gemachten Problem, dass früher und zum Teil bis jetzt einige Convenience-Produkte überwürzt und/oder mit Geschmacksverstärkern versehen wurden, sodass die Verbraucher*innen sich daran gewöhnt haben und sie sich nun an ein neues Geschmacksbild *zurück*gewöhnen müssen bzw. auf dieses neue Geschmacksbild hin sozialisiert werden müssen.

In unseren Interviews sind wir auf das Phänomen gestoßen, dass der Begriff Convenience entweder nicht in den Mund genommen wird bzw. sofort mit großer Ablehnung quittiert wird. Wichtig ist es in diesem Kontext, den Begriff genauer zu betrachten: Tomatenmark ist ein Convenience-Produkt, was auch in der gehobenen Küche eingesetzt wird, ebenso stellen Dosentomaten oder geschnittenes Gemüse ein Convenience-Produkt dar. In sehr vielen Restaurants werden Kroketten oder Pommes-Frites eingekauft, aber nicht als Convenience wahrgenommen, weil dies der gelebte Alltag ist. Selbst in der Spitzengastronomie existieren Convenience-Produkte, die aber selbst hergestellt und nicht zugekauft werden. So werden in jedem Spitzenrestaurant die Soßen und Jus für die ganze Woche vorgekocht und portioniert. Dies ist dann auch ein convenientes Produkt, aber eben ein selbst hergestelltes. Um den negativen Klang des Wortes Convenience-Produkt zu vermeiden, wird auch manchmal von konfektionierten Waren gesprochen.

Warum aber werden Convenience-Produkte überhaupt eingesetzt? Zum einen wird in der Küche damit Produktsicherheit erkauft – die Teilkomponente des Gerichts wird auf jeden Fall nicht misslingen. Zum anderen wird damit eine Reduktion des Personaleinsatzes erzielt oder es dient zur zeitlichen Verlagerung einzelner Produktionsschritte. Unter dem Blickwinkel des Wissenstransfers wird mit dem fertigen Produkt Wissen als Black Box eingekauft. Wer eine fertige Jus verwendet, weiß

2 Die Gastronomie – ein Fach ohne klar definierte Grenzen?

eben nicht, wie sie hergestellt wurde und wie dieses Geschmacksbild erzeugt wird. Es fehlt das Wissen, diese Jus nachzukochen. Dies führt uns zu der Frage, was überhaupt Wissen ist. Wir werden im nächsten Hauptkapitel diese Frage beantworten.

3

Wissen, Nichtwissen und Wissenstransfer in der Gastronomie

> **Haupt·spei·se**
>
> /Háuptspeise/
> *Substantiv, feminin* [die]
>
> 1. normalerweise: Hauptgang bei einem ausgedehntem Mittag- oder Abendessen, der nach der Vorspeise und vor dem Nachtisch serviert wird.
> 2. in unserem Fall: Jetzt kommen die Hauptthemen zum Wissen, Nichtwissen und Wissenstransfer, zum Wissensmanagement und den Einflussfaktoren auf das Teilen von Wissen.

Als wir Tim Mälzer für unser Buch interviewt haben, hat er uns – wie auf Bestellung – ein wunderbares Beispiel für den Wissenstransfer in seiner Küche erzählt, ohne dass es ihm im ersten Moment bewusst war. Vor unserem Interview legte er in seinem Restaurant, der Bullerei, spontan selbst Hand an und setzte zusammen mit seinem Küchenchef und dem Stellvertreter einen Fond für eine Zwiebelsuppe an: *„Eine Zwiebelsuppe ist für mich ein ganz banales Gericht: Zwiebeln angeschwitzt, Wasser drauf. Meinetwegen ein bisschen Weißwein, ein Stück Fleisch, durchgekocht, rausgenommen, angerichtet. Ein bisschen schöner* *jetzt. Mein Team hat über diverse Ansätze gearbeitet und sie haben diese zusammengeführt und reduziert und das ist perfekt. Das ist wunderschön. Es war nur nicht das, was ich im Kopf habe"* (Tim Mälzer). Die angesetzte Zwiebelsuppe entsprach einfach nicht seinem Geschmacksbild. Er hat dann versucht sein Geschmacksbild verbal zu vermitteln, dass sein Geschmacksansatz „viel weiblicher, viel femininer, viel floraler, viel mehr auf den vierten Löffel aus ist". Damit meint er, dass sich der volle Geschmack nicht sofort beim ersten Löffel, sondern erst beim dritten oder vierten Löffel entfaltet. Im mündlichen Austausch war es aber schwirig genau das zu vermitteln, da der Ansatz des Küchenchefs technisch eigentlich perfekt war. *„Ich habe es verbal nicht erreicht. Also habe ich es gerade vorgekocht."* Die Lösung bestand also darin, gemeinsam in der Küche zu stehen, den Ansatz vorzukochen, und das Ganze nachzukochen. Der Wissenstransfer ging nicht über die Sprache, sondern über die Handlung, oder in den Worten von Tim Mälzer: *„Es hätte ohne die gemeinsame Aktivität geschmacklich nicht funktioniert."*

Nachfolgend geben wir einen Überblick der Grundbegriffe des Wissens und Nichtwissens sowie zu den Voraussetzungen des Wissenstransfers, die wir mit vielen Beispielen aus der gastronomischen Praxis anreichern.

3.1 Was ist Wissen?

Wenn wir die Frage beantworten wollen, ob und wie Wissen in der Gastronomie transferiert werden kann, dann müssen wir uns zuvor die Frage stellen, was wir überhaupt unter dem Begriff Wissen verstehen. Die interdisziplinäre Ausrichtung der Forschung zum Thema Wissen und Wissenstransfer erschwert hierbei eine einheitliche Definition. So speist sich allein das Verständnis zum Begriff Wissen aus Ansätzen der Neurowissenschaften, Psychologie, Biologie, Philosophie, Soziologie sowie der Ökonomie. Je nachdem, auf welchen theoretischen Ansatz zurückgegriffen wird, ergeben sich unterschiedliche Konsequenzen für die Definition des Wissensbegriffs und für den Umgang mit Wissen (Willke 1998, Wilkesmann und Wilkesmann 2018, 2019). Die für die Gastronomie bedeutsamen Begriffe werden wir uns nun näher anschauen.

3.1.1 Unterschiede zwischen Daten, Information und Wissen

Zu einer der wichtigsten Grundlagen gehört die Unterscheidung zwischen Daten, Information und Wissen, die ursprünglich aus dem Kontext der Informatik stammt (Aamodt und Nygård 1995). *Daten* sind dabei so etwas wie eine erste Vorform des Wissens. Damit sind z. B. Mengenangaben in Gramm in einem Rezept gemeint. Im Beispiel zu Beginn unseres Buches ist von »200 g Zucker« die Rede. Neben dem Wort »Zucker« muss ebenso bekannt sein, was »200 g« bedeutet, damit man mit den *Daten* etwas anfangen kann. Oder wenn in einem Rezept von einem »Lorbeerblatt« die Rede ist oder dort »50 g Perigordtrüffel« steht, dann sind dies unverständliche *Daten,* solange die Begrifflichkeiten Zucker, Lorbeerblatt oder Perigordtrüffel ebenso unbekannt bleiben, wie die Bezeichnung Gramm. Ein Wort oder eine Zahl sind erst einmal nur Daten. Zucker kann, wie weiter vorne beschrieben, dabei etwas sehr Unterschiedliches bedeuten, ebenso ein Lorbeerblatt. Soll ein getrocknetes oder frisches Lorbeerblatt verwendet werden? Schließlich erzeugt ein frisches oder ein getrocknetes Lorbeerblatt in der Tat ein unterschiedliches Geschmacksbild – aber das ist aus der reinen Betrachtung der *Daten* nicht ersichtlich, das muss man erst einmal wissen!

Daher spricht man von *Informationen,* einer zweiten Vorform des Wissens, wenn die *Daten* in einen Relevanzkontext eingebunden werden, d. h. wenn der Sinn der Bezeichnungen bekannt ist. Gramm muss als Mengeneinheit erkannt werden, die mit dem technischen Hilfsgerät einer Waage bestimmt werden kann. Erst wer weiß, was ein Lorbeerblatt ist, und dass mit einem Perigordtrüffel der schwarze Trüffel gemeint ist, der zu den teuersten Speisepilzen der Welt gehört, kann das Rezept im eigentlichen Wortsinn lesen. Ebenso kann in einem Informationskontext zumindest die Frage auftauchen, welcher Zucker wohl gemeint sein könnte oder ob das Lorbeerblatt frisch oder getrocknet sein soll. Personen, die einen gemeinsamen Relevanzkontext teilen, wie z. B. Köch*innen, können somit direkt *Informationen* miteinander austauschen. Köch*innen kennen Mengenangaben (auch wenn viele – im Gegensatz zu Pâtissiers – das Abwiegen nicht lieben und lieber als »Freihand-Genies« arbeiten), so sind ihnen die Angaben nicht nur vertraut, sondern ein wichtiges Mittel des Wissenstransfers. Solche festen fachlichen Begrifflichkeiten, wie z. B. »pochieren«, erleichtern den Wissenstransfer zwischen Köch*innen in der Interaktion, weil alle Beteiligten vom Grundsatz her wissen, was gemeint ist. Gemüse in Brunoise zu schneiden ist ein weiteres Beispiel für einen Kochfachbegriff. Er beschreibt sehr kleine Würfel (1–2 mm), in die Karotten, Paprika oder anderes Gemüse geschnitten werden. Um einen gemeinsamen Relevanzkontext zu teilen, ist ein gemeinsamer Erfahrungsraum notwendig, der in diesem Fall zum Beispiel durch die Ausbildung erzeugt wird und/oder durch langjährige Küchenerfahrung erworben wird. Ein gemeinsamer Relevanzkontext, der die mitgeteilten *Daten* zu *Informationen* werden lässt, ist für einen gelingenden Wissenstransfer damit enorm wichtig.

Von *Wissen* kann erst dann gesprochen werden, wenn die Information in einen zweiten Relevanzkontext eingebunden wird. Aufgrund des Erfahrungswissens von Köch*innen können sie mitunter beurteilen, ob in dem Rezept einfacher Rohrzucker (z. B. bei einer Crème Brûlée) oder Muskovado Zucker (z. B. bei einer eingekochten Balsamessigcreme) gemeint sein könnte. Oder ob für ein Gericht ein getrocknetes oder frisches Lorbeerblatt besser für den Geschmack ist. Den am Wissenstransfer beteiligten Personen muss darüber hinaus auch noch bekannt sein, ob 50 g schwarzer Trüffel für das Gericht viel oder wenig ist. Außerdem muss einem der Geschmack von schwarzem Trüffel bekannt sein, damit man überhaupt beurteilen kann, ob und wie es schmeckt, wenn eine bestimmte Menge an Trüffel verwendet wird. Erst unter dieser Voraussetzung kann von *Wissen* gesprochen werden. Diese Fragen zu stellen und anschließend auch beantworten zu können, setzt allerdings sehr viel Erfahrungswissen voraus. Erfahrungswissen beinhaltet dann auch das Wissen, mit welchem anderen Lebensmittel der jeweilige Zuckertyp kombiniert werden kann, um ein exzellentes Flavour Pairing (Antoniewicz 2013) zu erzeugen. Da die Angaben

3 Wissen, Nichtwissen und Wissenstransfer in der Gastronomie

in Rezepten meistens unvollständig sind und nur von »Zucker« gesprochen wird, braucht es zusätzlich viel Erfahrungswissen, um zu erahnen, welcher Zucker für ein optimales Geschmacksbild gemeint sein könnte.

Auf das Erfahrungswissen kommt es an!

Tim Mälzer (Foto: Philipp Rathmer)

Mit der Erfahrung kommt Geschmackswissen hinzu. Es wird ein kulinarisches Gedächtnis bzw. eine immer größer werdende Geschmacksbibliothek aufgebaut. Mit der Zeit sammelt sich Wissen darüber an, was wie schmeckt. Und je mehr Erfahrung, je mehr Erfahrungswissen jemand ansammelt, desto besser kann diese Person auch auf der Zunge einen Flavour schmecken, ohne das konkrete Produkt im Mund haben zu müssen. Auf dieses Prinzip setzt auch Tim Mälzer in der Sendung Kitchen Impossible. Wenn die Jury nicht aus sehr erfahrenen Köch*innen besteht, dann können die Jurymitglieder auch nicht so genau differenzieren, ob das nachgekochte Gericht jetzt dem Original nahekommt oder nicht. Die Mitglieder der Jury wissen aber, dass das Gericht nicht vom Originalkoch kommt und erwarten deshalb Abweichungen. Je mehr Geschmackslaien in der Jury sitzen, desto größer wird die geduldete Toleranz sein. Tim Mälzer muss also das Originalgericht nicht wirklich treffen, sondern er setzt darauf, dass die Jurymitglieder viele kleine Feinheiten überhaupt nicht geschmacklich differenzieren können. Es muss beim Nachkochen nur ein Geschmacksbild entstehen, welches dem Originalgericht in gewisser Weise nahekommt. Es muss noch nicht einmal die Originalzutaten enthalten, wie viele Sendungen beweisen. Nur Personen mit einem großen und erfahrenen Geschmacksgedächtnis werden feine Unterschiede bemerken können, viele Jurymitglieder aber nicht. Die entscheidende Frage bei der Sendung Kitchen Impossible lautet also: Wer sitzt in der Jury?

> *„Also bei Kitchen Impossible ist es zum Beispiel selten, dass ich daran zweifle, den originalen Geschmack zu treffen. Ich weiß, dass ich ihn nicht treffe. Das weiß ich. Also muss ich mir meinen Geschmack merken und so dicht wie möglich an das Original kommen. Ich glaube, das ist meine eigentliche Leistung, dass ich sehr dicht an meinem Geschmack dran bin. Christian Rach hat mal gesagt, dass ich der Koch bin, der für ihn mit Abstand am besten im Kopf schmecken kann. Ich weiß ungefähr, was erzielt werden soll und dann kann man das ein bisschen justieren"* (Tim Mälzer).
>
> Der Weg von Tim Mälzer bei Kitchen Impossible ist es also nicht, das Original zu entschlüsseln, sondern im Geschmacksgedächtnis ein Gericht abzurufen, welches an das Original möglichst nahe heran gelangt, und dieses zu kochen und zu justieren. Wie er selbst sagt, baut sein Geschmacksgedächtnis auf emotionalen Assoziationen auf:
>
> *„Was mich auszeichnet, ist ein Zugang zu mir selber, zu meiner Intuition und zu meinen Geschmackserinnerungen, meine Assoziation. Bei mir ist alles extrem emotional belegt. Das heißt, ich schmecke kein Basilikum. Was ich schmecke, ist die Erinnerung, das war doch der Moment, wo du in Italien warst. Da hast du doch ein bestimmtes Gericht gegessen. Und das ist die Assoziation, die ich abrufe. Schmecke ich Basilikum? Nein! Glaube ich, dass irgendjemand das rausschmeckt? Nein! Glaube ich auch nicht"* (Tim Mälzer).
>
> Wissen ist hier also nicht gleichzusetzen mit einem im engeren Sinne wissenschaftlichem Wissen, sondern mit Erfahrungswissen. Die Weitergabe von Rezepten, also von Daten, bedeutet noch nicht, dass das Gericht genau nachgekocht werden kann. Aus diesem Grunde können Spitzenköch*innen auch ihre Rezepte herausgeben, weil sie sich sicher sein können, dass kaum jemand es genauso wie sie selbst nachkochen kann.

Ein anderes Beispiel wäre die Frage, mit welcher Temperatur der Pochiervorgang bei welchem Gemüse am besten erfolgt. Selbst der Fachbegriff »Pochieren« beinhaltet nämlich eine Variationsbreite zwischen 68 bis 95 Grad Celsius. Und nur wer schon mit verschiedenen Zuckersorten gekocht hat oder den Unterschied eines frischen gegenüber einem getrockneten Lorbeerblatt für das Gericht vorab abschätzen bzw. auf der Zunge schmecken kann, weiß, was gemeint ist und wie und was genau mit den Zutaten gekocht werden kann. Ebenso können Köch*innen

3 Wissen, Nichtwissen und Wissenstransfer in der Gastronomie

aufgrund von Erfahrungswissen Brunoise bewusst unterschiedlich groß schneiden, weil dies wiederum Einfluss auf die Textur des späteren Gerichts hat. Selbst eine so einfache Angabe wie Dosentomaten muss durch Erfahrungswissen spezifiziert werden: Sind für das Gericht geschälte oder gestückelte Tomaten besser? Die Tab. 3.1 fasst die Definitionen von *Daten, Information* und *Wissen* noch einmal zusammen.

Zusammenfassend lässt sich an dieser Stelle schon einmal festhalten: Wissen in der Gastronomie hat sehr viel mit Erfahrungswissen zu tun, da es nicht nur um die Anleitung geht, wie ein bestimmtes Gericht rein technisch hergestellt wird, sondern es geht darum, wie etwas schmeckt, wenn verschiedene Zutaten kombiniert werden. Geschmack kann zum einen zwischen Personen (inter-individuell) unterschiedlich sein, aber auch bei einer Person (intra-individuell) variieren. Köch*innen stehen

Tab. 3.1 Definition und Beispiele zu Daten, Information und Wissen. (Eigene Darstellung)

DATEN	Daten sind das ‚Rohmaterial', die Mengenangaben als Zahlen und Fakten.	Als Beispiel können wir hier Angaben in einem Rezept nehmen. Daten sind immer in Zahlen, Sprache, Text oder Bildern kodiert (z. B. 200 g Zucker).
INFORMATION	Wenn Daten in einen Kontext von Relevanzen eingebunden werden, werden sie zu Informationen.	Das Rezept kann erst im eigentlichen Wortsinn gelesen werden, wenn bekannt ist, was z. B. »Gramm« oder was »Zucker« bedeutet.
WISSEN	Aus Informationen wird Wissen, wenn sie in einen zweiten Kontext von Relevanzen integriert werden. Hierbei werden die Informationen in schon vorhandenes Wissen integriert.	Darüber hinaus muss auch noch bekannt sein, ob 200 g Zucker für das Gericht viel oder wenig ist. Außerdem muss einem der Geschmack von verschiedenen Zuckerarten bekannt sein, damit man überhaupt beurteilen kann, ob es schmeckt und ob Kristallzucker oder Muskovado Zucker gemeint sein könnte (wenn es nicht vermerkt ist).

dabei vor der Herausforderung, dass sie in der Regel viele Sachen gleichzeitig kochen und deshalb sehr kurzfristig hintereinander abschmecken müssen. Das Kochen in der Küche ist anders als das Kochen zu Hause, wie es Tim Mälzer folgendermaßen auf den Punkt bringt: „*Wir kochen im Restaurant nicht wie jemand zu Hause nacheinander, sondern wir kochen sieben, acht Sachen gleichzeitig. Wir hören in dem Moment sieben verschiedene Songs und müssen jetzt das jeweilige Instrument rausfinden, was uns fehlt, was wir verstärken wollen, was wir zurücknehmen wollen. Wir müssen die Lautstärke regeln in diesem Geschmacksbrei. Also geht das ganz schnell. Klack, abgespeichert, weg, wieder ab zum Nächsten.*" Dabei besteht die Gefahr, ein Gericht zu intensiv abzuschmecken, weil es sonst in dem Vergleich zu den vielen anderen Proben im Mund untergehen würde. Hier ist aber gerade die Erfahrung wichtig, die genau dies reflektiert und jedes Gericht angemessen justiert. Außerdem lehrt die Erfahrung, dass jede Zutat je nach Reifegrad etwas anders sein kann und deshalb eine andere Behandlung erfordert. Hier stellen sich Fragen wie: In welchem Zustand ist die Tomate? Hat sie Kälte abbekommen oder nicht? Wie lange ist das Fleisch abgehangen? Die Antworten auf diese Fragen erfordern eine jeweils angepasste Handhabung. All dies ist Erfahrungswissen. „*Meine Fähigkeit ist doch, dass ich merke, dass der Fisch vielleicht einen Tacken frischer ist und da braucht er auch ein paar Grad mehr. Und der Fisch, der einen Ticken älter ist, der braucht einen Tritt in die Fresse beim Anbraten und dann nimm ihn bloß von der Hitze, weil ihm das nicht guttut*" (Tim Mälzer). Tim Mälzer hat Recht, aber man könnte es auch ein bisschen eleganter ausdrücken: Je frischer ein Fisch ist, umso weniger denaturiert ist er. Mit der fortgeschrittenen Reife muss das Eiweiß im Fisch stärker denaturiert und mit entsprechend hoher Hitze angebraten werden.

3.1.2 Implizites und explizites Wissen

Je nachdem, wie gut man (Erfahrungs-)Wissen artikulieren kann, unterscheidet man zwischen dem expliziten und dem impliziten Wissen. Eine Unterscheidung, die wir im alltäglichen Gebrauch ganz intuitiv und unbewusst vornehmen. Die Tatsache zum Beispiel, dass jemand weiß, wie die Blätter von Bärlauch von den recht ähnlichen Blättern der Maiglöckchen zu unterscheiden sind, kann einerseits bedeuten, dass die Person die charakteristischen Unterschiede genau benennen kann und somit über explizites Wissen verfügt (s. Abb. 3.1). Eine andere Person kann das eine Blatt vom anderen sicher unterscheiden, ohne die genauen Unterscheidungsmerkmale aufzählen zu können. Dann steckt das relevante Wissen in der praktischen Fähigkeit dieser Person, indem sie die Blätter sieht, riecht, die Textur fühlt oder schmeckt und es ist somit implizit.

Explizites Wissen ist dabei Wissen, das grundsätzlich verbalisiert werden kann und sich in formaler Sprache ausdrücken lassen und als Information oder Daten weitergegeben werden kann. Es sind zum Beispiel die Informationen, die man in einem Rezept festhalten kann. Das explizite Wissen kann kodifiziert und verarbeitet werden, d. h. es kann leicht als Daten auf Medien gespeichert werden, und dank fortgeschrittener Technologien gibt es kaum Hindernisse für die Übertragung. *Implizites Wissen* ist Wissen, welches (noch) nicht kodifiziert ist. Implizites Wissen ist eine besondere Form des Wissens, das man verinnerlicht hat und nur schwer verbal mitgeteilt werden kann (s. Abb. 3.2). Explizites Wissen ist somit weniger ortsabhängig

Merkmale	Maiglöckchen	Bärlauch
Blattform	breit-oval	breit-oval
Blattunterseite	glänzend	matt
Anordnung der Blätter	zwei Blätter am gleichen Stängel	direkt aus dem Stängel wachsend
Giftigkeit	giftig	ungiftig
Blütezeit	April bis Juni	März bis Mai

Abb. 3.1 Unterschiede zwischen Maiglöckchen und Bärlauch. (Eigene Darstellung in Anlehnung an Guiro 2019; https://upload.wikimedia.org/wikipedia/commons/2/24/Bärlauch_und_seine_giftigen_Doppelgänger.png)

EXPLIZITES WISSEN		
	• kann verbalisiert und niedergeschrieben werden • kann als Daten gespeichert werden • einfach zu imitieren • Know-What	*In einem Rezept steht genau, wie ein Gericht zu kochen ist, mit Angaben zu den einzelnen Lebensmitteln und zur Technik des Kochprozesses.*
IMPLIZITES WISSEN		
	• nicht bewusst, kann aber bewusst gemacht werden • erfahrungs- und personengebunden • Know-How	*Erfahrene Köch*innen wissen genau, wie einzelne Zutaten schmecken. Sie haben eine Geschmacksbibliothek »auf der Zunge«, mit der sie jederzeit neue Gerichte kreieren können.*

Abb. 3.2 Explizites und implizites Wissen. (Eigene Darstellung)

als implizites Wissen, da es an nahezu jeden Ort übertragen werden kann. Implizites Wissen hingegen weist durch die Gebundenheit an Personen eine hohe Ortssensibilität auf. Dies führt mitunter dazu, dass sich klassische Bestandteile eines Menüs in einem Sternerestaurant plötzlich ändern, wenn etwa die Sous-Chefin eine neue berufliche Herausforderung sucht und das Restaurant verlässt. Dann wandert dieses Wissen zum neuen Arbeitsort der Sous-Chefin und geht dem alten Restaurant verloren, sodass bestimmte Gerichte nicht mehr wie gewohnt zubereitet werden können. Man könnte sagen, dass hier Nichtwissen in Form einer großen Wissenslücke im ehemaligen Restaurant entstanden ist. Diese Abwanderung von Wissen kommt – nicht nur in der Gastronomie – sehr häufig vor.

Implizites Wissen ist auch unter Begriffen wie »verborgenes« Wissen bekannt. So kann eine Person beispielsweise implizit wissen, wie sie eine ihrer Fähigkeiten anwendet, dies aber nicht oder nur sehr schwer kodifizieren, d. h. aufschreiben und weitergeben. Implizites Wissen kann zum einen technisch schwer beschreibbare Fertigkeiten (z. B. Geschicklichkeit) und zum anderen eine kognitive Fähigkeit umfassen (z. B. Kreativität), die für die Personen als selbstverständlich erachtet werden.

3 Wissen, Nichtwissen und Wissenstransfer in der Gastronomie 65

Der Chemiker und Philosoph Michael Polanyi hat dies mit dem viel zitierten Satz „we can know more than we can tell" (Polanyi 1966, S. 4) umschrieben. Dies betrifft besonders das Erfahrungswissen, welches sich im Laufe eines Berufslebens anreichert. Tim Mälzer spricht beispielsweise in einer Episode von *Kitchen Impossible* (S6F7) davon, dass er eine gute Soße am Blasenschlag »hören« kann und zwar in dem Moment, wo die Soße von der wässrigen Blase zur leicht cremigen Blase umschlägt. Das kulinarische Gedächtnis ist ein weiteres sehr gutes Beispiel für implizites Wissen. Geschmack basiert auf Erfahrungen und erfahrene Köch*innen entwickeln neue Gerichte im Kopf ohne sie kochen zu müssen:

> *„Wenn ich die neue Speisekarte schreibe, dann mache ich dies nur auf dem Papier ... Ich schreibe auf, wie das Gericht heißt und dann alle Bestandteile, bis ins letzte Detail. ... Dies ist wie bei einem Komponisten, der vor seinem Piano sitzt und dann hat er da so ein leeres Notenblatt und schlägt die Tasten an und schreibt sie auf, dann streicht er wieder etwas weg. Und so schreibe ich dann jede Note, jeden Bestandteil bis zur kleinsten Kresse oder einer Vinaigrette auf, was da alles drin ist. ... Ich weiß schon ganz genau, wie das Gericht aussieht, auf welchem Teller das ist, wie das funktioniert, wie es schmeckt. Und dann wird das dann irgendwann mal durchgekocht. Und dann richte ich das an, frage meine Jungs »Was sagt ihr dazu? Wo können wir noch ein bisschen anpassen? Was ist deine Meinung?« Das ist dann die Endabnahme, dann werden aber nur noch Nuancen geändert, vielleicht fehlt ein wenig der Crunch oder Säure. Oder davon ein bisschen weniger machen. Wird das so funktionieren? Und das funktioniert zu 98 Prozent auf Anhieb und an 2 Prozent muss man immer noch schrauben"* (2-Sterne-Koch).

Kochprofis können imaginär auf der Zunge schmecken, welche Zutaten umami-mäßig zueinander passen oder wie ein Gericht süß, sauer, salzig, bitter abgerundet werden muss. So spielen erfahrene Köch*innen auf der Zunge verschiedene Zutaten mit unterschiedlichen Zubereitungsarten und Texturen durch, um ihr neues Gericht zu kreieren, ohne auch nur einen einzigen Teller anzurichten. Implizites Wissen kommt aber z. B. auch dann ins Spiel, wenn in einem Steakhouse ein Steak in einem 800 Grad Grill zubereitet wird. Hier besteht das Erfahrungswissen darin, genau abschätzen zu können, wie weit die Restwärme noch im Fleisch durchzieht, nachdem das Steak aus dem Ofen genommen wurde. Auch dieses Wissen kann nicht so einfach verbalisiert werden.

Vom Kochrezept zur Kochanleitung

Rezept 4.0 (Foto: Maximiliane Wilkesmann)

Rezepte kennt nahezu jeder, und fast jeder hat schon einmal versucht, etwas Essbares nach der Anleitung eines Rezepts herzustellen. Die mangelnde Nachvollziehbarkeit von Rezepten und Kochanleitungen kann in der Tat den Spaß an der eigenständigen Zubereitung von Speisen verderben. Das hat unter anderem damit zu tun, dass es sich bei Rezepten um eine ganz besondere, stark reduzierte, aber zugleich komplexe Textform handelt, die das Kochen mitunter zu einem abenteuerlichen Unterfangen macht. Kochanleitungen haben sich im Laufe der Zeit stark verändert und weiterentwickelt. Zunächst wurden Rezepte und Kochanleitungen mündlich weitergegeben, später dann in schriftlicher Form. Das Kochbuch des Apicus, das wir bereits weiter vorne im Buch im Kontext der Geschichte der Gastronomie erwähnt haben, gilt als eines der ersten Kochbücher (Cölfen 2007).

Kochbücher für bürgerliche Haushalte erschienen im Zuge der Industrialisierung erstmals im 19. Jahrhundert. Eine regelrechte Kochbuchwelle ereignete sich im 19. Jahrhundert, als verschiedene Kochbücher in kurzen Abständen erscheinen (von Paczensky und Dünnebier 1999). Dazu gehören etwa Henriette Davidis »Praktisches Kochbuch für die gewöhnliche und feinere Küche mit besonderer Berücksichtigung der Anfängerinnen und angehenden Hausfrauen« (1844) und Mathilde Erhardts »Großes illustriertes Kochbuch« (1904). Beide Kochbücher richten sich ausdrücklich an professionelle Köchinnen und Hausfrauen. Zugleich wird dabei das Problem des möglichen (Miss-)Verständnisses berücksichtigt, das Davidis im Vorwort ihres Buches sogar als Motiv für die Veröffentlichung angibt:

„Schon wieder die Zahl der Kochbücher vermehrt? […] Wohl gibt es deren recht viele, und einigen, die mir bekannt sind, fehlt es an Vielseitigkeit keineswegs; dennoch wird manche praktische Hausfrau und Köchin sich davon überzeugt haben, daß viele nur theoretisch bearbeitet sind und die Rezepte sich nicht immer mit Sicherheit anwenden lassen, da dieselben oft auf

3 Wissen, Nichtwissen und Wissenstransfer in der Gastronomie

> *Unkenntnis gegründet, oft in gutem Glauben zusammengetragen sind, oft nur kostbare Bestandteile vorschreiben, die sich nicht für jede Küche eignen, oft auch so schwierig auszuführen sind, daß nur der Hand einer geübten Köchin gelingen, nicht aber zugleich Anfängerinnen als Anleitung dienen können"* (Davidis 1844; Vorwort).
>
> Henriette Davidis macht zu Recht darauf aufmerksam, dass Kochen eine komplexe Tätigkeit ist, bei der das Verstehen oder Interpretieren von Texten und Anleitungen eine entscheidende Rolle spielt (Cölfen 2007). Inzwischen haben sich unterschiedliche Genres herausgebildet. Neben reinen Rezeptsammlungen, die zum Teil illustriert sind und zusätzliche Informationen (z. B. Nährwerte) enthalten, gibt es Kochbücher, die eher thematisch ausgerichtet sind. Hierunter fallen Kochbücher zu verschiedenen Garmethoden, etwa Sous-Vide (Antoniewicz 2011), zu bestimmten Anlässen und Lebensformen (z. B. Single-Kochbuch, Kochen für Kindergeburtstage) oder Kochbücher, die kulturelle (z. B. »Neue Heimat« (Mälzer 2018)) oder regionale Gegebenheiten (z. B. »Wilder Wald« (Antoniewicz und Maurer 2019)) in den Vordergrund stellen. In der jüngeren Vergangenheit haben sich neben dem Boom der TV-Kochsendungen auch digitale Rezepte-Sammlungen im Internet etabliert, die Planungshilfen (Berechnungsfunktionen für Zutaten) und ganz praktische Auswahlfunktionen (Rezeptauswahl nach den aktuell verfügbaren Zutaten) bieten. Zudem sind inzwischen Küchenmaschinen für Hobbyköch*innen im Angebot, die manuelle Funktionen wie mixen, zerkleinern, vermischen, rühren, kneten, kochen, wiegen oder kontrolliert erhitzen umfassen und ihre Nutzer*innen durch die einprogrammierten Rezepte zum gewünschten Gericht lotsen.

Angehenden Köch*innen wird zudem in der Kochausbildung meist nur beigebracht, wie eine Sauce Hollandaise gemacht wird, nicht aber wie sie schmeckt. In der Ausbildung wird also zuerst das kodifizierte, explizite Wissen vermittelt. Mit zunehmender Berufserfahrung wird daraus dann auch implizites Erfahrungswissen. Das Kochen nach Rezept zeigt ebenfalls die Lücke zwischen implizitem und explizitem Wissen. Wenn etwa in der Ausbildung Tafelspitz zubereitet werden muss, so kann im Kochbuch die Garzeit nachgeschlagen werden. Erfahrungswissen kommt in dem Moment hinzu, wenn man weiß, dass die Garzeit des Tafelspitzes von der Haltung, Fütterung und Schlachtung des Tiers abhängt und ob das Fleisch abgehangen wurde oder nicht. Die Zeitangabe im Kochbuch ist nur ein Mittelwert, der je nach Beschaffenheit des Fleischs deutlich über- oder unterschritten werden kann. Aber wer weiß das schon im Detail? Das führt uns zu der spannenden Frage, ob Nichtwissen das Gegenteil von Wissen ist.

3.2 Ist Nichtwissen das Gegenteil von Wissen?

Die Antwort auf diese Frage lautet: »Nicht immer!«. Das hängt damit zusammen, dass es ganz verschiedene Arten von Nichtwissen gibt. Ja, Sie haben richtig gelesen. Nichtwissen umfasst mehr als die Tatsache, dass man etwas nicht weiß. Es kann zum Beispiel sein, dass man etwas (z. B. die Garzeit und die ideale Gartemperatur für Tafelspitz) für den Moment nicht weiß, dass man aber dieses temporäre Nichtwissen durch Nachlesen oder Nachfragen beheben kann und es gibt andere Dinge, die man vermutlich nie wissen wird. Das macht deutlich, dass es schon einmal so etwas wie eine zeitliche Komponente des Nichtwissens gibt und dass Nichtwissen und Wissen ein dynamisches Zusammenspiel bilden.

Expertin für Nichtwissen – ist das nicht ein Widerspruch?

Maximiliane Wilkesmann (Foto: privat)

Das Thema Nichtwissen fasziniert mich in meiner Forschung schon längere Zeit und hat mir den Spitznamen »Expertin für Nichtwissen« eingehandelt, was auf den ersten Blick ein Widerspruch zu sein scheint. Das Thema ist mir – ähnlich wie bei Heiko die Sache mit der Fermentation – quasi über den Weg gelaufen, als ich zum Wissenstransfer in Krankenhäusern geforscht habe. Natürlich wissen die Halbgötter in Weiß sehr viel, aber was machen sie, wenn sie einmal nicht weiterwissen? Mit der

3 Wissen, Nichtwissen und Wissenstransfer in der Gastronomie

> Beantwortung dieser Frage habe ich mich mit meinem Team sehr lange und intensiv beschäftigt.
> Nichtwissen ist erst einmal nichts Schlimmes, sondern im Gegenteil völlig normal – niemand kann alles wissen! Gefährlich wird es erst dann, wenn man so tut, als wüsste man alles und man handelt, ohne dass alle erforderlichen Informationen mit in die Entscheidung einfließen. Das kann im Fall der Medizin sehr schnell lebensbedrohlich werden – übrigens auch im Kontext der Gastronomie. In Zeiten, wo Gäste immer häufiger unter Lebensmittelunverträglichkeiten und Allergien leiden, kann eine Unachtsamkeit bei der Angabe von Inhaltsstoffen auf der Speisekarte ebenfalls schnell lebensbedrohlich werden, wenn es zu einem allergischen Schock kommt. Somit lässt sich das Phänomen des Nichtwissens und den Umgangsstrategien mit diesem auf ganz unterschiedliche Bereiche anwenden und ist daher ein Thema, das mich immer wieder aufs Neue begeistert. Aber nicht nur mich zieht Nichtwissen in den Bann, bereits in der Antike finden sich Belege, dass das Thema Nichtwissen die Menschen bewegt hat. Der Ausspruch von Konfuzius *„Wissen, was man weiß, und wissen, was man nicht weiß, das ist wahres Wissen"* oder das bekannte Zitat von Sokrates *„Ich weiß, dass ich nichts weiß"* zeigen die elementare Bedeutung des Nichtwissens für die Gesellschaft (Wilkesmann 2019). Das von Sokrates aufgezeigte Spannungsverhältnis zwischen dem Wissen und dem Nichtwissen ist ein zentrales Prinzip der Wissenschaft. Sprich, je mehr wir wissen, umso mehr wissen wir, was wir alles nicht wissen. Zudem ist Wissen immer pfadabhängig und damit vergangenheitsorientiert, weil es immer auf Vorwissen aufbaut. Wissenschaftliche Lösungsversuche und Versuche zur Überwindung von Nichtwissen sind daher grundsätzlich vorläufig, weil die Spannung zwischen Wissen und Nichtwissen immer wieder zu neuen Problemen und Lösungsversuchen führt und nie überwunden werden kann. Gerade in den Diskussionen während der Pandemie ist dieses Phänomen allzu deutlich geworden.

Nichtwissen wird aus verschiedenen Perspektiven mit ganz unterschiedlichen Schwerpunktsetzungen erforscht (z. B. in der Philosophie, Ökonomie, Soziologie). Ganz unabhängig davon, aus welcher Perspektive man das Phänomen des Nichtwissens betrachtet, zeigt sich, dass Nichtwissen immer mehr ist als die Abwesenheit von Wissen. Der Umgang mit Nichtwissen hängt dabei maßgeblich von der Beschaffenheit des Nichtwissens ab. Was damit gemeint ist zeigt die Abb. 3.3, in der vier verschiedene Dimensionen des Nichtwissens abgebildet sind, die sich in der Kombination *bekannt* vs. *unbekannt* und *Wissen* vs. *Nichtwissen* ergeben.

Abb. 3.3 Dimensionen des Nichtwissens (Wilkesmann 2019, S. 22)

Meist dauert es einen klitzekleinen Moment, bis es »Klick!« macht und der Sinn dahinter klar wird, denn auf den ersten Blick erscheint den meisten das Ganze immer sehr abstrakt. Wenn Sie sich als Leserin oder Leser mitnehmen lassen auf die Dimensionen des Nichtwissens, dann werden sie diese im (Berufs-)Alltag immer wieder durch ihre »Nichtwissensbrille« entdecken und somit auch zu Expert*innen des Nichtwissens – es lohnt sich!

3.2.1 Bekanntes Nichtwissen

Wir fangen mal ganz locker oben im rechten Kästchen mit dem *bekannten Nichtwissen* an. Das ist die Dimension von Nichtwissen, die am eingängigsten ist und die Sie auch schon oben aus dem Zitat von Sokrates kennen: Es ist Wissen, von dem man weiß, dass man es nicht weiß. Bekanntes Nichtwissen ist im Prinzip so etwas wie unser geistiger Motor. Immer wieder stoßen wir an unsere Wissensgrenzen und die Strategien, diese Wissensgrenzen zu überwinden, können zum Beispiel darin bestehen, ganz gezielt etwas nachzulesen oder Personen zu fragen, die einem bei der Überwindung der Wissenslücke weiterhelfen können.

> **Wie wird das wohl gekocht?**
>
>
>
> **Heiko Antoniewicz** (Foto: privat)
>
> Immer mal wieder bekomme ich Anrufe von Kolleg*innen, denen Meister Google nicht weiterhelfen kann. Der Klassiker ist, dass eine Person den Betrieb verlassen hat und manche Gerichte nicht mehr nachgekocht werden können und von der Menükarte verschwinden. Ich versuche dann durch gezieltes Nachfragen, eine Ferndiagnose zu starten, was nicht immer gelingt. Häufig bekomme ich aber auch nicht alle Informationen, weil gar nicht genau erklärt werden kann, was die Person vorher gemacht hat. Das größte Problem ist aber, dass ich häufig keine Rückmeldung bekomme, ob mein Tipp denn funktioniert hat. Wenn mir jemand im Nachhinein sagt »Heiko, das hat mir weitergeholfen«, kann ich es auch für mich als neues Wissen abspeichern. Also liebe Kolleg*innen, die vielleicht gerade diese Zeilen lesen und sich angesprochen fühlen: Meldet Euch gerne zurück.

Aber die Entdeckung, dass man etwas nicht weiß, muss nicht unbedingt dazu führen, diese Wissenslücke zu schließen. Man muss zum Beispiel im Arbeitskontext gar nicht alles wissen. Das hat damit zu tun, dass die Spezialisierung und Arbeitsteilung in der Gastronomie damit einhergeht, sich auf spezielle Teilbereiche zu konzentrieren und andere Bereiche jeweils anderen Expertinnen und Experten zu überlassen – ganz gleich, ob es sich dabei um ein Spitzenrestaurant oder ein einfaches Gasthaus handelt. Zum einen gibt es so etwas wie eine vertikale Arbeitsteilung, je nach hierarchischer Position in der Küche oder im Service gibt es unterschiedliche Verantwortungsbereiche und Entscheidungsspielräume, die nach oben hin immer größer und nach unten hin immer kleiner werden. Zum anderen gibt es die horizontale Arbeitsteilung. Damit ist zum Beispiel die Verteilung von Aufgaben zwischen verschiedenen Posten innerhalb der Küche und im Service gemeint (z. B. Pâtissier vs. Garde Manger oder Sommelier vs. Commis de Rang). Alle Arbeitskräfte stimmen ihr Vorgehen aufeinander ab und dürfen darauf vertrauen, dass die anderen das auch tun. Insofern weiß jede Person, wofür sie zuständig ist und wofür nicht, sodass nicht alles gewusst werden muss. So weit so gut, jetzt tasten wir uns mal weiter vor in Richtung unbekanntes Nichtwissen.

3.2.2 Unbekanntes Nichtwissen

Unbekanntes Nichtwissen kann eigentlich nur im Nachhinein ermittelt werden. Denn nur dann weiß man, dass man etwas vorher nicht wusste. Es ist schwierig, aber nicht unmöglich, unbekanntes Nichtwissen zu erfassen. In dem Moment, in dem wir es erfassen, ist es natürlich kein unbekanntes Nichtwissen mehr. Wir können jedoch unbekanntes Nichtwissen aufspüren, wenn wir uns dessen bewusst werden und darüber nachdenken, wo sich unbekanntes Nichtwissen versteckt hat und wie wir es gefunden haben. Unbekanntes Nichtwissen kann unter bestimmten Umständen von außen, z. B. von Arbeitskolleg*innen, beobachtet und reflektiert werden, indem sie uns auf bestimmte Fehler, Missverständnisse oder neues Wissen (z. B. neue Gemüsesorten oder Kochtechniken) aufmerksam machen, was dann wiederum zu einem Lernprozess führen kann. Zu Missverständnissen kann es auch kommen, wenn man unter bestimmten Begrifflichkeiten ganz unterschiedliche Techniken versteht.

Blanchieren und Vanillesoße

Heiko Antoniewicz (Foto: privat)

Auf unbekanntes Nichtwissen treffe ich immer wieder bei den Teilnehmer*innen in meinen Seminaren. Viele wissen zum Beispiel bis zum Seminar nicht, dass sie etwas nicht wussten. Für mich ist zum Beispiel Blanchieren ein vorbereitendes Kochverfahren. Viele Kolleg*innen kochen das Gemüse im Wasser weiter, bis es al dente ist. In meinem Verständnis von Blanchieren geht es aber darum, das Gemüse nur kurz ins heiße Wasser zu geben, wieder herauszunehmen und dann weiterzuverarbeiten. Ich beobachte, dass sich augenscheinlich das Verständnis von Begrifflichkeiten bei den Kolleg*innen verändert, sodass man über das Gleiche redet, aber ganz unterschiedliches darunter versteht. So hat sich bei einigen das Blanchieren vom Verständnis her zu einem Garprozess verändert, obwohl es sich beim Blanchieren um ein vorbereitendes Kochverfahren handelt, dem andere Garprozesse (z. B. dünsten, dämpfen, glasieren) folgen.

Ein anderes Beispiel ist, dass man Vanillesoße anstelle im Wasserbad auch im Sous-Vide Verfahren zielsicherer herstellen kann. Wir nehmen dabei das gleiche Rezept, das ich in der Ausbildung gelernt habe, aber durch ein tieferes technologisches Verständnis haben wir das Ganze optimiert. Die Zutaten werden in einen Beutel gegeben und verschweißt, was schon einmal den Vorteil hat, dass das Vanillearoma nicht verfliegt und die Vanillesoße nicht nur lecker riecht, sondern auch danach schmeckt. Zudem ist das Verfahren auch hygienisch einwandfreier und spätestens, wenn ich das im Seminar erzähle, dann fällt bei den meisten der Groschen. Jeder bringt zum Seminar eigentlich ein Grundwissen zur Vanillesoße mit, aber durch die Alltagsroutine wird das Herstellungsverfahren nicht hinterfragt. Insofern braucht es manchmal einen Impulsgeber von außen, wie mich, damit ursprünglich gelernte Techniken verlernt und neue Techniken gelernt werden können. Ich selbst bin im Prinzip auch immer auf der Suche nach Neuem und meine Neugier bringt mir oftmals Erkenntnisse zu Dingen, von denen ich vorher gar nicht wusste, dass ich sie nicht wusste.

Ganz wichtig zu betonen ist an dieser Stelle, dass Nichtwissen und Wissen einer gewissen Dynamik unterliegen, d. h. unbekanntes Nichtwissen wird durch seine Entdeckung zu bekanntem Nichtwissen und unter Umständen durch Lernprozesse zu bekanntem Wissen. Bevor es bei bekanntem Wissen noch einmal etwas kniffeliger wird, wenden wir uns nun dem unbekannten Wissen zu.

3.2.3 Unbekanntes Wissen

Unbekanntes Wissen ist, wie oben bereits ausgeführt, ganz im Sinne von Polanyi (1966) zu verstehen. Es umfasst implizites Wissen, das in der Person so tief verankert ist, dass die betroffene Person es nicht als solches wahrnimmt. Man könnte auch sagen, dass unbekanntes Wissen zum Beispiel so etwas wie Talent umfasst. Manche Köch*innen »wissen« einfach, wie man einem Gericht Umami einhaucht oder wie sie Wissen vermitteln, ohne dass sie darüber nachdenken müssen. Tim Mälzer erzählte uns im Interview ein schönes Beispiel:

> „Heiko ist ein unfassbarer Lehrmeister. Heiko darf bei uns schulen, weil es niemand Besseren gibt, der über Geschmack reden kann und ein Bild bei den Leuten erzeugen kann und sie in ihrer Welt abholt. Es ist gar nicht einmal das, was er sagt, sondern wie und für wen er es sagt. Heiko passt sich dem jeweiligen Lernenden extrem an und das macht einen Lehrer aus. Heiko kann zum Beispiel erklären wie eine Tomate schmeckt, ohne dass du in deinem ganzen Leben jemals das Wort Tomate gehört hast."

Da ich, Heiko, niemals eine didaktische Fortbildung besucht habe und intuitiv mein Wissen vermittle, danke ich Tim für das nette Kompliment und Beispiel.

3 Wissen, Nichtwissen und Wissenstransfer in der Gastronomie

Wenn der Chef den Raum betritt, verändert sich das Essen

Heiko Antoniewicz (Foto: privat)

Da ich durch meine Beratungstätigkeit viele Betriebe aus der Vogelperspektive wahrnehme, ist mir aufgefallen, dass die Anwesenheit oder Abwesenheit von Personen die Qualität des Essens verändert. Bei einem Besuch eines Restauranttesters ist es offensichtlich, dass einmal mehr »hin« geschmeckt wird. Das ist aber oft auch ein ganz unterschwelliger Vorgang, den man spüren kann. Die Sensorik ist zum Beispiel stimmungsabhängig. Wenn ich nicht gut drauf bin, schmeckt mein Essen auch nicht gut. Ich habe häufig schon gemerkt, dass auf einmal der Chef in die Küche gekommen ist und die Qualität schlechter wurde. Vorher lief es richtig gut, aber in dem Moment wurden alle nervös und das Team hatte vielleicht nicht mehr den Mut, das so umzusetzen, wie es eigentlich in seinem Sinne gewesen wäre. Es ist unglaublich, aber die Anwesenheit einer Führungsperson verändert das Verhalten. An einer Station meines Kochdaseins war es, dass wir im Team erst in dem Moment die Kochmützen aufsetzten, als der Chef vorfuhr und danach war es gefühlt wie bei der Bundeswehr. Manchen Chefs ist das vielleicht nicht bewusst, anderen ist es auch ein stückweit egal.

Unbekanntes Wissen offenbart sich also auch als Intuition, der elementarsten Form des Wissens ohne bewusste Wahrnehmung. Das macht es so schwierig, das unbekannte Wissen selbst zu reflektieren. Unbekanntes Wissen kann aber unter bestimmten Umständen von außen beobachtet werden und sich in der Zusammenarbeit offenbaren, indem etwa der eine Koch die Kollegin fragt, wie sie die Soße so lecker abgeschmeckt hat und die Köchin den Abschmeckvorgang ins Gedächtnis ruft und das Vorgehen ihrem Kollegen erklärt.

3.2.4 Bekanntes Wissen

Bei *bekanntem Wissen* handelt es sich um Wissen, das man hat, das man aber in einer konkreten Situation nicht zur Anwendung bringt. Ein sehr verwandter Begriff ist hierbei der Begriff der Ignoranz. Im Gegensatz zum Nichtwissen wohnt dem Begriff der Ignoranz aber ein bewusster Vorgang inne und das trifft auf die Dimension des bekannten Wissens voll und ganz zu. Diese Ignoranz kann einerseits einen selbst betreffen, wenn man selbst etwas bewusst nicht wissen will, weil es vielleicht unangenehm für einen selbst ist. Anderseits kann die Ignoranz aber auch andere betreffen, um sie unwissend zu halten. Das kommt häufiger vor als man denkt! Manchmal versuchen Beschäftigte ihren Vorteil daraus zu ziehen, nicht alles Wissen zu teilen und in einem Team-Meeting vor anderen zu glänzen. Zu bekanntem Wissen zählen zum Beispiel auch Fehler, die nicht zugegeben werden oder bei denen vorhandenes Wissen ignoriert wird. Wenn jemand Pilze sammeln geht und denkt: »Sieht aus wie ein Champignon, wird schon schmecken«, kann es durchaus gefährlich werden.

Warum liegt die dunkle Seite vom Schnitzel immer unten auf dem Teller?

Heiko Antoniewicz (Foto: privat)

Die dunkle Seite vom Schnitzel ist ein schönes Beispiel für bekanntes Wissen in der Gastronomie. Alle Komponenten, die nicht perfekt sind, werden meist so angerichtet, dass man den optischen Makel auf den ersten Blick nicht sieht. Was viele nicht ausbilden, ist ein Reklamationsmanagement im Service. Viele sind überfordert, wenn Gäste sagen »Das hat mir nicht geschmeckt.« Das Gute beim Essen ist, dass man gegenüber dem Gast eine zweite Chance hat. Meist fehlt aber die Ursachenforschung.

> War das Gericht dem Gast zu salzig, zu süß oder zu sauer, stimmte der Garpunkt nicht? Das Ego von uns Köch*innen ist dabei natürlich der größte Feind, um damit souverän umzugehen. Aber auch die Gäste sind in der Pflicht. Falls sie einen leer gegessenen Teller reklamieren, wird es schwierig. Wenn, dann sollten Gäste sofort aufhören zu essen und ihre Reklamation melden.

Bekanntes Wissen kann aber auch in Form eines Tabus auftreten, weil es etwa ein ungeschriebenes Gesetz gibt, dass es unerfahrenen Köch*innen nicht erlaubt, erfahrenen Köch*innen fachlich zu widersprechen. Wie wir gesehen haben, ist Nichtwissen mehr als fehlendes Wissen. Dennoch wird Nichtwissen oftmals als negativ empfunden und dabei stellt sich die Frage, ob Nichtwissen automatisch zu Unsicherheit führt.

3.2.5 Vom Koch-Novizen zur Meister-Köch*in

In der Tat kann Unsicherheit aus der Wahrnehmung des eigenen Nichtwissens resultieren (z. B. bei unerfahrenen Nachwuchskräften) und daher als Unterkategorie des Nichtwissens bezeichnet werden. Je nachdem, wie der persönliche Erfahrungsschatz und Wissensstand ausgeprägt sind, wird Unsicherheit unterschiedlich wahrgenommen. Hierbei lassen sich, wie die Abb. 3.4 zeigt, vier verschiedene Stufen unterscheiden.

Als sogenannte Novizen sichern unerfahrene Köch*innen ihre Entscheidungen ab, da sie eine berechtigte Unsicherheit empfinden. Diese Phase der berechtigten Unsicherheit wiederholt sich zum Teil auch beim Wechsel eines Betriebs, insbesondere wenn es sich um einen Schritt von der »guten« in die »gehobene« Gastronomie handelt. Oftmals fehlen bei einem solchen Wechsel die Präzision und das Verständnis. In der darauffolgenden Phase der unberechtigten Sicherheit wird der Gang aufrechter und man überschätzt sich leicht, weshalb es wichtig ist, dass Novizen von erfahrenen Kräften ihre Grenzen aufgezeigt bekommen.

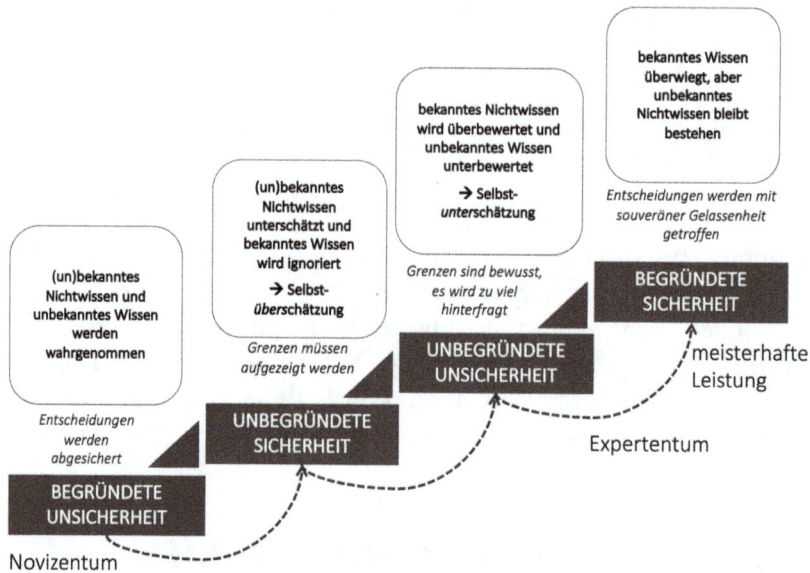

Abb. 3.4 Phasen der Unsicherheit mit Bezug auf die Dimensionen des Nichtwissens (Steden und Wilkesmann 2019, S. 273)

Ich schaffe mir meine Wohlfühlatmosphäre

Heiko Antoniewicz (Foto: privat)

Ein Trick zur Vermeidung von Unsicherheit und Stress ist, dass ich mir eine Wohlfühlatmosphäre baue. Was genau meine ich damit? Seit jeher richte ich mir meinen Arbeitsplatz immer genau gleich ein, damit ich eine Struktur habe. Warum mache ich das? Bei mir ist jeder Tag anders strukturiert und ich bin auch woanders. Wie sieht meine Wohlfühloase aus?

3 Wissen, Nichtwissen und Wissenstransfer in der Gastronomie

> Ich habe immer meine Zutaten und meine Messer rechts stehen, in der Mitte mein Schneidebrett und links einen Putzlappen und Kochutensilien (s. Abb. 3.5). Das bringt mir innerlich eine unheimliche Ruhe und Sicherheit. Andere Kolleg*innen haben andere Routinen. Manche bringen ihre eingerollten Messer mit, die sie den anderen dann erst einmal zeigen wollen und die zu ihrem Ritual gehören. Bei mir ist es zum Beispiel so, dass ich einen Vortrag immer ohne Schürze halte. Wenn ich aber anfange zu kochen, binde ich mir die Schürze um und streiche und falte mein Torchon immer wieder gleich und stecke es mir an die Schürze. Das ist für mich das Zeichen »Jetzt geht es los, jetzt kann ich kochen«. Wenn ich ohne Schürze kochen würde, würde ich mich unwohl und unsicher fühlen. Das Tragen der Berufskleidung zeigt auch nach außen, dass man professionell unterwegs ist. Ein früherer Chef hat immer, wenn er zu den Gästen am Abend rausgegangen ist, eine frische Kochjacke und eine Kochmütze angezogen. Wir haben das immer gastronomische Beichte genannt, weil er in dem Aufzug die Gäste nicht gefragt hat »Hat es Ihnen geschmeckt?«, sondern »Es hat Ihnen geschmeckt« gesagt hat. Wer kann zu so einer Feststellung schon nein sagen, aber es gehörte einfach zu seinem Ritual.

Abb. 3.5 Arbeitsplatz von Heiko Antoniewicz. (Foto: Hendrik Berns)

Der weitere Lern- und Entwicklungsprozess, der darauf folgt, ist die unberechtigte Unsicherheit, bei der man sein eigenes Können unterschätzt, weil einem bewusst wird, wie viel man eigentlich nicht weiß und sich dadurch selbst verunsichert. Auf der obersten Stufe empfinden (Meister-)Köch*innen eine berechtigte Sicherheit, bei der Entscheidungen souverän getroffen werden können. Die Auszeichnung in den einschlägigen Restaurantführern macht die meisterhafte Leistung nach außen hin oftmals sichtbar. Es ist jedoch nahezu unmöglich, diese meisterhafte Leistung gänzlich zu erreichen, da die vollständige Beseitigung des Nichtwissens schlicht nicht möglich ist und keinesfalls eine Vereinfachung der Entscheidungsfindung bedeutet.

Erfolg ist kein Glück, Erfolg kann man lernen!

Sven Elverfeld (Foto: Kirchgasser Photography)

„Ich habe viele ehemalige Köche und Köchinnen, die bei mir in den vergangenen 22 Jahren in der Küche gearbeitet haben, die mittlerweile weltweit erfolgreich in der Gastronomie ihren Weg gehen. Einige sind auch mit einem oder mehreren Sternen ausgezeichnet. Das ist natürlich schön zu sehen, wenn meine ehemaligen Mitarbeiter und Mitarbeiterinnen so erfolgreich sind. In einer WhatsApp Gruppe habe ich mit allen Ehemaligen noch Kontakt" (Sven Elverfeld).

3.3 Was bedeutet eigentlich Wissenstransfer?

Wissen entsteht – das haben wir eben gesehen – einzig und allein in den Köpfen von Personen und hängt zudem von deren Vorwissen ab. Wenn zwei Köch*innen dieselbe Information bekommen, so verarbeiten sie diese aufgrund ihres Erfahrungswissens mitunter sehr unterschiedlich. Die Information selbst über so ein scheinbar triviales Produkt wie Zucker wird bei einem großen Vorwissen anders wahrgenommen, d. h. andere Aspekte werden erinnert als bei Jungköch*innen, die noch nicht so sehr viel Vorwissen über Zucker besitzen. So erzeugt eine Information bei verschiedenen Personen mit unterschiedlichem Vorwissen voneinander differenziertes Wissen. Jeder der Beteiligten erinnert später unterschiedliche Aspekte der scheinbar gleichen Information, weil diese zu unterschiedlichem Wissen beigetragen haben. Das geht uns auch häufig so in unseren Veranstaltungen, sei es ein Kochseminar, eine Beratungssituation oder eine Vorlesung an der Universität. Dort bekommen alle Teilnehmerinnen und Teilnehmer oder die Studierenden rein theoretisch dieselben Informationen von uns. Wenn wir uns aber nach dem Ende des Seminars an die Ausgangstür stellen und nachfragen, was sie denn heute gelernt haben und was das Interessanteste am Seminar war, dann werden wir mitunter sehr viele verschiedene Antworten erhalten. Dies begründet sich durch den eben vorgestellten Effekt des Einbaus der Information in das eigene Vorwissen. Da dies bei allen – mehr oder minder – unterschiedlich ist, variiert auch das jeweils »produzierte« Wissen. Alle Beteiligten werden etwas Unterschiedliches berichten, was sie gelernt haben und erinnern sich an unterschiedliche Aspekte des (Koch-)Seminars.

Sprachlich korrekt müssten wir deshalb eigentlich nicht von Wissenstransfer sprechen, sondern von Daten- oder Informationstransfer. In den meisten Fällen handelt es sich tatsächlich um Informationstransfer, da die beteiligten Personen den ersten Relevanzkontext teilen, wie z. B. alle Köch*innen. Wir benutzen dennoch den Begriff Wissenstransfer, da er sich in der Literatur eingebürgert hat. Dabei sollte beachtet werden, dass der Begriff im strengen Wortsinn eigentlich nicht ganz korrekt ist. Das Wissen über die beschriebenen Vorformen des Wissens hilft uns jedoch dabei, genauer zu unterscheiden, um welche Art des Transfers es sich tatsächlich handelt. Für die weitere Beschäftigung mit diesem Prozess nutzen wir folgende Definition des Wissenstransfers (Wilkesmann und Wilkesmann 2018, S. 461):

> *"Wissenstransfer wird als Wissensumwandlung in sozialen Prozessen verstanden (Argote und Ingram, 2000) und umfasst die Prozesse der Wissensverbreitung und des Wissenserwerbs. Die Prozesse des Wissenstransfers können sowohl implizit als auch explizit erfolgen (Wilkesmann et al., 2009b). Damit Wissenstransfer in Organisationen auf der Handlungsebene stattfinden kann, bedarf es bestimmter Rahmenbedingungen."*

Der Wissenstransfer ist für die Person, die das Wissen aufnimmt, also ein Lernprozess. Dieser Lernprozess kann durch Vorwissen aber auch behindert werden. In der Kochausbildung wird zum Beispiel vielen Lehrlingen beigebracht, dass eine dunkle Soße durch scharfes Anbraten von Fleisch erzielt wird. Erst wenn dieses Vorwissen verlernt wird, kann auch das neue Wissen Platz finden, dass eine dunkle Soße ohne schmoren und anbraten, sondern einfach durch Zugabe von Rotwein erreicht werden kann. Neues Wissen muss nicht nur in Vorwissen eingebaut werden, sondern kann auch dazu führen, Vorwissen zu vergessen.

Da Wissen personengebunden ist und im Gegensatz zu anderen organisationalen Ressourcen nicht unveränderbar wie ein Paket von einer Person zu einer anderen Person übergeben und entgegengenommen werden kann, darf Wissenstransfer nicht als 1:1 Übertragung missverstanden werden. Vielmehr verändert sich das Wissen schon durch die Kodifizierung (Verbalisierung, Verschriftlichung) und wird dann als Information in das Vorwissen der anderen Person integriert, wobei neues Wissen für die zweite Person entsteht (Abb. 3.6). Wissen muss also aktiv von den Individuen selbst erzeugt werden. Eine Erfahrung, die vermutlich alle von uns leidvoll beim Vokabellernen einer Fremdsprache machen mussten. Und auch die Köch*innen

3 Wissen, Nichtwissen und Wissenstransfer in der Gastronomie

Abb. 3.6 Modelle des Wissenstransfers. (In Anlehnung an Wilkesmann und Wilkesmann 2019; Eigene Darstellung)

brauchen – wie wir gesehen haben – sehr viel Erfahrungswissen, um gute Köch*innen werden zu können. Insofern verändert sich Wissen im Interaktionsprozess (vgl. Abb. 3.6 rechte Seite). Schließlich besitzt jedes Individuum anderes Vorwissen und fokussiert somit auf unterschiedliche Aspekte der gehörten oder gelesenen Information. Sind jetzt mit Bananen Obstbananen, rote Bananen oder Kochbananen gemeint? Diese drei Sorten erst einmal zu kennen, erfordert Vorwissen. Die Information »Wir brauchen Bananen für das Gericht« wird in das eigene Vorwissen (»Wir machen aus roten Bananen ein aromatisches Dessert«) eingebaut und somit neues Wissen generiert.

Bei Köch*innen kommen noch unterschiedliche Techniken und Vorstellungen des Kochens hinzu. Wenn zehn Köch*innen aufgefordert werden, das gleiche Gericht zu kochen, so werden zehn unterschiedliche Interpretationen des Gerichts dabei herauskommen. Was sicher auch an dem »Verbesserungsgen« liegt, das alle Köch*innen in sich tragen. Hinzu kommt, dass diejenige Person, die ihr Wissen »weitergibt«, das Wissen nicht wie ein Paket aus der Hand gibt und somit Wissen »verliert«. Und die Person, die Wissen »aufnimmt«, wählt (un-)bewusst aus, was sie aufnimmt. Selbst wenn eine Person annimmt, Wissen an eine andere Person weitergegeben zu haben, kann es sein, dass das Wissen nicht unbedingt als solches aufgefasst und angenommen wird.

In unseren wissenschaftlichen Untersuchungen zum Wissenstransfer hat sich ein interessantes Muster ergeben, ganz gleich in welcher Branche oder in welchem Kontext die Personen von uns befragt wurden (Wilkesmann 2009; Wilkesmann und Virgillito 2014). Immer unterscheiden die Personen, ob sie eher das Gefühl haben, Wissen an andere Personen weiterzugeben oder Wissen von anderen zu bekommen. Nimmt sich die Person also eher als Wissensgeber oder als Wissensempfänger wahr? Die »Richtung« ist also entscheidender als die Art des Wissens, sprich, ob es sich um explizites oder implizites Wissen handelt (Wilkesmann et al. 2009b; Wilkesmann und Wilkesmann 2011). Da dieses Ergebnis in allen Studien gleichermaßen erzielt wurde, können wir festhalten, dass die Befragten immer zwischen diesen beiden Sichtweisen differenzieren: Wissen geben und Wissen bekommen. Das Bereitstellen von Wissen und das Erhalten von Wissen werden also als unterschiedliche Aspekte des Wissenstransferprozesses wahrgenommen. Wenn Person A der Person B Wissen beibringt oder überträgt, bringt die Person B ihre eigenen Bedürfnisse und ihr Vorwissen in diese Lernsituation mit ein. Daraus können wir schließen, dass das Wissen, das Person A vermittelt, nie das gleiche Wissen ist, das Person B erhält (Interaktionsmodell der Wissensvermittlung, siehe Abb. 3.6).

Bei den befragten Personen zeigte sich zudem, wie zu erwarten ist, dass ältere, erfahrene Personen die Wahrnehmung haben, deutlich eher Wissen weiterzugeben, als Wissen zu bekommen (Wilkesmann et al. 2009b; Wilkesmann und Virgillito 2014). Dies ist verständlich, da sie über die Jahre viel Wissen angesammelt haben und somit auch eher von anderen Personen gefragt werden. Ebenso ist es bei den Köch*innen: Erfahrene Köch*innen besitzen sehr viel mehr Wissen, mehr Berufserfahrung, als noch junge, wenig erfahrene Köch*innen. Dies trifft insbesondere auf das implizite Erfahrungswissen zu, welches nur durch Berufserfahrung erworben werden kann. Allerdings ist dies nicht das einzige Kriterium, das Wissensweitergabe begünstigt. Auch junge Köch*innen können sich in ein bestimmtes Interessengebiet einarbeiten und dort zu Spezialist*innen werden, z. B. bei neuen Küchentechnologien. Sie werden dann auf dem Gebiet ihres Spezialfaches zu Wissensgebern.

Können Organisationen lernen?

Uwe Wilkesmann (Foto: privat)

Mit der Frage, ob es so etwas wie ein organisationales Wissen gibt, habe ich mich in meiner Forschung sehr lange und intensiv beschäftigt (Wilkesmann 1999). Die Antwort lautet »ja«, denn das Lernen von Organisationen erschöpft sich nicht in den individuellen Lernanstrengungen der Beschäftigten. Klar ist, dass die Mitglieder eines Restaurants als Individuen in Organisationen lernen. Wenn die Auszubildenden in der Küche lernen, wie Eier pochiert werden, dann lernt das gesamte Restaurant dabei erst einmal nichts. Damit das gesamte Restaurant als Organisation lernt, müssen viele Beschäftigte ihr Verhalten ändern. Diese Verhaltensänderung wird durch neue Organisationsstrukturen und Routinen bewirkt, innerhalb derer die Beschäftigten handeln. Beispiele dafür sind neue Abläufe in der Küche, wenn z. B. aufgrund des Sous-Vide-Garens neue Arbeitsabläufe entstehen, weil mit der Vorbereitung schon ein Tag vorher begonnen werden muss. Diese neuen Arbeitsabläufe können als organisationale Lernerfahrungen bezeichnet werden, weil Arbeitsabläufe und Strukturen vielleicht besser, effizienter und effektiver sind als früher und diese im veränderten Arbeitsverhalten der einzelnen Organisationsmitglieder sichtbar werden. In diesem Sinne kann von organisationalem Wissen gesprochen werden, das sich in Form neuer Strukturen und Routinen abbildet. Der Grundgedanke des organisationalen Wissens ist, dass organisationales Wissen mehr als die Summe der Teile ist, d. h. mehr als die Addition des Wissens aller Mitglieder in einer Organisation. Die Organisation kann dabei auch eine Untereinheit, wie die weiße Brigade sein. Während des Services funktioniert die Küche »wie ein Uhrwerk«, jede Person weiß genau, welche Handgriffe wann zu erledigen sind. Mit der Zeit werden die Routineabläufe internalisiert und es entsteht gemeinsam geteiltes, implizites Wissen.

In diesem Kontext ist auch das Lernen in Teams sehr spannend: Neben diesen eher individuellen Formen zwischen zwei Personen existieren auch Formen des Wissenstransfers in Gruppen. Im Team können mithilfe gemeinsamer Lernprozesse Ergebnisse erreicht werden, die eine Einzelperson nicht erzielt hätte – auch nicht die oder der Beste in der Gruppe. Gemeinsam erzieltes Wissen ist immer dann wichtig, wenn komplexe Probleme gelöst werden müssen. Komplexe Probleme zeichnen sich dadurch aus, dass sie nicht mit der Information eines Individuums alleine gelöst werden können. Außerdem existieren bei diesen Problemen keine Entscheidungskriterien für eine richtige Lösung, es gibt also keinen bekannten Lösungsweg. Auch die Anzahl der notwendigen Bearbeitungsschritte ist unbekannt. Zusätzlich müssen neue Wege zur Gewinnung der Information gefunden werden. Dabei wird unterschiedliches individuelles Wissen, aber auch die Zusammenführung dieser verschiedenen Sichtweisen verlangt. Jedes Teammitglied ist im Prinzip aufgefordert, sein oder ihr (Teil-)Wissen zur Lösung des Gesamtproblems und somit zur gemeinsamen Wissensproduktion beizutragen (Wilkesmann 1999). Die Versuchsküche »Taller« der Brüder Adriá, in der neue Gerichte und besonders neue Kochtechniken für das berühmte Restaurant »El Bulli« entwickelt wurden, kann als Beispiel dafür genannt werden (Wilkesmann und Wilkesmann 2020). Mehrere Personen aus dem Küchenteam haben gemeinsam an neuen Kochtechniken gearbeitet und sie wechselseitig verbessert. Neuentwicklungen entstehen hier arbeitsteilig, weil alle Beteiligten unterschiedliches Wissen einbringen. Auch heute wird in einigen Küchen die Entwicklung neuen Wissens durch eine eigene Organisationsform sichergestellt. Wir werden dies weiter hinten im Buch am Beispiel der Küche von »Alexander Herrmann by Tobias Bätz« zeigen.

Wissenstransfer als Interaktion muss aber nicht nur die Weitergabe von neuem »richtigen« Wissen beinhalten. Eine Person kann auch neues Wissen generieren, indem sie aus negativen Beispielen positive Konsequenzen zieht. Ein Fehler, der bei einer anderen Person beobachtet wird, soll eben nicht nachgemacht werden. Überhaupt die Feststellung, etwas als Fehler zu charakterisieren, bedeutet schon einen Lernprozess. Ein klassisches Beispiel aus dem Küchenalltag sind Rollcontainer, die häufig bewegt werden müssen. Auf diesen Rollcontainern steht Geschirr oder Mise-en-Place-Teller, allerdings existieren auch in Küchen häufiger Bodenschwellen, weil die ein oder andere Kachel defekt ist oder eine Schwelle zum Kühlraum besteht. Der klassische Fehler besteht dann darin, diese Rollcontainer zu schieben, wobei die Bodenschwelle eben nicht gesehen wird. Aus dem daraus folgenden Verlust von Geschirr oder den Mise-en-Place-Tellern sollte gelernt werden, die Rollcontainer zukünftig zu ziehen und nicht zu schieben.

In manchen Restaurants gibt es sehr konkrete Arbeitsanweisungen, wie bestimmte Handgriffe und Zubereitungsmethoden auszuführen sind. Dies führt uns zur Unterscheidung der Wissensverortung in verschiedenen Küchentypen.

3.4 Die Verortung des Wissens in verschiedenen Küchentypen

Der Wissenstransfer und der Ort des Wissens unterscheiden sich je nach Organisationsform der Küchen, ob es sich um ein Fine-Dining Restaurant der absoluten Spitzengastronomie oder um eines der weltweit tätigen Schnellrestaurants handelt, wo vor allem Burger verkauft werden. In allen Küchentypen wird die Qualität über das Prinzip des Wissenstransfers gesichert. Wie dies passiert, ist aber sehr unterschiedlich. Wir zeigen diese Unterschiede anhand einer Küchentypologie, auf die uns Dirk Rogge im Interview gebracht hat, und die wir um die Orte ihres Wissens und den damit zusammenhängenden Wissenstransfer in Küche und Service verfeinert haben (Tab. 3.2).

Bevor wir die einzelnen Küchentypen beschreiben, erlauben wir uns zur Einordnung eine kleine Bemerkung vorab: Es handelt sich bei dieser Küchentypologie, wie bei allen Typologien, um eine idealtypische Darstellung (Weber 1988). Was meinen wir damit? Eine idealtypische Darstellung hat nicht das Ziel, die Wirklichkeit 1:1 abzubilden, sondern sie erfasst anhand analytisch trennscharfer Begriffe einzelne Typen, damit wir in unserem Fall unterschiedliche Küchentypen voneinander abgrenzen und miteinander vergleichen können. In der Realität können also Grenzen zwischen den Küchentypen verschwimmen.

3.4.1 Die Zubereitungsküche

Unter dem ersten Küchentyp ist die Küche der Spitzengastronomie gemeint, wie wir sie u. a. im Buch „Nicht nur eine Frage des guten Geschmacks!" (Wilkesmann und Wilkesmann 2020) beschrieben haben. In der Spitzengastronomie wird mit sehr hohem Personal- und

Tab. 3.2 Küchentypologie. (Eigene Darstellung)

	Zubereitungs-küche	Misch-küche	Regenerations-, Zubereitungs-, Aufbereitungs-küche	Küche in der System-gastronomie	Satelliten-küche
Charakterisierung	• alles wird in der Küche selbst hergestellt • sehr hohes Koch-Niveau • sehr viel Handwerk	• einige Komponenten werden vollständig selbst hergestellt und bearbeitet • andere werden ergänzt als Convenience-Produkte (z. B. Soßen)	• zentralisierte Großküche • Convenience-Produkte werden eingesetzt	• hoch-standardisierte Küche • Arbeit wie am Fließband • Convenience-Produkte werden eingesetzt	• reine Ausgabenküche • Essen wird (wenn überhaupt) nur aufgewärmt
Beispiel	• Fine Dining • Landgasthaus	• »normales« Restaurant • Italiener um die Ecke • kleine Catering-Unternehmen	• Kantinen • zentralisierte Küchen in Altenheimen, Krankenhäusern • große Catering-Unternehmen	• Burger-Restaurant • Italienisches Fast-Casual-Restaurant	• extern belieferte Einrichtungen (Altenheime, Kindergärten, Schulküchen) • Flugzeuge

(Fortsetzung)

Tab. 3.2 (Fortsetzung)

	Zubereitungs-küche	Misch-küche	Regenerations-, Zubereitungs-, Aufbereitungs-küche	Küche in der System-gastronomie	Satelliten-küche
Arbeitsteilung Küche	• eher hoch • klassisch nach Escoffier • hängt von der Anzahl des Personals ab	• eher gering • hängt von der Anzahl des Personals ab	• hoch • klassisch nach Escoffier • sehr hohe Anzahl an Personal	• hoch • sehr hohe Anzahl an Personal	• nicht erforderlich • nur Ausgabe/Aufwärmen
Service	• hoch professionell ausgebildete Arbeitskräfte • teilweise Spezialisierung (z. B. Sommelier) • Köch*innen werden zum Teil mit eingebunden	• teilweise ausgebildete und auszubildende Arbeitskräfte • teilweise Aushilfskräfte	• eher Hilfsfunktion • kein Service am Gast, Selbstbedienung • eher ungelernte Aushilfskräfte an Ausgabe- und Abgabestationen	• eher Hilfsfunktion • kein Service am Gast, Selbstbedienung • ungelernte Arbeitskräfte an Ausgabe- und Abgabestationen	• eher Hilfsfunktion • wenn Service am »Gast«, dann als Zusatzfunktion (z. B. Pflegekräfte, Kabinenpersonal)

(Fortsetzung)

Tab. 3.2 (Fortsetzung)

	Zubereitungsküche	Mischküche	Regenerations-, Zubereitungs-, Aufbereitungsküche	Küche in der Systemgastronomie	Satellitenküche
Einsatz von Küchentechnik	• hoch • verbunden mit spezialisierten Zubereitungsmethoden (z. B. Pacossieren)	• mittel • technische Möglichkeiten werden nicht voll genutzt (z. B. Konvektomat)	• hoch • technische Möglichkeiten werden bei der Zubereitung voll ausgereizt (z. B. Konvektomat)	• mittel • Einsatz vorkonfektionierter, convenienter Waren	• sehr gering • nur zum Aufwärmen
Ort des Wissens	• individuell in den Köpfen des Küchen- und Servicepersonals	• individuell in den Köpfen des Küchen- und Servicepersonals	• individuell in den Köpfen der Köch*innen • in den Prozessabläufen	• in den standardisierten Prozessabläufen • in vorgegebenen Arbeitsroutinen	• nicht vorhanden
Wissenstransfer	• individuell • innerhalb und zwischen dem Küchen- und Servicepersonal • in den spezialisierten Standards der Küchen- und Serviceprofession	• individuell • innerhalb und zwischen dem Küchen- und Servicepersonal • in den spezialisierten Standards der Küchen- und Serviceprofession	• eher standardisiert • Erlernen von Abläufen und Rezepten • innerhalb des ausgebildeten Küchenpersonals	• komplett standardisiert • Erlernen der Routinen und Prozesse • kein Vorwissen aufseiten des Küchen- und Servicepersonals (Angelernte, Einfacharbeit)	• nicht erforderlich
Anzahl der Essen bzw. Gäste	• sehr wenige	• von wenig bis viel	• viel bis sehr viel	• sehr viel	• sehr viele

3 Wissen, Nichtwissen und Wissenstransfer in der Gastronomie

Wareneinsatz gearbeitet, d. h. vergleichsweise viele Köch*innen bereiten alle Speisen in sehr aufwendigen Verfahren selbst zu. Dabei werden alle eingesetzten Soßen, alle Vor-, Zwischen- und Endprodukte selbst erstellt. Einzelne Komponenten der Gerichte werden am selben Tag vor dem Abendservice vorbereitet oder für die nächsten Tage vorgekocht, sodass sie zum Teil nicht jeden Tag neu angesetzt werden müssen. Convenience-Produkte werden somit selbst vorproduziert (vgl. die Ausführungen zu Convenience). Dieser Küchentyp zeichnet sich durch ein Handwerk auf sehr hohem Niveau aus. Die Qualität der Lebensmittel und die sehr aufwendige Zubereitungsart stehen im Vordergrund. In der Spitzengastronomie existiert eine Arbeitsteilung in der Küche, wie sie von Auguste Escoffier für die klassische französische Küche entwickelt wurde. Sie besteht aus einer klaren Hierarchie, an deren Spitze der oder die Chef de Cuisine steht. Als Stellvertretung übernimmt der Sous-Chef oder die Sous-Chefin, die das operative Geschäft im Abendservice leitet. Die einzelnen Posten in der Küche sind wie folgt aufgeteilt: Garde Mangers sind für die kalte Küche und die Vorspeisen, Entremétiers für die Beilagen, Souciers für die Soßen, Rôtisseure für die Braten und Pâtissiers für die Nachspeisen zuständig. Jeder Posten hat seine weitere hierarchische Ausdifferenzierung, d. h. der jeweiligen Position der Chefs de Partie sind die Demi Chefs de Partie unterstellt, diesen wiederum die Commis de Cuisine und am unteren Ende der Hierarchie stehen die Apprentis cuisiniers (Auszubildende) sowie die Stagiaris (Praktikant*innen). Sehr häufig werden verschiedene Posten in Personalunion ausgeführt (z. B. Garde Manger und Pâtissier), weil ansonsten die Personalkosten durch die Decke gehen würden. In manchen Spitzenrestaurants mit sehr wenigen Tischen und einer entsprechend reduzierten Anzahl an zu bewirtenden Gästen werden die Abende von zwei Köch*innen gemeistert, etwa im Restaurant »Oben«, wo Robert Rädel und Mona Schmid kochen und im Service von Natascha Brand unterstützt werden. Ganz gleich wie groß die Mannschaft ist, existiert an jedem Posten spezielles Wissen über die Zubereitung der jeweiligen Teilaspekte eines Gerichts. Der Wissenstransfer innerhalb, aber auch zwischen den einzelnen Posten, findet zwischen den Personen statt. Die Chefs de Partie lernen ihre Mitarbeitenden an bzw. geben ihr Wissen an die anderen am Posten weiter. In einigen Küchen der Spitzengastronomie wird in einem gewissen Zyklus auch zwischen den Posten mal gewechselt, sodass Wissen an die Köch*innen der anderen Posten weitergegeben wird und Vertretungen zwischen den Posten möglich ist. In der Spitzengastronomie ist jeder Teller sehr arbeitsaufwendig, häufig sind bis zu 40 einzelne Handgriffe notwendig. Ganz zu schweigen von der langwierigen Vorbereitung einzelner Zutaten. Allerdings werden nur wenige Gäste pro Abend bedient. Viele Spitzenrestaurants haben im Schnitt nur 15 bis 25 Plätze. Ausnahmen – im positiven Sinne – wie das Tantris in München mit seinen rund 70 Sitzplätzen im Menübereich, bestätigen natürlich die Regel. Dabei muss allerdings berücksichtigt werden, dass häufig ein Sechs- bis Zwölfgang-Menü serviert wird, welches noch einige Amuse-Bouches, Petit Fours und Zwischengänge enthält. Der Wissenstransfer zwischen den einzelnen Köch*innen und die Endkontrolle von jedem Teller am Pass durch den bzw. die Chef de Cuisine sichert die gleichbleibende, sehr hohe Qualität eines jeden Tellers, die jeden Abend und an jedem Tisch immer gleich sein muss. Dies erwarten zum einen die zahlenden Gäste und zum anderen könnte jeden Abend ein Inspekteur des Guide Michelin oder eines anderen Restaurantführers an einem Tisch sitzen und das Essen bewerten.

Eine Sonderform der Zubereitungsküche ist das Landgasthaus. Diese Form ist hier definiert als ein Bauernhof mit Restaurant, d. h. im Restaurant werden eigene Produkte und Erzeugnisse angeboten. Bis auf den Teller ist nachvollziehbar, von welchem Tier das Stück Fleisch stammt. Der Gast kann die Felder sehen, wo das Gemüse angebaut wurde, das er gerade isst. Hier wird nicht nur alles selbst in der Küche zubereitet, sondern auch die Lebensmittel vor Ort produziert.

3.4.2 Die Mischküche

Dieser Küchentyp zeichnet sich, wie der Name schon sagt, durch eine Mischung aus. Zum einen werden viele Speisekomponenten selbst gemacht, zum anderen werden aber auch Convenience-Produkte eingesetzt, damit Zeit und Personal gespart werden kann. Im Gegensatz zur Spitzengastronomie, wo das Menü meist vorgegeben ist und somit ein Abendservice aufgrund der notwendigen Reservierung gut geplant werden kann, ist bei diesem Küchentyp ein Essen á la Carte üblich, bei der auch die abendliche (oder mittägliche) Gästezahl unbekannt ist, weil viele Gäste mitunter ohne Reservierungen erscheinen. Hier muss also im Service und in der Küche flexibel gearbeitet werden können. Um dies zu erreichen, ist der Einsatz von vorgefertigten Teilprodukten unumgänglich. Soßen, Pommes, geschnittenes Gemüse werden häufig auch extern eingekauft, da dies intern nicht zu diesem Preis und zu dieser Qualität vorproduzierbar ist. Außerdem wird dadurch ein gewisses Maß an Produktsicherheit erzielt. Als Beispiel kann der Italiener oder ein anderes Restaurant »um die Ecke« dienen. In der Regel ist der Personaleinsatz in der Küche nicht so hoch wie in der Spitzengastronomie. Da die Anzahl der Köch*innen geringer ist, ist auch der Grad der Arbeitsteilung bei diesem Küchentyp geringer. Das Wissen ist hier auch individuell in den Köpfen der Köch*innen verortet, aber auch in Rezeptbüchern, da das Küchenpersonal mitunter häufiger wechselt. Der Wissenstransfer findet meistens individuell zwischen den Köch*innen statt, aber auch vermittelt über die Kodierung von hinterlegten Rezepten. Die Anzahl der Essen ist je nach Speisesaalgröße im mittleren Bereich angesiedelt. Die Qualität hängt sehr von der zuständigen Person in der Küche ab und kann deshalb auch schwanken.

3.4.3 Die Regenerations-, Zubereitungs- und Aufbereitungsküche

Die zentralisierte Großküche, wie sie in großen Betriebskantinen vorzufinden ist, prägt diesen Küchentyp. Hier ist eine hohe Arbeitsteilung vorhanden, weil eine sehr große Anzahl von Essen durch viele Köch*innen zubereitet wird. Das Wissen ist zum einen in den Köpfen der Köch*innen, aber auch in den Prozessabläufen der Küche sowie in den automatisierten Küchengeräten gespeichert. Wissenstransfer findet deshalb besonders durch Einüben und Erlernen dieser Prozessabläufe statt. Wissen ist aber auch in Form von Rezepten abgespeichert, die teilweise in den Programmen der in der modernen Küche eingesetzten

Geräte hinterlegt sind. Neben dem Lesen der Rezepte findet somit Wissenstransfer ebenfalls einfach durch Erlernen der Bedienung eines programmierten Küchengerätes statt. In diesem Küchentyp wird die Küchentechnologie in der Regel mehr genutzt als in den vorherigen Küchentypen. Eigene Rezepte können in der Küchentechnologie hinterlegt und somit automatisiert werden. Servicekräfte werden in der Regel nicht gebraucht, weil sich die Gäste ihr Essen an den Countern auf einem Tablett selbst abholen und dieses meist auch selbst wieder zu festen Abräumstationen zurückbringen.

3.4.4 Die Küche in der Systemgastronomie

Idealtypisch wird dieser Küchentyp durch die weltweit bekannten Schnellrestaurants beschrieben, die hauptsächlich Burger anbieten. Hier ist der Ablauf in der Küche hoch standardisiert. Alle Prozesse beginnen hinten in der Küche und das Produkt wird bis vorne zur Theke in einzelnen festgelegten Prozessschritten vollendet. Ein Weg in der Prozesskette zurück oder zur Seite existiert nicht. Die Arbeit in der Küche erfolgt fast wie am Fließband. Spezielles Wissen ist für die einzelnen Personen in der Küche nicht notwendig. Jede Person muss in einem kleinen Arbeitsbereich nur ihre Handgriffe können, die in der Regel sehr einfach zu erlernen sind. Damit ist das Wissen nicht in den Köpfen der dort arbeitenden Personen, sondern in den Prozessen integriert. Die Arbeitsplanung bzw. Vorbereitung hat das Wissen, indem sie das Produkt in viele kleine Handgriffe zerlegt hat, in den Prozessablauf verlagert. Wissenstransfer ist im laufenden Arbeitsprozess nicht vorgesehen. Lediglich die Einübung der wenigen Handgriffe bei der Einarbeitung kann als Wissenstransfer verstanden werden. Da der Prozess keinen Handlungsspielraum für die einzelnen Personen lässt, ist eine gleichbleibende Qualität durch den Prozess garantiert. Ziel der Systemgastronomie ist es, dass der Burger jederzeit und an jedem Ort gleich schmecken soll. Dazu trägt auch der Einsatz von Convenience-Produkten bei. Aufgrund dieser kleinschrittigen Arbeitsteilung, die einer Fließbandproduktion gleicht, kann eine sehr hohe Anzahl von Essen produziert werden. Eine Unterform ist die Systemgastronomie, bei der das Gericht vor dem Gast zubereitet wird. In Deutschland ist diese Systemgastronomie mit Speisen italienischer Art bekannt, wo der letzte Arbeitsschritt der Zubereitung im Front Cooking stattfindet. Insofern kann die Pasta hier immer unterschiedlich schmecken, je nachdem, wie sie durch die angelernte Kraft gekocht wurde. Der Service ist im Sinne der Verschlankung von Prozessen an die Gäste ausgelagert, weil diese nach dem Prinzip der Selbstbedienung »mitarbeiten«.

3.4.5 Die Satellitenküche

Dieser Küchentyp ist im engeren Wortsinn eigentlich keine Küche. Es handelt sich um eine Essensausgabe, in der das fertig angelieferte Essen nur aufgewärmt oder mit einem zusätzlichen Artikel garniert wird. Dieser Typ findet sich häufig in Altenheimen, die keine eigene Küche im Haus haben oder in Schulen. Aber auch die Ausgabe von Essen in Flugzeugen ist ein Beispiel dafür. Wissen muss vor Ort nicht vorhanden sein, da das Essen fertig angeliefert wird. Aus diesem Grund ist auch ein Wissenstransfer nicht notwendig.

Zusammengefasst haben wir an beiden Enden der Küchentypologie ein System, das eine gleichbleibende Qualität in der Küche sichert, aber auf vollkommen unterschiedliche Weise. In der Spitzengastronomie hängt die gleichbleibende sehr hohe Qualität von dem Können der einzelnen Köch*innen und der kulinarischen Überwachung durch den bzw. die Chef de Cuisine bzw. den Sous-Chef ab, die in der Regel alle Komponenten abschmecken und jeden Teller, bevor er die Küche verlässt und zum Gast gebracht wird, noch einmal kontrollieren. In der Systemgastronomieküche stellt der sehr stark standardisierte Prozess die gleichbleibende Qualität sicher. Nicht das individuelle Können und die Kontrolle, sondern die strikte Arbeitsteilung und die kompromisslose Durchsetzung der Prozessabläufe sollen für eine gleichbleibende Qualität sorgen. Im ersten Fall ist das Wissen in den Köpfen der Köch*innen, im letzten Fall im Prozess involviert. Demnach findet Wissenstransfer in der Spitzengastronomie durch individuellen Austausch statt, während in der Systemgastronomie Wissenstransfer durch das Erlernen bzw. Einüben dieser Prozesse stattfindet. In den Küchentypen zwischen diesen

Eckpunkten finden beide Prozesse statt. Damit unterscheiden sich aber auch die Küchentypen bei der Einbindung neuen Wissens. In der Zubereitungsküche kann neues Wissen sehr viel einfacher implementiert werden. Es muss nur von Personen gelernt werden. In der Systemgastronomie heißt neues Wissen, die Prozesse und Strukturen zu verändern, was sehr aufwendig ist. Ein interessanter Faktor ist die Küchentechnologie, die in den ersten beiden Küchentypen nur zu einem kleinen Prozentsatz genutzt wird. Der Konvektomat wird z. B. ausschließlich als Ofen benutzt. Die in der Küchentechnologie enthaltenen Möglichkeiten bleiben ungenutzt. Nur in der Regenerations-, Zubereitungs- und Aufbereitungsküche, wo die Abläufe schon höher standardisiert sind, werden einprogrammierte Rezepte verwendet. Durch die Küchentechnologie hält nicht nur eine gewisse Standardisierung Einzug in die Küche, sondern es kann dadurch auch mehr Ruhe einkehren. Viele Köch*innen lieben und brauchen aber die Hektik und den Adrenalinschub, weil sie es so gewohnt sind. Der entscheidende Unterschied in der Küchentypologie ist allerdings die Rolle der Gäste: Auf der linken Seite werden sie von professionell ausgebildeten Servicekräften »königlich« bedient und auf der rechten Seite werden sie zu arbeitenden Kund*innen (Voß und Rieder 2005).

3.5 Von welchen Faktoren hängt ein erfolgreicher Wissenstransfer ab?

Bisher haben wir viele Beispiele diskutiert, in welchen Formen Wissenstransfer in der Gastronomie möglich ist. Die Frage ist nun, von welchen Faktoren hängt der Wissenstransfer ab? Unter welchen Bedingungen gelingt Wissenstransfer und wann nicht? In der bisherigen Forschung zum Wissenstransfer gibt es hierzu schon einige Erkenntnisse zu Faktoren, die den Wissenstransfer positiv und negativ beeinflussen können (Wilkesmann 2009; Wilkesmann und Wilkesmann 2019, 2018). Dazu gehören beispielsweise die Organisationsstruktur, der Führungsstil, die (Organisations-)Kultur, die Motivation und soziale Normen. Auf diese Aspekte gehen wir nun ein und erklären »mundgerecht« die zugrundeliegenden Theorien.

3.5.1 Organisationsstruktur

Wissenstransfer benötigt Zeit und Raum. Dies ist wörtlich zu nehmen. Nur wenn sich Mitarbeitende an einem ruhigen Ort während der Arbeitszeit treffen können, können sie ihr Wissen teilen. Dies kann von offiziellen Meetings bis zu Pausengesprächen gehen. Wenn die Gruppe der Mitarbeitenden nicht zu groß ist und an einem Ort zusammenarbeitet, dann lassen sich einfach face-to-face Meetings arrangieren. In verschiedenen Studien hat sich gezeigt, dass die Befragten das Gefühl haben, ihr Wissen in offiziellen Meetings weiterzugeben, während in informellen Meetings, wie der Kaffeepause, eher das Gefühl entsteht, dass man Wissen bekommt (Wilkesmann et al. 2009b). Die Wahl des Ortes für den Wissensaustausch spielt also eine Rolle. Immer dann, wenn Personen sich nicht zur gleichen Zeit am gleichen Ort treffen können, dann kommen digitale Medien ins Spiel, über die der Austausch stattfinden kann. Vieles läuft in der Küche inzwischen auch über Chatgruppen.

Wie bekommen wir Struktur in den Produktionsprozess?

Heiko Antoniewicz (Foto: privat)

Bevor wir mit der Arbeit anfangen, fragen wir uns im Team: »Welches Ergebnis soll erzielt werden, was sind die Parameter?« Vor jeder Produktion oder deren Vorarbeit sollte klar sein, welche Anforderungen das gewünschte Produkt an uns stellt. Wichtig ist hier, zu definieren und festzulegen, was die Parameter sind, nach denen wir uns richten, um das gewünschte Produkt schlussendlich zu erlangen. Das kann sein:
- Haptik
- Konsistenz
- Geschmack
- Geruch

- Farbe
- Wer sind die Konsument*innen?
- Qualitätsanspruch
- Gewünschte Menge des Produkts
- Haltbarkeit
- Vermarktung

Sind diese Parameter festgelegt, wird damit begonnen, sich für die passenden Produkte unter Einhaltung höchster Qualitätsstandards zu entscheiden. Folgende Produktionsschritte durchläuft jeder Prozess bei uns.

Die Vorarbeit
Grundsätzlich ist zu beachten, dass für jede Art von Arbeit, eine präzise und gut strukturierte Vorarbeit zu leisten ist, um die späteren Prozesse in der Produktion oder am Tag eines Events, reibungslos durchführen zu können. Um das alles zu ermöglichen, besteht der erste Schritt darin, die Bestände zu prüfen und das am besten schon ein paar Tage im Voraus. Hier ist es nötig, eine Bestandsliste zu erstellen, um auf eventuell nötige Bestellungen frühzeitig reagieren zu können. Diese Listen ermöglichen es auch, ständig den Rückgang an Zutaten zu erkennen und früh genug nachzubestellen. Wenn der Bestand ermittelt und alle nötigen Produkte vorhanden sind, geht es an die Vorbereitung für die Produktion, um sie reibungslos zu gestalten. Hier ist es essenziell, die benötigten Produkte einzeln zu wiegen und in der richtigen Reihenfolge bereitzustellen, um zu verhindern, dass keine Mischfehler entstehen, die nicht mehr rückgängig gemacht werden können. Dies geschieht im besten Fall am Vortag der Produktion.

Die Produktion
Am Tag der Produktion ist es wichtig, sich gut vorzubereiten. Das beginnt beim Einrichten des Arbeitsplatzes. Dazu gehören jegliche Geräte, Kleinutensilien und natürlich die Lebensmittel, die schon am Vortag im Einzelnen gewogen wurden. Ein hygienisch einwandfreier Arbeitsplatz sollte stets gegeben sein, um eine hohe Qualität des Endprodukts garantieren zu können. Im Rezeptbeispiel »Homefeeling a la Bolognese«, das weiter unten beim Thema Wissensentwicklung nachzulesen ist, wird gut veranschaulicht, wie unsere Rezepte aufgebaut sind. Wir dokumentieren hier jeden Schritt, um zu gewährleisten, dass theoretisch alle Interessierten dieses Rezept kochen könnten. Wichtig ist an dieser Stelle, in der korrekten Reihenfolge vorzugehen. Das Rezept sollte Schritt für Schritt von oben nach unten abgearbeitet werden. Die Reihenfolge der Zutaten in den einzelnen Rezepten ist ebenfalls bewusst gewählt. Auch sie sollten in der chronologischen Reihenfolge verwendet werden. Das fertige Rezept beinhaltet alle für uns wichtigen Punkte, die im Voraus kommuniziert und dokumentiert wurden.

Wichtig sind aber auch die hierarchischen Strukturen: Schauen Vorgesetzte den Beschäftigten die ganze Zeit über die Schulter und sagen ihnen immer, was sie zu tun haben, dann wird das Team nicht mitdenken und den Wissenstransfer außerdem nicht selbst initiieren. Warum auch? Der Chef bzw. die Chefin weiß sowieso alles besser! Je steiler die Hierarchie, je geringer der Handlungsspielraum der Mitarbeitenden, desto geringer wird der Wissenstransfer sein. Damit gilt auch der Umkehrschluss: Nur, wenn die Beschäftigten entsprechende Frei- und Handlungsspielräume bekommen, besteht die Möglichkeit zum Wissenstransfer. Eine Küche, die sehr streng nach den Prinzipien von Escoffier hierarchisch und arbeitsteilig organisiert ist, kann den Wissenstransfer erschweren. Ein gewisses Maß der Selbstorganisation der Köch*innen erhöht die Wahrscheinlichkeit des Wissenstransfers. Dies führt uns zum Aspekt der Führung.

3.5.2 Führung

Verena Lugert (2017) hat ein sehr lesenswertes Buch über ihre Ausbildung als Köchin und ihre Erlebnisse in der Spitzengastronomie geschrieben. Dieser Bericht ist ein eindringliches Zeugnis über einen negativen Führungsstil in Küchen, durch den Menschen gebrochen, physisch und psychisch fertiggemacht und erniedrigt werden. In der Führungsforschung nennt man einen solchen Führungsstil auch schlichtweg »negative Führung« (s. Abb. 3.7).

Die Zeiten haben sich zum Glück gewandelt. Die heutige Generation der Jungköch*innen lässt sich in der Regel nicht mehr so behandeln, auch wenn ein Bericht in der Wochenzeitung DIE ZEIT (Nr. 37/2021) nach wie vor von solchen Fällen berichtet. Dort werden Beispiele aus der Spitzengastronomie aufgelistet, in der Jungköch*innen vor der gesamten Mannschaft beleidigt, verbal erniedrigt und systematisch ausgebeutet wurden. Der Klatsch unter den Spitzenköch*innen in Deutschland kennt diese Geschichten. Nach den Aussagen der vielen Köch*innen, die wir in den letzten Jahren interviewt haben, sind dies aber mittlerweile Ausnahmen.

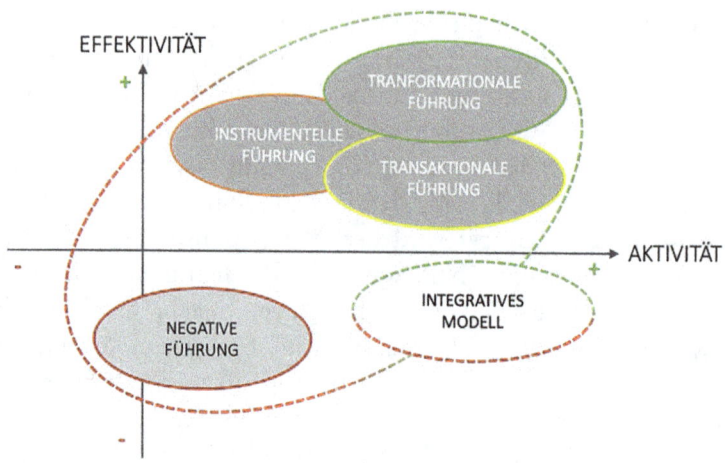

Abb. 3.7 Führungsstile. (Eigene erweiterte Darstellung in Anlehnung an Rowold und Poethke 2017)

Wenngleich Führungskräfte in der Gastronomie meist kein Führungskräftetraining besuchen, nutzen sie dennoch unbewusst verschiedene Führungsstile. In den letzten Jahren hat sich in der Führungsforschung das sogenannte Modell des »Full-Range-of-Leadership-Models« etabliert. Führungsverhalten wird nach diesem Modell (Abb. 3.7) in einem Raum mit den Dimensionen »aktives« und »passives« Verhalten sowie »effektive« und »ineffektive« Führung aufgespannt (Borgmann und Rowold 2013; Rowold und Poethke 2017). Im Bereich der beiden Dimensionen passiv und ineffektiv ist die negative Führung angesiedelt. Von negativer Führung wird dann gesprochen, wenn eine Führungskraft sich nicht loyal gegenüber den unterstellten Mitarbeitenden verhält, sie anschreit, sie vor anderen Personen lächerlich macht oder die eigene schlechte Laune an ihnen auslässt und so jede Wertschätzung vermissen lässt (Lange et al. 2018). Bewegt man sich in diesem Modell in den oberen rechten Quadranten, also in Richtung aktives und effektives Führungsverhalten, so ist dort die transaktionale Führung verortet. Gemeint ist damit ein Führungsstil, in dem die Führungskraft eine klare Austauschbeziehung vorgibt, eine definierte Leistung wird gegen Gehalt bzw. eine Bonuszahlung

3 Wissen, Nichtwissen und Wissenstransfer in der Gastronomie

oder gegen ein Beförderungsversprechen getauscht. Etwas weiter oberhalb in dem Quadranten ist die transformationale Führung angesiedelt. Hiermit ist bezeichnet, dass die Führungskraft den Mitarbeitenden Visionen und Ziele kommuniziert. Dabei agiert sie selbst als Vorbild. Die Führungskraft lebt das Verhalten vor, welches sie von den Mitarbeitenden erwartet (Bass und Riggio 2010). Damit wird eine Richtung vorgegeben, gleichzeitig aber werden den Mitarbeitenden Freiräume gewährt, sich selbst einzubringen und zu überlegen, wie diese Ziele erreicht werden können. Der instrumentelle Führungsstil, der eine Erweiterung des Full-Range-of-Leadership-Models darstellt, beschreibt den strategischen Aspekt des alltäglichen Führungsgeschehens und die Ermöglichung effektiver Arbeitsbedingungen für die Beschäftigten. Dafür analysiert die Führungskraft die Umwelt im Hinblick auf Möglichkeiten und Risiken, formuliert daraus eine Strategie, unterstützt die Mitarbeitenden bei ihrer Zielerreichung und gibt Feedback zu den Arbeitsergebnissen. Unter dem »integrativen Führungsmodell« (Rowold und Poethke 2017) versteht man, dass eine Reihe von bisher getrennt betrachteten Führungsverhaltensweisen in einem Modell zusammengefasst werden. Insofern können beispielsweise transaktionale und transformationale Führung je nach Situation gemischt auftreten.

Inzwischen ist ein transaktionaler und ein transformationaler Führungsstil in die Küchen eingezogen. Ein anschauliches Beispiel für transformationale Führung schildert Tim Mälzer. Für ihn begründet sich der Führungsstil aus seinen eigenen Erfahrungen, die er gemacht hat, als er noch nicht selbst Chef war:

„Ich habe früher nie verstanden, wofür ich das brauch, weil nie ein Kontext hergestellt wurde. Und das ist, glaube ich, das Spannendere. Du bringst deinen Leuten bei, warum sie sich mit dieser Aufgabe beschäftigen müssen, weil es ein Teil ist, um einen Gesamtprozess herzustellen. Diese Aufgabe, diese Position, dieses Verständnis von sich selber herzustellen, von den Mitarbeitern herzustellen, zu wissen, warum sie das machen, das ist, glaube ich, vielleicht der Anfang von Wissenstransfer, weil ich dann ja auch retour wieder lerne oder herausfinde. Das ist ja dieser Prozess, den wir jetzt gerade machen" (Tim Mälzer). Dabei lässt er seinen Köch*innen Freiräume: *„Meine eigent-*

liche Kunst ist, dass ich mich zurückziehe und 30 Prozent des Wissens überlasse, was vermeintlich meins sein soll, ist aber sein Wissen, was ich nutze. Ich erwarte nicht, dass der 100 Prozent das macht, was ich will, weil er es nicht kann" (Tim Mälzer).

Tim Mälzer hat seinen eigenen Aussagen nach durchaus viel aus der Berufsschule, von den Fehlern seiner eigenen früheren Chefs, besonders aber aus eigenen Fehlern gelernt. Deshalb ist ihm sehr wichtig, dass er die Leistungen seiner Mitarbeiter*innen anerkennt:

„Ich versuche, ihre eigenen Leistungen anzuerkennen. Ich kenne einen Moment bei mir damals. Also ich habe viel aus Fehlern meiner Chefs gelernt. Ich habe auch viel aus guten Sachen meiner Chefs gelernt. Mein erster Lehrer, wir hatten eine Hassliebe miteinander. Ich war wahnsinnig fleißig, wahnsinnig interessiert, aber ich war auch wahnsinnig renitent. Ich war ja auch schon 23. Und der hat mich gehasst, aber er hat auch wirklich immer mit diesem blitzenden Auge und hat mich gefordert und gefördert. Er hat mich sein lassen, hat nicht versucht, mich zu brechen, in sein System reinzukriegen, was das Schulsystem vorher versucht hat, sondern er hat mich einfach als Persönlichkeit gelassen. Dann habe ich eine zweite Erfahrung gemacht bei einem anderen Chef damals. Ich habe ihm immer wieder Gerichte angeboten und die sind auch auf die Karte gekommen, und irgendwann gab es ein Gericht von mir auf der Karte und ein Gast kam am Küchenfenster vorbei und sagte »Der Fischgang heute war so gut. Bei Ihnen sollten alle Köch*innen mal in die Lehre gehen.« Das war mein Gericht! Und ich stehe da hinten und ich habe für Scheißgeld viele Stunden gearbeitet. Und alles, was mein damaliger Chef einfach nur hätte sagen können, wäre »Der Fischgang ist übrigens hier von dem jungen Mann.« Bis an mein Lebensende wäre ich für den steil gegangen, weil er mich sieht. Damals war es so, dass er fast gar nicht mehr selbst mitgekocht hat. Jedenfalls hat er in der Situation mit dem Kompliment des Gastes dann irgendeinen Scheiß gelabert und hat dabei ganz deutlich gesagt, es sei »sein« Fischgericht. Es wäre für mich in der Situation okay gewesen, wenn er mir im Nachhinein gesagt hätte »Entschuldige, tut mir leid, ist mir rausgerutscht.« Aber das kam nicht und so etwas versuche ich bei meinen Leuten zu vermeiden" (Tim Mälzer).

Manchmal sieht man Fehler kommen und eine gute Führungskraft interveniert vorsorglich, weil bestimmte Dinge aus strukturellen

Gründen in einer Situation nicht funktionieren können. Dies wäre ein Beispiel für instrumentelle Führung. Tim Mälzer hat uns dafür ein weiteres Beispiel gegeben. Bei den Dreharbeiten zu *Kitchen Impossible* wollte die gesamte Filmcrew noch spät in einem Restaurant essen gehen. Erst gab es die Info, dass die Küche eine Stunde lang zugemacht wurde, dann wurde sie wieder geöffnet und schließlich wieder zugemacht. Die acht Filmcrewmitglieder hatten Hunger und deutlich gemacht, dass sie jetzt ihr Essen haben möchten. Die Geschäftsführung war die ganze Zeit nicht auffindbar und hat nur eine Aushilfskellnerin geschickt, die nur die Information überbringen konnte, dass die Küche wieder geschlossen hat und es jetzt kein Essen mehr gäbe. Der Kapitän, wie Tim Mälzer sagte, war schon von Bord. Die Geschäftsführung nicht erreichbar. Er hat dann seiner Filmcrew gesagt, dass es keinen Zweck habe, auf das Essen zu bestehen, weil die Gerichte, die jetzt aus der Küche kämen, nicht essbar sein werden. *„Es hätte keinen Sinn gemacht, darauf zu bestehen, weil alle Beteiligten dann nur unzufrieden gewesen wären. Ich bin dann in die Küche gegangen und habe zu den Köch*innen gesagt: »Jungs, ich verstehe genau, worum es gerade geht. Habt ihr Bock auf einen Gin Tonic?« und hab denen einen Gin Tonic ausgegeben" (Tim Mälzer).* Auf diese Weise hat er versucht, die Situation zu retten und sicherzustellen, dass nicht alle Beteiligten aus dem Spiel als Verlierer gehen. Essen gab es dann woanders.

3.5.3 Kultur

Kultur kommt genau genommen nur im Plural vor. Als Kultur erscheinen die Dinge erst dann, wenn sie mit anderen Kulturen verglichen werden können (Nassehi 2011, S. 149). In allen Ansätzen beschreibt der Begriff Kultur Werte, Einstellungen und Verhaltensmuster, die gelernt und nicht vererbt oder genetisch bedingt sind. Geert Hofstede definiert Kultur als die „kollektive Programmierung des menschlichen Geistes, die die Mitglieder einer menschlichen Gruppe von denen einer anderen unterscheidet" (Hofstede 1991, S. 5). Kultur ist in diesem Sinne ein System gemeinsam festgelegter

Werte. Zur Kultur gehören gemeinsame Motive, Werte, Überzeugungen, Identitäten und Interpretationen von Bedeutungen signifikanter Ereignisse, die aus gemeinsamen Erfahrungen der Mitglieder von Kollektiven resultieren und über Generationen hinweg weitergegeben werden (House et al. 2004). Mitglieder einer Kultur verinnerlichen ihre kulturellen Komponenten und handeln innerhalb der Grenzen dessen, was von ihrem sozialen Umfeld »akzeptiert« wird. Kulturen können ganze Gesellschaften (z. B. deutsche vs. chinesische Kultur) umfassen, aber auch Gesellschaftsteile (z. B. die Fine-Dining-Szene), Organisationen (z. B. Restaurants) oder Organisationsteile (z. B. schwarze vs. weiße Brigade). Wir werden uns mit Blick auf die Gastronomie nun durch diese einzelnen kulturellen Bereiche durcharbeiten. Beginnen wir auf der »obersten« Ebene mit der Nationalkultur.

Nationalkulturen
»Hast Du schon gegessen?« zählt zur häufigsten Begrüßung im chinesischen Alltag und zeugt von der zentralen Stellung, die das Essen und alle damit zusammenhängenden Aktivitäten im Leben der Chinesen einnehmen, heute wie damals. Zu diesen Aktivitäten gehören der Erwerb, die Zubereitung und der Verzehr von Lebensmitteln, oft begleitet von intensiven Diskussionen über jedes Detail in diesem Zusammenhang. Die chinesische Kultur zählt daher zu den kulinarischsten der Welt (vgl. Waley-Cohen 2019, S. 93). Jedes Mal, wenn wir beruflich in diesem Teil der Welt unterwegs sind, genießen wir den Besuch eines typischen lokalen Marktes. Dabei lassen sich neben dem Angebot an frischem Gemüse, getrockneten Kräutern, Fisch- und Fleischspezialitäten, auch die Marktgepflogenheiten beobachten. Oft entdecken wir Dinge, die es hier in Deutschland nicht gibt, oder Waren, die auf keinem Wochenmarkt in Deutschland angeboten werden würden. Aber was uns am meisten fasziniert, sind die absolut einzigartigen Gerüche und Geschmäcker – eine Geschmackskultur, die man förmlich riechen und schmecken kann. Es gelten jedoch ein paar spezielle Regeln und Sitten, die wir auch schon am eigenen Leibe erfahren haben: Bei offiziellen Einladungen wird dem »wichtigsten« Gast oft der Fischkopf zum Auslutschen der Augen als

3 Wissen, Nichtwissen und Wissenstransfer in der Gastronomie

Privileg überreicht. Sie können sich also darauf freuen, den köstlichen Fischkopf zu genießen, wenn sie diesen das nächste Mal in China vom Gastgeber angeboten bekommen. Nun wissen Sie, dass dies ein absolutes Privileg ist. Zudem sollte man als Gast niemals seinen Teller oder seine Schüssel leer essen, sondern bei jedem Gang einen kleinen Rest zurücklassen, ansonsten bringt man den Gastgeber in Verlegenheit, weil dieser anscheinend zu wenig Essen für die Gäste bereitgestellt hat und somit das eigene Gesicht verliert.

In ihrem Buch »Ost trifft West« hat die Berliner Designprofessorin Yang Liu die unterschiedlichen Denk- und Verhaltensweisen von Deutschen und Chinesen in unterhaltsame Piktogramme umgesetzt (s. Abb. 3.8). Die Piktogramme auf der linken Seite stellen die deutschen, die rechten Piktogramme die chinesischen Denk- und Verhaltensweisen zum Thema Gastronomie dar.

Abb. 3.8 West meets East. (Eigene Darstellung in Anlehnung an Liu 2007)

In mehreren weltweiten Studien (Hofstede 1991; Hofstede 2001; House et al. 2004) wurden die nationalkulturellen Unterschiede verschiedener Länder untersucht. Wir werden exemplarisch am Vergleich Deutschland und Hongkong kurz auf jene nationalkulturellen Unterschiede eingehen, die auch beim Wissenstransfer eine Rolle spielen.

Die Abb. 3.9 zeigt die Ergebnisse der vier relevanten Dimensionen für Deutschland und Hongkong aus der GLOBE-Studie (House et al. 2004). Alle Dimensionen wurden auf einer siebenstufigen Skala gemessen, wobei der Wert 1 bei einer stark ablehnenden Meinung und der Wert 7 bei einer starken Zustimmung zu einer Aussage ausgewählt wurden.

Unter *Machtdistanz* versteht man das Ausmaß, in dem die Mitglieder einer Organisation oder Gesellschaft erwarten und zustimmen, dass die Macht auf höheren Ebenen einer Organisation oder Regierung konzentriert sein sollte (vgl. House et al. 2004, S. 12). Für die Arbeitswelt bedeutet eine hohe Machtdistanz, dass die Hierarchie eine außerordentlich große Rolle spielt, dass die Beschäftigten strikte Anweisungen von ihren Vorgesetzten erwarten und dass sie nur selten aus eigener Initiative handeln. Die Unterschiede zwischen den beiden Kulturen in den Dimensionen Machtdistanz sind relativ ausgeglichen. Eine hohe Machtdistanz wirkt sich auf den Wissenstransfer von unten nach oben aus. Hier zögern die Beschäftigten eher, sich vor ihren Vorgesetzten zu äußern, was dazu führen kann, dass Wissen nur von

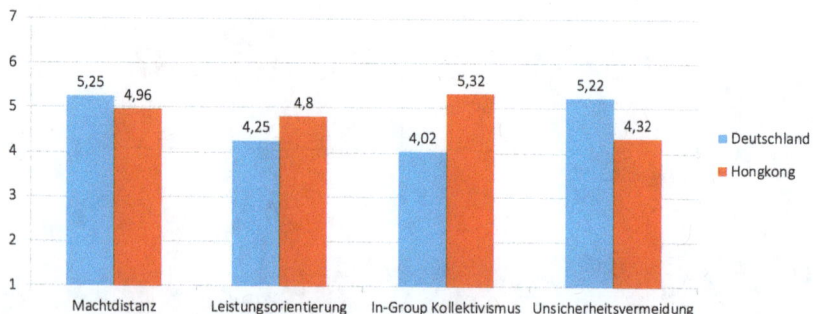

Abb. 3.9 Ausgewählte nationalkulturelle Unterschiede zwischen Deutschland und Hongkong. (Eigene Darstellung; Daten entnommen aus: House et al. 2004; Wilkesmann et al. 2009a)

3 Wissen, Nichtwissen und Wissenstransfer in der Gastronomie

oben nach unten weitergegeben wird. In umgekehrte Richtung erfolgt Wissenstransfer nur dann, wenn man von den Vorgesetzten eindeutig dazu aufgefordert wird. Hier spielt im asiatischen Raum vor allem das »Gesicht wahren« eine wichtige Rolle. Damit ist gemeint, dass man andere nicht in potenziell peinliche Situationen bringt. Es bedeutet vor allem, dass man ranghöheren Personen Respekt zollt und Autoritätspersonen nicht kritisiert, egal was es kostet. Machtdistanz und die Gesichtswahrung können sich auch auf die Entwicklung von Wissen auswirken; wenn z. B. Untergebene aufgefordert werden, in einer gemischten hierarchischen Gruppe ein Brainstorming durchzuführen und ihre Gedanken zu entwickeln, werden sie vielleicht lieber schweigen, als ihre Ideen vorzubringen. Ein F&B-Manager, der lange Zeit auch auf Kreuzfahrtschiffen unterwegs war und somit mit vielen Beschäftigten von den Philippinen zusammengearbeitet hatte, berichtete in einem Interview von einem Vorfall, dass er als Vorgesetzter einen philippinischen Mitarbeiter vor der versammelten Mannschaft angemeckert hatte und der daraufhin nur mit viel Mühe und einer ernst gemeinten Entschuldigung wieder aus seiner Kabine zu bewegen war. Er hatte das Gesicht verloren.

Die *Leistungsorientierung* ist der Grad, in dem eine Organisation oder Gesellschaft Gruppenmitglieder zu Leistungsverbesserungen und Spitzenleistungen ermutigt und belohnt. Status wird in Gesellschaften mit hoher Leistungsorientierung nicht vererbt, sondern kann durch Erfolg und Leistung verdient werden (vgl. House et al. 2004, S. 13). Bei der Leistungsorientierung rangiert Hongkong auf der dritthöchsten Position aller 62 untersuchten Länder. In Gesellschaften mit hoher Leistungsorientierung wie Hongkong wird versucht, die Weitergabe oder Nichtweitergabe von Wissen zu belohnen oder zu bestrafen. Hier spielen daher Mess- und Belohnungssysteme für die Steuerung der Wissensströme eine entscheidende Bedeutung.

Der *In-Group-Kollektivismus* beinhaltet, den Stolz, die Loyalität und den Zusammenhalt, den man in Organisationen oder Familien zum Ausdruck bringt (vgl. House et al. 2004, S. 12). Diese Dimension kann eine langfristige Loyalität gegenüber dem Arbeitgeber umfassen und ebenso nehmen die Beschäftigten das Unternehmen als eine fürsorgliche Familie wahr. Sie kann auch ein starkes Engagement zwischen den Gruppenmitgliedern, aber eine distanzierte Haltung gegenüber Nichtmitgliedern beinhalten. In Gesellschaften mit einem hohen Wert des In-Group-Kollektivismus wie Hongkong findet Wissenstransfer daher eher innerhalb der In-Group statt als nach außen hin. Guanxi ist ein zentraler Aspekt dieser Kulturen und bedeutet die moralische Verpflichtung, Beziehungen aufrechtzuerhalten, die in beruflicher und persönlicher Hinsicht eine wesentliche Voraussetzung sind. Der gruppeninterne Kollektivismus beinhaltet ein starkes Engagement zwischen den Gruppenmitgliedern, aber eine abgrenzende Haltung gegenüber Nichtmitgliedern.

Die *Unsicherheitsvermeidung* ist das Ausmaß, in dem Mitglieder einer Organisation oder Gesellschaft danach streben, Unsicherheit zu vermeiden, indem sie sich auf etablierte soziale Normen, Rituale und bürokratische Praktiken verlassen (vgl. House et al. 2004, S. 11). Menschen, die in Kulturen mit hoher Unsicherheitsvermeidung leben, versuchen aktiv, das Risiko unvorhersehbarer zukünftiger Ereignisse, die sich negativ auf Organisationen oder die Gesellschaft auswirken könnten, zu verringern. In Gesellschaften mit hoher Unsicherheitsvermeidung wie in Deutschland ist die Einhaltung von Regeln ein wichtiger Faktor. Dies steht im Gegensatz zur asiatischen Kultur. Der Grad der Unsicherheitsvermeidung ist in Hongkong viel geringer als in Deutschland. Überträgt man die Unsicherheitsvermeidung auf den Aspekt des Wissenstransfers, so ist anzunehmen, dass in Gesellschaften mit einem geringeren Grad an Unsicherheitsvermeidung der Wissenstransfer eher unorganisiert und nicht durch Regeln und Zuständigkeiten eingeschränkt wird (Wilkesmann et al. 2009a). Restaurants werden zum Beispiel schneller eröffnet, auch wenn noch nicht alles perfekt ist, aber sie bestehen möglicherweise nicht für einen längeren Zeitraum. So geht es uns immer wieder bei Restaurants, die wir bei unserem letzten Aufenthalt in Hongkong neu entdeckt hatten und gerne wiederbesuchen wollten. Es befand sich in der Zwischenzeit ein Schuhladen an derselben Adresse. Aber wer weiß, vielleicht ist beim nächsten Besuch wieder ein Restaurant dort zu finden.

3 Wissen, Nichtwissen und Wissenstransfer in der Gastronomie

Organisationskultur
Zur Kultur gehört auch die Organisationskultur. Schein (1995, S. 25) definiert Organisationskultur als „… ein Muster gemeinsamer Grundprämissen, das die Gruppe bei der Bewältigung ihrer Probleme externer Anpassung und interner Integration erlernt hat, das sich bewährt hat und somit als bindend gilt …". Die Anpassungsfunktion der Organisationskultur spielt bei der Interaktion in Organisationen eine große Rolle: Wenn in einer Organisation beispielsweise die Norm vorherrscht, anderen zu helfen und im Sinne einer Teamorientierung zu handeln, dann ist Wissenstransfer eher möglich als in einer Organisation, wo jedermann darauf bedacht ist, nur die Gunst der Führungskraft zu erlangen. Dabei müssen Führungskräfte auch so handeln, wie sie reden. Ist dies nicht der Fall, dann haben Beschäftigte das Gefühl, dass die in »Sonntagsreden« betonten Werte nicht ernst genommen werden. Herrscht in der Organisation jedoch eine Kultur, die durch Teamgeist und einer Übereinstimmung von Reden und Handeln geprägt ist, findet eher Wissenstransfer statt (Wilkesmann et al. 2009b). Neue Mitarbeiter*innen werden in diese Kultur sozialisiert und passen sich dieser Verhaltensweise an. Es reicht also nicht aus, nur die organisationalen Voraussetzungen des Wissensaustauschs zu schaffen. Zusätzlich bedarf es einer Organisationskultur, die diese strukturellen Austauschmöglichkeiten auch als Arbeit definiert. Kultur besteht auch immer aus sozialen Normen, die sich in jeder Gruppe, jeder Organisation, jeder Gemeinschaft implizit durch das Zusammenleben herausbilden. Im Prinzip geht es um die Werte und Normen, die beispielsweise in einem Restaurant vorherrschen. Angefangen von äußeren Merkmalen wie der Kleidung der Belegschaft und der Ausstattung des Gastraumes bis hin zur Frage, wie der Service ausgerichtet ist. Geht es eher steif und piekfein mit gebügelter Tischdecke oder eher legerer im Umgang mit den Gästen und rustikaler von der Ausstattung zu?

Fehler- und Lernkultur
Mit Blick auf den Wissenstransfer in der Gastronomie spielt hier vor allem die Fehler- und Lernkultur eine wichtige Rolle. Wie wir bereits

gesehen haben, gibt es unterschiedliche Führungsstile, die zwangsläufig auch Auswirkungen auf den Umgang mit Fehlern haben. Übrigens auch darauf, ob Fehler als Makel oder Lernchance betrachtet werden. Da Tim Mälzer selbst viel durch eigene Fehler gelernt hat und auch noch immer durch Fehler lernt, gewährt er seinen Mitarbeitenden auch das Lernen durch Fehler: *„Ich habe einen hohen Grad der Fehlerkultur. Ich lerne wahnsinnig gern durch Fehler, weil ich der Meinung bin, dass erst, wenn du weißt, was falsch ist, du auch verstehen kannst, was richtig ist"* (Tim Mälzer).

Lernen ist für Tim Mälzer, sich selbst überraschen zu lassen, aber auch den Mut des Scheiterns aufzubringen. Dies ist für ihn auch das Prinzip der Sendung *Kitchen Impossible:* *„Das Prinzip der Sendung ist Scheitern. Also sehr oft und ich zeige jede Bereitschaft, offen irgendwohin zu gehen, zu fragen, wenn ich nicht weiterweiß"* (Tim Mälzer). Er berichtet in diesem Zusammenhang von einem Freitag vor einem dreiviertel Jahr in seinem Restaurant, ein Freitagabend, der ein Black Friday war. An dem Tag lief einfach alles schief. Es gab zu viele Reservierungen, einige Reservierungen kamen zu früh, andere zu spät. Einige Tische waren zu klein, es mussten viele spontane Veränderungen vorgenommen werden. Der Koch an der Grillstation war ausgefallen. Es gab viele Nachbesserungen bei den Gerichten, die deswegen neu zubereitet werden mussten. Um die Gäste zu versöhnen, hat Mälzer dann eine extra Runde Getränke ausgegeben. Anschließend ist er in die Küche gegangen und hat gesagt:

> *„Passt auf, ihr macht jetzt hier noch schnell die nächste halbe Stunde fertig. Einmal eine große Attacke, dann Saubermachen. Den Rest machen wir morgen. Und tut mir bitte einen Gefallen: Wenn ihr heute ins Bett geht, denkt ihr nicht eine Sekunde über den heutigen Tag nach. Es macht keinen Sinn. Es führt zu nichts. Wenn ich den Fehler gesehen hätte, hätte ich mich draufgestürzt. Ich würde ihn jetzt erwähnen. Ich würde ihn euch erklären. Es gibt keinen Fehler. Manchmal passieren Dinge. Manchmal hat man es nicht im Griff. Und da kannst du eine Analyse sieben Tage betreiben. Es wird dich nur nicht weiterbringen. Was dich weiterbringt, ist Selbstbewusstsein, eine Stärke und zu sagen: hey, geil, da hat mir jemand den Rücken gestärkt und jetzt mache ich es nicht noch mal. Wenn das jemand noch mal macht,*

dann sehe ich eine Schwäche. Dann erkenne ich einen Fehler. Aber wenn ich keinen Fehler erkenne, dann gibt es auch keinen" (Tim Mälzer).

Häufig sind Köch*innen aber auch sehr von sich selbst überzeugt, weil nach ihrer Sicht nur sie wirklich gut kochen können. Mit dieser Haltung ist es aber schwer, Fehler zu erkennen und daraus einen Lernimpuls zu ziehen. Um die von sich selbst überzeugten Köch*innen zum Lernen zu bringen, versucht Tim Mälzer eine intelligente Frustrationsgrenze zu schaffen: *„Ich muss die Frustrations-Ehrgeiz-Grenze finden. Wo ist der Ehrgeiz groß genug, sich zu verbessern und wo übernimmt die Frustration die Überhand, dass ein Negativum auftaucht, was das Lernen kaputt macht"* (Tim Mälzer).

Lernen bedeutet immer Lebenserfahrungen zu sammeln, gerade beim Kochen. So gibt es für Tim Mälzer einige Köch*innen mit Mitte 30, die zwar viele technische Handfertigkeiten gelernt haben, aber noch keine Lebenserfahrungen sammeln konnten. Dies merkt man seiner Meinung nach auch deren Gerichten an. *„Die waren nie saufen, fressen und haben das Leben genossen und wissen nicht, was Hunger ist et cetera. Die haben noch nie Pleite gemacht und deshalb ist so jemand wie Juan Amador so gut. Da ist so viel unfassbares Wissen, weil der lebt nicht nur, was er gelernt hat, sondern lernt aus dem, was er gelebt hat. […] Guck dir mal die Geschichte derer an, die wirklich große Köch*innen sind. Da ist keiner mit dem Berufswunsch Koch geworden, gestartet, und war von vornherein geküsst, sondern da ist keiner dabei, der nicht irgendwie von der Straße kommt"* (Tim Mälzer). Allerdings haben alle großen Köch*innen irgendwann in ihrer Karriere eine Person getroffen, die in ihnen das Feuer, die Leidenschaft für das Kochen entfacht hat. Dies ist sicherlich einer der wichtigsten Faktoren für eine erfolgreiche Karriere in diesem Feld.

Eine interessante Theorie zu den Gründen, ob sich jemand am Wissenstransfer beteiligt, hat Tim Mälzer aus seiner alten Abiturklasse entwickelt. Es gab so ca. acht Schüler damals wie er, die ihr Abitur mit der Durchschnittsnote von 3,5 bestanden haben. Eine ebenso große Gruppe von Schülerinnen und Schülern gab es, die ein 1,0 im Abitur erzielt haben.

„Aus beiden Gruppen ist wahnsinnig viel geworden, wahnsinnig kreativ, erfolgreich, aber erfolgreich nicht nur im Sinne von monetär, sondern in dem Sinne, dass sie machen, was sie befriedigt, glücklich macht. Und dann haben wir die Leute dazwischen. Diese Gruppe nutzt ihr Wissen strategisch. Die haben nicht abschreiben lassen. Den Einserschülern war das immer egal. Und der dumme Schüler, also ich, ich habe dafür andere Dinge für den andern gemacht. Das war immer so, man hat sich immer wechselseitig geholfen. Nur derjenige, der eigentlich nichts weiß, versucht das bisschen Wissen, was er hat, zu schützen. Und auch das findet in der Küche statt, in ganz vielen Küchen, das hat sich eigentlich erst in der Küche durch Ferran Adrià verändert. Also, was Heiko macht mit seinen ganzen Büchern und sein Wissen preisgibt. Der gesagt hat, es macht überhaupt keinen Sinn, dass ich mein Rezept in ein Buch reinschreibe und nur in manchen Momenten raushole, um das einigen elitären Leuten zu geben, aus Angst, dass irgendjemand dieses Rezept in seinem Restaurant benutzt. Nein! Lasst uns unsere Rezepte teilen! Lasst uns unsere Erfahrungen teilen! Lasst uns Erfahrungen teilen und lasst uns daraus neues Wissen kreieren, denn es macht doch mehr Sinn, wenn sich 50.000 Köch*innen an demselben Rezept abarbeiten, als wenn nur einer das macht. Und das ist so, das zeigt für mich halt wahre Größe, wahres Wissen, keine Geheimnisse zu haben, sondern es ist, wie es ist. Schlagt das Rezept von Heiko auf, schaut, was ihr daraus macht. Jeder interpretiert das eh anders" (Tim Mälzer).

3.5.4 Motivation und soziale Normen

Eine wichtige Motivation für Köch*innen in der gehobenen Gastronomie ist das Erlangen von Auszeichnungen in den Guides, besonders den Sternen im Guide Michelin (Wilkesmann und Wilkesmann 2020; Wilkesmann und Wilkesmann 2021b). Eine Anstrengung, um ein externes Ziel (Auszeichnung mit Sternen) zu erreichen, bezeichnet man als extrinsische Motivation. Es wird eine Handlung (Kochen) unternommen, um etwas zu bekommen, was außerhalb der eigentlichen Tätigkeit liegt (Auszeichnung mit Sternen). Bei der extrinsischen Motivation ist es aus Sicht der einzelnen Person nicht nützlich, ihr Wissen zu teilen. Die Wissensweitergabe kann dazu führen, dass andere das Wissen benutzen, um selbst eine Auszeichnung zu erkochen.

Was bedeutet Motivation?
Motivation ist ein gedanklicher Prozess, um bestimmte Ziele zu erreichen. Dazu sind individuelle Motive notwendig, die sich jeder im Laufe des Lebens angeeignet hat. Ein individuelles Motiv erklärt, warum eine Person in ähnlichen Situationen das gleiche Verhalten zeigt. Im Arbeitskontext werden Motive entweder durch einen äußeren Anreiz (z. B. durch Geld) oder durch die Arbeitssituation selbst (z. B. durch Handlungs- und Gestaltungsfreiheit, mit welchen Mitteln das Arbeitsziel erreicht werden kann) aktiviert und damit in ein Handeln der Person überführt (Wilkesmann 2019).

Die Aktivierung der Motive erfolgt demnach entweder durch einen äußeren Anreiz (z. B. der Wunsch, einen Stern als Auszeichnung zu erlangen). Ist dies der Fall, dann wird von extrinsischer Motivation gesprochen, da der Impuls von außerhalb der handelnden Person kommt. Oder es kann auch sein, dass der Impuls aus der Person selbst kommt, weil die ausgeführte Tätigkeit Spaß bereitet. Die Tätigkeit wird in diesem Fall nur aufgrund der Freude an der Handlung ausgeführt und nicht, weil damit möglicherweise auch noch eine Belohnung verbunden ist. In diesem Fall, in dem die Motivation in der Tätigkeit selbst liegt, bezeichnet man die Motivation als intrinsisch (Wilkesmann und Wilkesmann 2018).

In den letzten Jahren war und ist eine Motivationstheorie in der wissenschaftlichen Forschung sehr dominant, die sogenannte Selbstbestimmungstheorie nach Ryan und Deci (2000). Entlang eines Kontinuums finden sich die drei Formen der Motivation: Amotivation (jemand ist überhaupt nicht motiviert) – extrinsische Motivation (jemand ist von außen motiviert) – intrinsische Motivation (jemand ist von innen motiviert). Eine weitere wichtige Grundidee hinter der Theorie ist der Zusammenhang zwischen der Motivation und der Wahrnehmung der (Arbeits-)Situation als selbstbestimmt oder nicht selbstbestimmt (s. Abb. 3.10). Wird die Arbeit als vollkommen fremdbestimmt wahrgenommen, muss die Person also ausschließlich Handlungen ausführen, die ihr bis ins kleinste Detail vorgegeben werden, dann ist es äußerst wahrscheinlich, dass sie amotiviert ist.

Wird hingegen die Arbeit als stark selbstbestimmt wahrgenommen, dann resultiert daraus eine hohe intrinsische Motivation. Da die

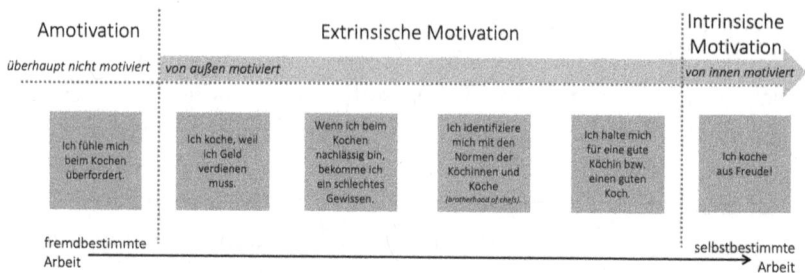

Abb. 3.10 Übertragung der Selbstbestimmungstheorie auf das Kochen (Wilkesmann und Wilkesmann 2020, S. 135)

Küchenchef*innen in ihrer Arbeit zum größeren Teil selbstbestimmt handeln können, sollten sie vermutlich eher intrinsisch motiviert sein. Die Wahrnehmung der Selbstbestimmung tritt immer dann auf, wenn die folgenden drei Kriterien erfüllt sind: (1) Die handelnde Person nimmt sich als in der Sache kompetent wahr. Dies kann im Fall der Chefköch*innen natürlich unterstellt werden. Alle gehören zur Koch-Elite. (2) Es herrscht eine hohe Handlungsautonomie in der Arbeitssituation vor. Auch dieser Punkt ist erfüllt, da die Chefköch*innen das Menü immer selbst kreieren. Es sind ihre Kunstwerke, die sie auf den Teller kreieren. (3) Es existiert eine für das Handlungsfeld relevante Gruppe, der sich die Personen zugehörig fühlen und deren soziale Normen sie befolgen (Wilkesmann 2019; Wilkesmann und Schmid 2014). Der letzte Punkt wird im Kapitel „soziale Normen" näher ausgeführt.

„In der Selbstbestimmungstheorie wird nicht nur zwischen Amotivation, extrinsischer Motivation und intrinsischer Motivation unterschieden, stattdessen wird die extrinsische Motivation, wie man in der Abbildung sehen kann, noch in weitere Unterkategorien abgestuft. Extrinsisch im engeren Wortsinn meint, dass eine Handlung durch externe Belohnung oder Bestrafung aktiviert wurde. Jemand arbeitet nur, weil und insofern er Geld dafür bekommt. Daneben kann die Person aber auch ein schlechtes Gewissen haben, wenn ein Gericht durch schlechte Vorbereitung oder Unachtsamkeit nicht so gut geworden ist, wie es eigentlich sein sollte. Außerdem kann es sein, dass die Person eine Handlung ausführt, weil eine soziale Norm, der sie folgt, dies als richtiges Handeln ansieht. Dabei handelt es sich um die soziale Norm der Gruppe, zu der sich die Person zugehörig fühlt. Eine solche Norm in der Spitzengastronomie ist es, alles für das perfekte Gericht zu tun und Qualitätsstandards immer hoch zu halten. Zusätzlich existiert die soziale Norm, dass sich untereinander geholfen wird. Auch wenn jemand selbst viel zu tun hat, sollte der Person geholfen werden, die zeitlich noch stark zurückhängt. Schließlich kann eine Person eine Handlung auch deshalb ausführen, weil sie ihrem Selbstbild entspricht. Wer sich für eine gute Köchin bzw. einen guten Koch hält, handelt so, wie eine gute Köchin bzw. ein guter Koch handeln sollte. Wichtig ist, dass eine Person nicht ausschließlich nur in einer Form motiviert ist, sondern gleichzeitig verschiedene Ausprägungen von Motivationsformen vorweisen kann, je nachdem, was gerade zu tun ist: Manchmal motiviert die Sterne-Auszeichnung als Bestätigung von außen (= extrinsischer Anreiz), mitunter überwiegt die intrinsische Motivation, weil man gerade im Moment Spaß an der Arbeit hat" (Wilkesmann und Wilkesmann 2020, S. 136).

Um also das externe Ziel zu erreichen, ist es aus der individuellen Sicht rational, das eigene Wissen nicht weiterzugeben, um nicht die Konkurrenz zu ertüchtigen, den Stern zu erlangen – und selbst leer auszugehen. Die Konkurrenz um solche extrinsischen Anreize verhindert potenziell den Wissenstransfer. Warum geben dann aber Köch*innen, die um diese Auszeichnungen wetteifern, überhaupt ihr Wissen weiter? Aus Sicht der Motivationstheorie können zwei Formen der Motivation dafür wichtig sein.

Zum einen ist dies die identifizierende Motivation. Diese Motivation gründet darauf, dass ich den sozialen Normen meiner Peer-Group folge. In diesem Fall ist die Gemeinschaft der Köch*innen die Peer-Group. Alle (Spitzen-)Köch*innen, egal ob männlich oder weiblich, fühlen sich der „brotherhood of chefs" (Lane 2014, S. 82) verpflichtet. Diese Gruppe der Köch*innen nimmt sich als Gemeinschaft wahr und schätzt sich. Die soziale Norm sagt, dass man sich wechselseitig hilft (Wilkesmann und Wilkesmann 2020, S. 144). Dabei ist ein Konkurrenzkampf, wie er z. B. in der Sendung *Kitchen Impossible* inszeniert wird, Teil dieser Norm. Gerade die äußerst schwierige

Situation für alle Gastronomen während der Corona-Lockdowns hat aber eindrücklich gezeigt, wie stark diese soziale Norm der gegenseitigen Hilfe ausgeprägt ist. Viele Spitzenköch*innen haben Take-Away-Boxen angeboten, wo auch immer Produkte von anderen Kolleg*innen enthalten waren, um wechselseitig einen gewissen Absatz während der Lockdowns sicherzustellen. Wird dieser Norm gefolgt, dann teilt man auch sein Wissen. Ein Beispiel stellen die weiter unten beschriebenen **Workshops und Konferenzen** *Chef-Sache* und *Chefs Day* dar, die Wissenstransfer zum Ziel haben. Die Personen, die solche Events besuchen, wollen sowohl Wissen weitergeben als auch Wissen aufnehmen.

Zum anderen ist die intrinsische Motivation relevant für den Wissenstransfer. Wenn jemand etwas aus Freude, aus Interesse an der Sache macht, dann wird die Interaktion über das Kochen auch aus Freude an der Sache gemacht. Es macht einfach Spaß, sein Wissen zu teilen. Im Interview hat Tim Mälzer beschrieben, dass ihn eine hohe intrinsische Motivation täglich antreibt. Allerdings gibt es auch Tage, wo diese intrinsische Motivation nicht vorhanden ist, dann ist sein Essen aber auch schlecht. „Was aber nie anders ist, ist meine Liebe und meine Leidenschaft dafür, wie ich es herstelle. Wenn ich scheiße koche, dann nur, weil ich wütend oder bocklos bin" (Tim Mälzer).

Was motiviert Köch*innen?
Während des ersten Corona-Lockdowns im Frühjahr 2020 haben wir eine Online-Befragung unter Köch*innen durchgeführt. Der Datensatz ist im Kapitel „Unsere wissenschaftlichen Zutaten" näher beschrieben. Er umfasst 148 Köch*innen, von denen 58 nicht im Guide Michelin gelistet sind, 12 eine Bib Gourmand Auszeichnung erhalten haben, sechs vom Guide Michelin mit einem Teller, 58 mit einem Michelin-Stern, 13 mit zwei Michelin Sternen und ein Koch mit 3-Sternen ausgezeichnet waren. So war es uns möglich, Sterneköch*innen mit Nicht-Sterneköch*innen zu vergleichen.

In dem Fragebogen ist das oben beschriebene Modell der Selbstbestimmungstheorie operationalisiert worden (weitere Angaben im Anhang). Alle Items zur Motivation wurden auf einer 5-stufigen

3 Wissen, Nichtwissen und Wissenstransfer in der Gastronomie

Likert-Skala von 1 (niedrig) bis 5 (hoch) gemessen. Wir betrachten im Folgenden die Formen der Amotivation, der extrinsischen Motivation und der intrinsischen Motivation. Wir haben einen Mittelwertvergleich der drei Motivationsarten zwischen Sterneköch*innen und Nicht-Sterneköch*innen durchgeführt. Dabei ist ein signifikanter Unterschied bei der Amotivation und der extrinsischen Motivation zu beobachten. Michelin-Sterneköch*innen (1,55) sind im Vergleich zu Nicht-Sterneköch*innen (2,02) weniger amotiviert und stärker extrinsisch motiviert (3,69 gegenüber 2,66). Bei der intrinsischen Motivation sind die Mittelwerte zwischen Michelin-Sterneköch*innen und Nicht-Sterneköch*innen mehr oder weniger gleich. Für die intrinsische Motivation ist der Mittelwert mit 4,68 bzw. 4,66 äußerst hoch (Tab. 3.3). Intrinsische Motivation ist eine individuelle Grundvoraussetzung, um ein leidenschaftlicher Küchenchef zu sein. Nur wer eine sehr hohe intrinsische Motivation aufweist, also kocht, weil es einfach nur Freude macht, kommt überhaupt in die Nähe der Sterne-Auszeichnung. Alle guten Köch*innen sind hoch intrinsisch motiviert.

In einer weiteren Analyse haben wir die Wahrscheinlichkeit berechnet, mit der die drei Motivationsformen dazu beitragen, eine Auszeichnung mit einem Stern zu erhalten (siehe Anhang am Ende des Buches). In Übereinstimmung mit der Selbstbestimmungstheorie fanden wir Hinweise darauf, dass Amotivation die Wahrscheinlichkeit, Sterneköch*in zu werden, signifikant um 10 Prozentpunkte verringert. Die extrinsische Motivation erhöht um 11,1 Prozentpunkte signifikant die Wahrscheinlichkeit einen Stern zu bekommen. Die intrinsische

Tab. 3.3 Mittelwertvergleich verschiedener Motivationsformen im Vergleich von Sterneköch*innen mit Nicht-Sterneköch*innen. (Quelle: Eigene Darstellung)

		N	Mittelwert
Amotivation	Sterneköch*in	65	**1,55****
	Nicht-Sterneköch*in	61	**2,02****
extrinsische Motivation	Sterneköch*in	65	**3,69****
	Nicht-Sterneköch*in	61	**2,66****
intrinsische Motivation	Sterneköch*in	65	4,68
	Nicht-Sterneköch*in	60	4,66

** = 1 % Signifikanzniveau, * = 5 % Signifikanzniveau

Motivation hat keinen Einfluss, da sich Sterneköch*innen und Nicht-Sterneköch*innen in diesen Dimensionen nicht unterscheiden. Sie sind alle sehr hoch intrinsisch motiviert (siehe Tab. 3.3). „*Ich wollte mein Ding machen, auf Biegen und Brechen, und dann ist es gut zu sehen, dass es erfolgreich ist, dass es wächst, dass man andere dazu inspirieren kann*" erzählte uns beispielsweise ein 3-Sterne-Koch in einem Interview. Die absoluten Spitzenköch*innen beschreiben ihre Motivation durchweg als aus sich selbst herauskommend, als Spaß an der Arbeit und Freude am perfekten Teller. Ein anderer 3-Sterne-Koch meinte „*Also, zunächst einmal macht es mir Spaß. Ich sehe es nicht als Höchstleistung, sondern als Herausforderung für mich*".

Der Grund, warum beide Gruppen, die ausgezeichneten und die nicht ausgezeichneten Köch*innen, sehr hoch intrinsisch motiviert sind, ist ein zweifacher: Zum einen empfinden die Mitglieder beider Gruppen eine sehr hohe Autonomie und Kompetenz, da sie alle die Menüs und Gerichte selbst entwickeln und kochen. Zum anderen fühlen sich alle der sozialen Norm der Köch*innen verpflichtet, in der sie sozialisiert wurden. Die soziale Norm der Köch*innen besagt, dass Köch*innen sich gegenseitig helfen. Selbst wenn jemand viel zu tun hat, ist es eine versteckte Regel, dass dem Kollegen, der noch im Rückstand ist, geholfen werden sollte (Cooper et al., 2017).

Es ist wichtig zu betonen, dass die Ergebnisse unserer Interviews belegen, dass Michelin-Sterne tatsächlich in zwei Richtungen wirken: Die Sterne messen den beruflichen Erfolg der Köch*innen und sind gleichzeitig ein selektiver Anreiz. Alle befragten Personen bezeichneten den Guide Michelin als den Goldstandard. Der Guide Michelin wurde in den Interviews als „*das Maß aller Dinge*" (3-Sterne-Koch), als „*die Bibel, die Oscars*" (3-Sterne-Koch) bezeichnet.

In der Befragung haben wir nur untersucht, welcher Motivationstyp dazu beiträgt, eine Sterne-Auszeichnung zu erlangen. Wir haben nicht gefragt, welche Art von Motivation zum Wissenstransfer beiträgt. Da aber die extrinsische Motivation genau diese Sterne-Auszeichnung als Ziel hat, ist sie eher hinderlich bei dem Wissenstransfer, da jemand befürchten könnte, dass die eigene Wissensweitergabe der Konkurrenz die Sterneauszeichnung ermöglicht. In vielen Befragungen in Unternehmen, Krankenhäusern und Universitäten konnten wir nachweisen,

3 Wissen, Nichtwissen und Wissenstransfer in der Gastronomie

dass nur die intrinsische Motivation den Wissenstransfer unterstützt, insbesondere die Wissensweitergabe (Wilkesmann 2009; Wilkesmann et al. 2009b; Wilkesmann 2010; Wilkesmann und Lauer 2018). Zudem hat die intrinsische Motivation einen positiven Einfluss auf einen offenen Umgang mit Fehlern (Wilkesmann et al. 2019b).

Wir haben gesehen, dass die identifizierende Motivation eine Motivation ist, bei der es um die Befolgung der sozialen Normen unter den Köch*innen geht. Diese sozialen Normen wollen wir uns nun am Beispiel des Plagiierens von Gerichten ansehen.

Soziale Normen
Anders als in der Industrie können Köch*innen ihre neuen Ideen und Kompositionen nicht schützen. Sie können kein Patent auf ein Gericht anmelden. Wie schützen also Chefköch*innen ihre neuen Ideen? In der Industrie, wo es das Patentrecht gibt, kann das geistige Eigentum gesetzlich geschützt und damit im Zweifelsfall einklagbar gemacht werden. Da sich Gerichte aber nicht patentieren lassen, können Chefköch*innen die Personen nicht verklagen, die einfach ihr Gericht nachkochen. Fauchart und von Hippel (2008) konnten in einer Untersuchung unter französischen Spitzenköch*innen zeigen, dass es eine weitere Form des Schutzes vor geistigem Diebstahl gibt: ein normenbasierter Schutz von geistigem Eigentum. Da ein gesetzlicher Schutz in diesem Bereich nicht funktioniert, müssen soziale Normen die Köch*innen davor schützen, dass ihre Gerichte plagiiert werden. Soziale Normen bilden sich in allen Gruppen aus. Dabei sind sie aber in der Regel nicht explizit, d. h. irgendwo aufgeschrieben, sondern immer nur implizit. Normen können für Gruppen vorteilhaft sein, weil sie das soziale Verhalten innerhalb der Gruppe steuern (Elster 2013). Damit eine Norm in einer Gruppe wirksam ist, muss sie im Zweifelsfall durchgesetzt werden, d. h. wenn ein Gruppenmitglied von der Norm abweicht, muss das Gruppenmitglied von allen oder einigen anderen Mitgliedern sanktioniert werden. Dafür muss das normabweichende Verhalten aber beobachtbar für die anderen Gruppenmitglieder sein und es muss sanktioniert werden können. Für die Gruppe ist es einfacher, wenn einige Mitglieder die Sanktion übernehmen und alle anderen Gruppenmitglieder dafür die Sanktionierer

unterstützen (Wilkesmann 1994). Nur eine Norm, die auch durchgesetzt wird, ist in einer Gruppe gültig. Nimmt abweichendes Verhalten in einer Gruppe überhand, dann kippt die Norm und eine neue Norm setzt sich durch.

Fauchart und von Hippel (2008) haben unter französischen Spitzenköch*innen folgende drei Normen feststellen können, die das geistige Eigentum der Köch*innen schützen:

1. Es darf kein Gericht plagiiert werden. Gerichte von anderen Köch*innen dürfen nicht unverändert nachgekocht und als das eigene Gericht ausgegeben werden.
2. Wenn ein Koch oder eine Köchin eine geschützte und besondere Information eines Kollegen bzw. einer Kollegin bekommt, dann darf diese Information nicht einfach an Dritte weitergegeben werden.
3. Jeder Koch, jede Köchin hat das Recht als Urheber*in seines bzw. ihres selbst entwickelten Gerichtes anerkannt zu werden. Benutzt ein anderer Koch oder eine andere Köchin das Rezept, dann muss er den oder die Urheber*in nennen.

In einer Studie unter 94 französischen Spitzenköch*innen wurde die Gültigkeit dieser Normen unter den Köch*innen untersucht. Dabei konnten sie zeigen, dass die Spitzenköch*innen keine Information an andere Köch*innen weitergeben, wenn sie annehmen, dass eine der drei Normen von der anderen Person verletzt wird. Sie fanden außerdem heraus, dass dieser Zusammenhang am stärksten war, wenn Informationen von hohem Wert weitergegeben wurden. Hier wird also von den Chefköch*innen das Prinzip der Reziprozität unterstellt: Wie Du mir, so ich Dir. Wenn also jemand ein Gericht plagiiert hat oder geschützte Informationen an Dritte weitergegeben hat, wird die Personen dadurch sanktioniert, dass sie zukünftig vom Wissenstransfer ausgeschlossen wird.

In einer ähnlichen empirischen Studie greifen Di Stefano et al. (2014) die Idee von Fauchart und von Hippel auf und untersuchen sie unter italienischen Spitzenköch*innen. Die drei Normen ermöglichen ein hohes Maß an Kreativität und Innovation in der Gourmetküche, weil so über die sozialen Normen geistiges Eigentum geschützt wird.

3 Wissen, Nichtwissen und Wissenstransfer in der Gastronomie

Di Stefano et al. (2014) legten 534 italienischen Spitzenköch*innen, die im Guide Michelin 2009 gelistet waren, ein Szenario vor, bei dem ein konkretes Restaurant mit einem speziellen Koch beschrieben wurde, und haben gefragt, ob diesem Koch Informationen zur Verfügung gestellt werden, d. h. ob mit diesem Koch Wissenstransfer angestrebt wird. Bei dem Wissenstransfer wurden drei Arten von Informationen unterschieden, die weitergegeben werden konnten: Rezepte, Rezepte für besondere Gerichte (signature dishes) und Kochtechniken. Dabei gingen sie von der Grundannahme aus, dass soziale Normen eine positive Wirkung auf den Wissenstransfer haben, wenn erwartet wird, dass (1) die sozialen Normen eingehalten werden, (2) für alle sichtbar ist, wenn die Normen nicht eingehalten werden und (3) die Nichteinhaltung der sozialen Normen auch sanktioniert wird. Unter Sanktionierung verstehen sie dabei, dass die Köch*innen über die anderen Köch*innen tratschen, welche die sozialen Normen nicht befolgen und diese zukünftig nicht mehr am Wissenstransfer beteiligen.

In ihrer empirischen Untersuchung konnten sie nun bestätigen, dass der Wissenstransfer umso höher ist, je eher der Wissensgeber davon ausgeht, dass der Wissensnehmer sich auch an die Normen hält. Interessant ist zusätzlich, dass der Wissenstransfer positiv von der Anzahl der Sterne abhängt, also erfahrene Köch*innen sind großzügiger beim Wissenstransfer. Ebenso wird der Wissenstransfer vom Status des Wissensnehmers beeinflusst. Führt dieser auch ein Restaurant mit eher hoher Reputation, bekommt er eher Wissen mitgeteilt.

Soziale Normen können sich unter Spitzenköch*innen eines Landes deshalb Geltung verschaffen, da sie eine homogene Gruppe sind, die sich sehr gut untereinander kennen. In Zeiten von Instagram ist die wechselseitige Beobachtung relativ einfach, da viele Gäste Fotos von den Gerichten, die sie in einem Spitzenrestaurant gegessen haben, auf Instagram posten. So kann abweichendes Verhalten relativ einfach beobachtet werden. Die wechselseitige Beobachtung der Sterneköch*innen in Deutschland führt auch dazu, dass der Klatsch funktioniert. Allerdings hat der Klatsch eine Eigenschaft, die die Sanktionierung der Personen erschwert, die gegen die Norm verstoßen. Klatsch findet nicht öffentlich statt. Sanktionierung eines Normabweichlers müsste aber öffentlich passieren. Viele Geschichten von plagiierten Gerichten und Ideen werden hinter vorgehaltener Hand erzählt, aber eben nicht öffentlich. So tritt auch betroffenes Schweigen auf, wenn bei dem Kongress »Chef-Sache« ein Koch ein Gericht als sein eigenes verkauft, aber jeder im Saal weiß, dass dies nicht so ist. Die Sanktionierung erzeugt für denjenigen Kosten, der dieses Fehlverhalten öffentlich anspricht. Möglicherweise fällt auch ein negatives Bild auf die Person, die dies ausspricht. Der Überbringer schlechter Nachrichten wird nicht geschätzt. Durch den Klatsch, der nicht öffentlich passiert, wissen aber dennoch alle anderen Spitzenköch*innen von den schwarzen Schafen in den eigenen Reihen und behandeln diese entsprechend.

4

Kann man Wissen managen?

Um es direkt vorwegzunehmen – die Antwort auf diese Frage lautet: »Ja, aber…«. Warum dieses kleine »aber«? Wie wir bisher gesehen haben, spielen viele verschiedene Faktoren eine Rolle beim Wissenstransfer (z. B. Motivation, Kultur). Diese haben einen Einfluss darauf, ob wir selbst überhaupt daran interessiert und bereit sind, unser Wissen zu teilen und es somit für andere nutzbar zu machen. Die Idee, die Wissensressourcen für Unternehmen nutzbar zu machen, wurde erstmals mit dem Aufkommen des Internets und der Verbreitung von PCs in den 1990er Jahren unter dem Begriff »Wissensmanagement« populär.

Was versteht man unter Wissensmanagement.

Uwe und Maximiliane Wilkesmann (Foto: privat)

Zum Thema Wissensmanagement haben wir gemeinsam viel geforscht. Unter anderem waren wir im Rahmen eines Projekts zum Thema Wissensmanagement in klein- und mittelständigen Unternehmen (KMU) und Netzwerken, welches vom Bundesministerium für Wirtschaft und Technologie gefördert wurde, an der Erstellung einer sogenannten Publicly Available Specification (PAS) zum Wissensmanagement beteiligt. Unter einer PAS versteht man eine öffentlich verfügbare Spezifikation, die vom Deutschen Institut für Normung e. V. (DIN) veröffentlicht wird. In der PAS (1063: 2006–07) heißt es: „Wissensmanagement ist die Gesamtheit der personalen, organisatorischen, kulturellen und technischen Praktiken, die in einer Organisation bzw. einem Netzwerk auf eine effiziente Nutzung der Ressource »Wissen« zielen. Es umfasst die Gestaltung, Lenkung und Entwicklung des organisationalen Wissens zur Realisierung der Unternehmensziele."

Aus unserer Sicht liegen die beiden übergeordneten Ziele des Wissensmanagements darin, „(1) bereits vorhandenes Wissen innerhalb der Organisation zu erhalten und (2) neues Wissen mit Hilfe der Beschäftigten für die Organisation zu generieren. Wissensmanagement bezieht sich daher auf Prozesse, die eine Einheit (Person, Abteilung, Organisation) durchführt, um Wissen zu erfassen, zu klassifizieren, zu speichern, zu suchen und wieder zu finden sowie um neues Wissen zu generieren. Der Wissenstransfer ist dabei einer der wichtigsten Prozesse des Wissensmanagements" (Wilkesmann und Wilkesmann 2018, S. 457).

In der Literatur werden zwei Klassiker des Wissensmanagements immer wieder zitiert, zum einen das »SECI-Modell« nach Nonaka und Takeuchi (1995) sowie die Bausteine des Wissensmanagements nach Probst et al. (2006 [1998]). Das erste Modell werden wir zuerst kurz erklären, weil es auf der Unterscheidung von implizitem und explizitem Wissen aufbaut. Das zweite Modell benutzen wir als Ordnungsrahmen, um den Wissenstransfer als Wissensmanagementprozess in der Gastronomie an vielen verschiedenen Praxisbeispielen zu erläutern.

4.1 Die Organisation des Wissens

Einen regelrechten Boom des Wissensmanagements lösten Nonaka und Takeuchi (1995, 1997) mit ihrem Buch »Die Organisation des Wissens: Wie japanische Unternehmen eine brachliegende Ressource nutzbar machen« aus, indem sie die Differenzierung zwischen implizitem und explizitem Wissen, die wir weiter vorne schon vorgestellt haben, auf die verschiedenen Ebenen des individuellen, kollektiven und organisationalen Lernens anwendeten. Nonaka und Takeuchi haben dabei Polanyis Konzept der impliziten Dimensionen des Wissens erstmals auf die Organisation angewandt und dadurch die Aufmerksamkeit auf eine, bis dahin kaum wahrgenommene, Ressource in den Organisationen gelenkt. Die beiden Japaner verstehen unter implizitem Wissen die noch nicht vorhandene Verbalisierung von Wissen. Alles verbalisierte Wissen ist ihrem Verständnis demnach explizit.

In ihrem Ansatz unterscheiden Nonaka und Takeuchi bei der Wissenserzeugung in Organisationen zwei verschiedene Interaktionsebenen: Zum einen die Interaktion von implizitem und explizitem Wissen bei einem Individuum und zum anderen die Interaktion zwischen Individuen und der Organisation. Die beiden Interaktionsformen führen sie in ihrem SECI-Modell zusammen, welches vier verschiedene Arten der Wissensumwandlungen in sozialen Prozessen vorsieht: *Sozialisation* (S), *Externalisierung* (E), *Kombination* (C; engl. Combination) und *Internalisierung* (I) (s. Abb. 4.1). Innerhalb dieser Dimensionen findet eine spiralförmige Wissensentwicklung statt, die sich dynamisch von der individuellen Ebene über die kollektive Ebene in Richtung organisationaler Ebene bewegt. Die vier Arten der Wissensumwandlung stellen dabei den Motor des Wissensentwicklungsprozesses dar.

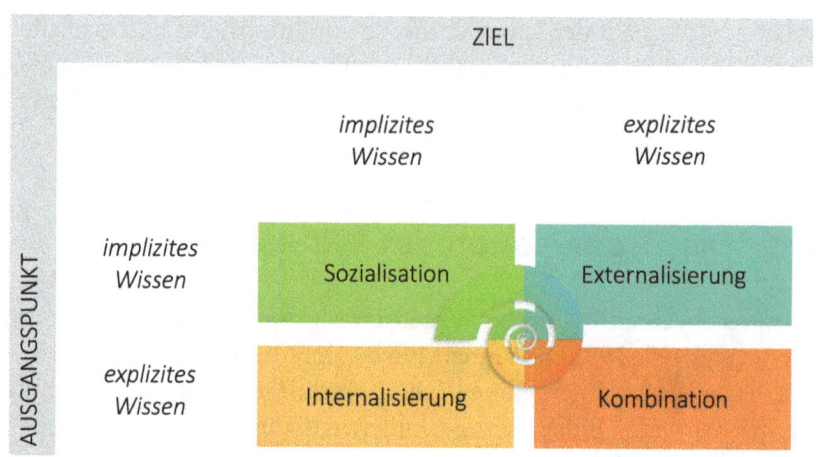

Abb. 4.1 SECI-Modell der Wissensumwandlung in sozialen Prozessen. (Eigene Darstellung in Anlehnung an Nonaka und Takeuchi 1995, S. 62)

Bei der *Sozialisation* wird implizites Wissen von einer Person zum impliziten Wissen einer anderen Person umgewandelt. Dies geschieht ohne jede Artikulation und Formalisierung der Handlung. In der Ausbildung schaut man sich beispielsweise einen bestimmten handwerklichen Griff beim Meister ab und imitiert diesen Handgriff durch Nachmachen und Üben. In ihrem Buch geben die beiden japanischen Autoren für den Wissenstransfer von implizitem Wissen ein interessantes Beispiel (Nonaka und Takeuchi 1997, S. 118 ff.): Die Firma Matsushita wollte einen vollautomatischen Brotbackautomaten herstellen. Die ersten Versuche endeten aber kläglich. Das Brot war außen verbrannt und innen roh. Als Problem wurde schnell das Kneten des Teiges identifiziert. Damit der Brotbackautomat den Teig in richtiger Weise knetet, sollten Bäcker den Vorgang den Ingenieuren beschreiben. Sie beschrieben die Bewegung als „Drehdehnbewegung", mit der die Ingenieure aber nicht wirklich etwas anfangen konnten. Um den Wissenstransfer als Sozialisation zu ermöglichen, gingen die Ingenieure bei den Bäckern in die Lehre und schauten sich die Bewegung beim Kneten des Teiges ab und versuchten ihn technisch zu imitieren. Bei der *Externalisierung*, d. h. dem Explizieren von Wissen wird implizites Wissen durch gewisse Formalisierungen zu explizitem

Wissen transformiert, indem das verinnerlichte Wissen der einzelnen für andere Personen (z. B. in Form von Rezepten) zugänglich gemacht wird. Individuelles und über eine Vielzahl von Personen verteiltes Wissen kann somit zu geteiltem Wissen werden. Im dritten Fall der Wissensumwandlung geht es um die *Kombination*. Explizites Wissen, beispielsweise in Form von Besprechungen, wird als explizites Wissen weitergereicht. Auch die Kombination von Daten fällt darunter.

 **Wie »Restaurant-Ranglisten.de« aus Daten Wissen schafft**

Restaurant Ranglisten (Restaurant-Ranglisten.de)

„Das Gourmet-Portal »Restaurant-Ranglisten.de« vereint seit 2009 zwei Ideen, zum einen Daten miteinander zu kombinieren, um daraus neue Erkenntnisse zu gewinnen. Zum anderen das auf Gustav Volkenborn (1941–2006) aus dem Jahr 1988 zurückgehende Gesamtbewertungssystem von Restaurantführern, welches die heterogenen Bewertungen der Restaurantführer in ein einheitliches System (französische Schulnoten von 0–20) umwandelte. Ziel war es – ähnlich wie beim Hornstein-Ranking – eine Vergleichbarkeit über alle Guides herzustellen. Allerdings wurde hier hinsichtlich der Bedeutung der jeweiligen Restaurantführer gewichtet und für jedes Restaurant summiert. Zudem wurde in das Gourmet-Portal eine Köch*innen-Datenbank (www.die-besten-koeche.com) von Hannes Buchner integriert, der aufgrund seiner zahlreichen Restaurantbesuche detaillierte Informationen vor und hinter den Kulissen der Spitzengastronomie zusammengetragen hatte. An der Erstellung waren auch Gourmet-Köch*innen beteiligt und es entwickelte sich zu einem europäischen Gourmet-Portal, welches sich an Feinschmecker*innen und Branchenkenner*innen gleichermaßen richtete. Im Jahr 2009 wurde die »Gourmet-Portal GmbH« gegründet, welche neben dem eigenen Ranking vornehmlich im deutschsprachigen Raum einen aktuellen Überblick über die weltweite Spitzengastronomie bietet. Die Gewichtungskriterien von »Restaurant-Ranglisten.de« haben sich im Laufe der Zeit geändert und stehen im Gegensatz zum Hornstein-Ranking jedes Jahr auf dem Prüfstand." (Wilkesmann und Wilkesmann 2020, S. 67 f.)

Wie die dynamische Veränderung der Szene eingefangen wird und welche Herausforderungen bei der Pflege der Daten bestehen, hat uns Kersten Mügge, der für die journalistischen Nachrichten (z. B. Personalien, Neueröffnungen, Schließungen) auf Restaurant-Ranglisten.de zuständig ist, im Interview folgendermaßen beschrieben:

„Die Idee von unserem Portal basiert ja auf dem Gedanken, dass ein Restaurantführer allein kein klares Bild über die Leistungsfähigkeit eines Restaurants gibt. Im Grunde müsste man, um halbwegs objektive Kriterien zu haben, die Noten aller Restaurantführer nach einem bestimmten Schema addieren. Wir haben ein Streichergebnis, das aus der Gesamtbewertung herausgenommen wird, damit, wenn ein Restaurantführer in der Bewertung aus der Art schlägt, oder wenn das Restaurant vielleicht auch einfach nicht bewertet wurde, sich das dann in der Summierung der Noten nicht negativ auswirkt. Und daraus bilden wir auf Restaurant-Ranglisten.de dann eine Gesamtrangliste. Das Ganze basiert auf einer schon aus den Achtzigern stammenden Idee. Und funktioniert jetzt inzwischen so, dass wir mehr oder minder monatlich diese Rangliste neu berechnen müssen, weil ja die Restaurantführer nicht mehr nur noch zwischen September und Dezember erscheinen, sondern sie erscheinen mehr oder minder das ganze Jahr über.*

Also das Berechnen ist automatisiert. Aber die Datenpflege muss mehr oder minder händisch erfolgen, weil wir natürlich keine Datenschnittstelle zu den Restaurantführen haben. Also selbst, wenn man die Daten grabben kann, muss man diese noch einmal kontrollieren und aufbereiten. Das fängt schon damit an, dass nicht jeder Restaurantführer jedes Restaurant gleich schreibt. Mancher setzt den Namen des Restaurants in Anführungszeichen oder schreibt dann »Restaurant« davor und dann den Namen, der andere schreibt nur das, was zwischen den Anführungszeichen steht. Der eine schreibt Fine-Dining mit Bindestrich, der andere ohne. Manche Restaurantführer setzen alles in Großbuchstaben, andere in Kleinbuchstaben, wie auch immer. Man kann nicht alles automatisieren und es ist immer noch viel Handarbeit dabei. Aber wenn die Daten stehen, erfolgt die Berechnung nach dem Bewertungsschema automatisch."

Neben der ständig aktualisierten Rangliste der Restaurants bietet das Portal auch noch alle zwei Wochen eine Podcast-Folge mit Köch*innen, Sommeliers und Restaurantleiter*innen, wo es um kreative Prozesse, Hintergrundinformationen, konzeptionelle Überlegungen, Ziele und Vorstellungen der Podcast-Gäste geht. Diese Podcast-Folgen sind wiederum ein schönes Beispiel für die Externalisierung von Wissen im Sinne des SECI-Modells von Nonaka und Takeuchi. Insgesamt bietet das Portal allen Fans der Gourmet-Küche einen fundierten Überblick über die Szene und kann als kulinarische Wissensdatenbank bezeichnet werden, die vonseiten der Gourmets und Gastronomen gleichermaßen genutzt wird.

> Zusätzlich wird bei »Restaurant-Ranglisten.de« noch der face-to-face Wissensaustausch zwischen Fans der gehobenen Küche organisiert. Dafür existiert der »Gourmet-Club«, wo Club-Mitglieder sich zu einem Menü des Monats in einem ausgezeichneten Restaurant treffen oder auch Gourmetreisen zu Hot-Spots der internationalen Gourmet-Szene angeboten werden. Auf diese Weise kommen die Gourmets nicht nur untereinander ins Gespräch, sondern auch mit den Spitzenköch*innen, die bereist werden.

Das letzte Element der Wissensumwandlung in sozialen Prozessen ist die *Internalisierung*. Hier wird explizites Wissen zu implizitem Wissen umgewandelt. Durch langes Üben können anfänglich erklärte Kochtechniken in eine Routine übergehen, die der »Körper« mehr oder minder »automatisch« macht. Beim Kochen muss dabei nicht mehr darüber nachgedacht werden, welche Handgriffe jetzt genau wie anzuwenden sind. Anzumerken ist an dieser Stelle allerdings, dass im SECI-Ansatz weniger die Konstruktionsleistungen einzelner Personen, sondern vielmehr organisationale Lernprozesse im Vordergrund stehen.

Eine Erweiterung des SECI-Modells ist von Liyanage et al. (2009) vorgenommen worden, indem sie betonen, dass es sich beim Wissenstransfer um Wissens-Übersetzung handelt. Dabei unterscheiden sie vier Einflussfaktoren:

1. Die Quelle: Wo befindet sich das benötigte Wissen?
2. Die Motivation: Die Quelle sollte bereit sein, ihr Wissen zu teilen.
3. Die Bereitschaft zum Wissenserwerb: Der Empfänger sollte bereit sein, sich das Wissen anzueignen.
4. Das Aneignungsvermögen des Empfängers: Der Empfänger muss die Möglichkeit der Verarbeitung und Aufnahme der Information besitzen.

Im Prozess des Wissensmanagements muss ein Bewusstsein darüber entstehen, wo das notwendige Wissen zu finden ist. Anschließend müssen die Daten und Informationen dort gesammelt werden und daraufhin ins eigene Vorwissen transformiert werden. Zum Schluss muss das generierte Wissen auch angewendet werden.

Der Transferprozess hängt zusätzlich auch von der Art des Wissens ab. Gabriel Szulanski (1996) hat den wunderbaren eingängigen Begriff „sticky knowledge" (klebriges Wissen) in die Diskussion zum Wissenstransfer eingebracht. Je »klebriger« das Wissen ist, umso schwerer lässt sich es sich von einer Person zur anderen weitergeben. Beim Thema Geschmack und Kochtechniken ist dies natürlich auch der Fall, weil diese sehr stark auf Erfahrung beruhen und somit eines langen Einübungs- und Sozialisationsprozesses bedürfen und nicht als Lehrbuchwissen explizierbar sind. Vieles, was in der Küche an Wissen vermittelt wird, ist also sowohl implizites als auch »klebriges« Wissen.

4.2 Die Bausteine des Wissensmanagements in der Gastronomie

Wie kann Wissenstransfer praktisch in der Küche umgesetzt werden? Wie kann sichergestellt werden, dass kein Wissen beim Personalwechsel verloren geht? Diese und andere Fragen sind Ausgangspunkt der sogenannten »Bausteine des Wissensmanagements« (s. Abb. 4.2), welche von Probst et al. (2006 [1998]) im Kontext des Wissensmanagements populär gemacht wurden.

Wir werden die einzelnen Bausteine anhand vieler praktischer Beispiele der Reihe nach erläutern.

4.2.1 Wissensziele

Unter dem strategischen Baustein Wissensziele sind die Zielsetzungen des Gastgewerbebetriebes oder des Küchenchefs bzw. der Küchenchefin zu verstehen. Wo soll das Restaurant oder die Küche in drei oder vier Jahren stehen? Welches Wissen wird dafür benötigt? Man kann sich zum Beispiel als Küchenchef*in das Ziel setzen, in vier Jahren den ersten Stern zu erkochen. Wenn man ein solches Ziel formuliert, stellt sich als nächstes die Frage, welches Wissen ist dafür notwendig, um dieses Ziel zu erreichen. Sterne zu erkochen bedeutet, bestimmte Kochtechniken zu beherrschen und einen eigenen Kochstil zu

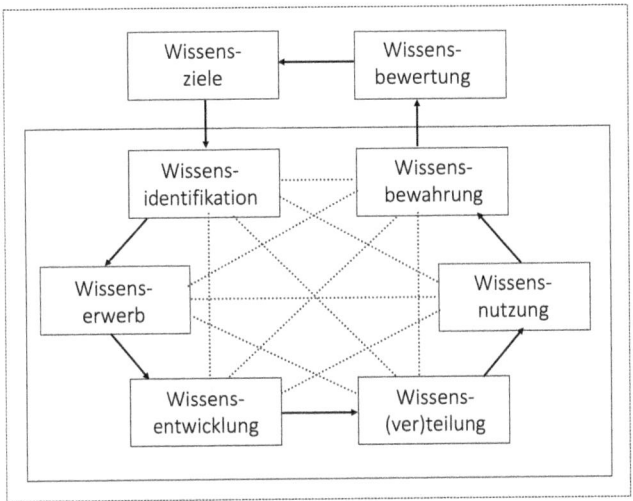

Abb. 4.2 Bausteine des Wissensmanagements. (Eigene Darstellung in Anlehnung an Probst et al. 2006 [1998], S. 32)

entwickeln. Welche Kochtechniken müssen beherrscht werden? Welche Lieferanten braucht man, um die Qualität für einen Stern zu erreichen? Wo bekommt man die Ideen her, um neue, interessante Gerichte zu kreieren? Zusammengefasst: Welches Wissen ist notwendig, um das Ziel zu erreichen? Eine andere Zielsetzung kann lauten, ein zweites Restaurant zu eröffnen. In diesem Fall muss das Wissen, welches mit dem ersten Restaurant erworben wurde, auf das zweite Restaurant übertragen werden. Wie kann das Wissen von dem ersten Standort zum zweiten Standort transferiert werden?

In der letzten Zeit haben viele Köch*innen das Thema der Nachhaltigkeit für sich entdeckt. Dabei werden hochwertige Qualitätsprodukte von ausgewählten Erzeugern aus der unmittelbaren Nähe bezogen. Um dieses neue Ziel erreichen zu können, muss aber bekannt sein, welche Erzeuger in der Nähe die gewünschten Produkte in der für eine gehobene Küche erwarteten Qualität überhaupt nachhaltig produzieren. Dafür muss unter Umständen erst ein Netzwerk zu diesen Personen aufgebaut werden. Oder es können sogar mit den lokalen Produzent*innen zusammen neue Produkte entwickelt werden, wie dies am Beispiel des »Restaurant Alexander Herrmann« by Tobias Bätz erläutert wird.

Wenige Köch*innen setzen sich wirtschaftliche Ziele. Kaum jemand will ein bestimmtes Umsatz- bzw. Gewinnziel erreichen. Dies hat sicherlich auch damit zu tun, dass dies wenig in der Berufsschule vermittelt wird und auch nicht zur gefühlten Identität eines Kochs oder einer Köchin gehört. So meint ein 3-Sterne-Koch im Interview: „Die meisten Restaurants in der 3-Sterne-Klasse arbeiten defizitär, das ist einfach so. Und jetzt kann man natürlich sagen: »Ein guter Koch sollte auch ein guter Rechner sein.« Das schließt sich aber leider aus. Denn, wenn ich für den Gast das Beste will und für die entsprechende Qualität sorge, dann werde ich nie auf den Preis schauen. Als Angestellter, als Küchenchef oder F&B-Manager oder was auch immer, dann ist man an die Zahlen gebunden. Aber so arbeiten wir nicht. Wir schauen nicht zwingend nach dem Preis, sondern nach der Qualität und deswegen schließt sich das eigentlich schon immer aus."

Dreimal drei Sterne!

Juan Amador (Foto: Helge Kirchberger; Room426)

Juan Amador hat es als einer der wenigen Spitzenköche geschafft, in drei unterschiedlichen Restaurants drei Sterne zu erkochen:

„Im Endeffekt haben wir nicht viel umgestellt, sondern sind eigentlich in unsere Vergangenheit zurückgegangen. Vom Stil her haben wir in erster Linie das gemacht, wo wir uns wohlfühlen und das kommt automatisch bei den Gästen gut an. Und aus der Erfahrung heraus, acht Jahre lang drei Sterne gehabt zu haben, weiß man genau, wie es geht. Wenn man noch nie drei

> Sterne hatte und dann darauf hinarbeiten möchte, ist das schon schwieriger, fast schon vermessen. Aber dadurch, dass wir die drei Sterne schon hatten, wussten wir genau, worauf es ankommt: Top-Produkte, der Geschmack ist das A und O und dann natürlich auch die Art und Weise, wie wir kochen." (Juan Amador).

Am ehesten setzen sich Köch*innen mit dieser Thematik auseinander, die aus Familienbetrieben stammen. Spitzenköch*innen, wie Douce Steiner (2. Generation), Sascha Stemberg (5. Generation) oder Andi Widmann (9. Generation) sind mit dem wirtschaftlichen Blick groß geworden, weil die Familienexistenz davon abhängt. Kurzum, ein strategisches Ziel könnte auch sein, dass das Restaurant in drei Jahren oder über die nächsten Generationen noch existiert. Vielleicht eine gar nicht so schlechte Idee. Egal welche Ziele sich jemand setzt, es ist immer Wissen notwendig, um diese Ziele zu erreichen. Aus diesem Grunde muss im nächsten Schritt entschieden werden, ob das Wissen schon vorhanden ist und wenn ja, an welchem Ort in der Organisation, oder ob das Wissen von außerhalb des Betriebes neu erlangt werden muss.

4.2.2 Wissensidentifikation

Der nächste Baustein im Wissensmanagement-Zyklus ist die Wissensidentifikation. Damit ist gemeint, dass innerhalb der eigenen Organisation gesucht wird, ob das Wissen, das zur Erreichung des Wissensziels gebraucht wird, schon bei einzelnen Beschäftigten vorhanden ist. Möglicherweise existiert das gesuchte Wissen aber auch in digitalisierter oder anderer schriftlicher Form. Hier ist natürlich wichtig: Gewusst wo! Wenn dem so ist, dann kann auf dieses Wissen zurückgegriffen werden und an andere Organisationsmitglieder weitergegeben werden. Allerdings ist häufig nicht bekannt, wer was weiß oder welche Kompetenzen jemand besitzt. Genauso ist es manchmal nicht bekannt, dass z. B. alle Rezepte aufgeschrieben, digitalisiert und damit für jeden abrufbar sind. Mit welchen Methoden kann man im eigenen Restaurant, in der eigenen Küche, im eigenen Catering-Unternehmen oder im eigenen Hotelbetrieb erfolgreich suchen, wo welches Wissen zu finden ist?

Die wichtigste Kategorie in diesem Bereich ist die Größe: Kleinere Spitzenrestaurants, in denen rund 10 Personen in der Küche und im Service arbeiten, kennen sich alle untereinander. Außerdem sehen sich alle täglich. Jeder weiß von den anderen, welches Wissen er oder sie hat und bei welcher Frage man zu welcher Person gehen muss, um eine verlässliche Antwort zu bekommen. Dies wird auch im Case Study zu »Sascha Stemberg« deutlich. Gastronomie-Betriebe, die größer sind, brauchen dagegen formalisierte Verfahren, um feststellen zu können, wer welches Wissen hat und wie Wissen transferiert wird. Dies findet zum einen über Datenbanken statt und zum anderen über standardisierte Prozesse, wie beispielsweise in unserem Case Study zum großen Kantinenbetreiber oder zu Dallmayr. Die Wissensidentifikation ist auch vom Küchentyp abhängig: In der Zubereitungsküche bedeutet die Suche nach Wissen, die Suche nach Personen. In der Systemgastronomieküche beinhaltet dies die Suche nach »geronnenem Wissen« in den Prozessen und Strukturen.

4.2.3 Wissenserwerb

Mit Wissenserwerb ist ein Informationszufluss von außen gemeint, d. h. Wissen kommt von anderen Personen oder Organisationen in den Gastronomie-Betrieb. Ganz unterschiedliche externe Informationsquellen können dabei genutzt werden, die wir in den folgenden Abschnitten vorstellen werden.

(Food) Expert*innen einladen oder besuchen
Wenn Wissen von außen in die Gastronomie getragen werden soll, dann spielt Beratung eine wichtige Rolle. Wie in allen Branchen, so hat sich auch in der Gastronomie ein Beratersegment entwickelt, das den Wissenstransfer unterstützt und beschleunigt. Wissenserwerb, d. h. der Wissenstransfer von außen ins Unternehmen hinein, findet im Bereich der Gastronomie, wie in den meisten anderen Branchen, über Beratung und externe Beratungsunternehmen statt. Aus diesem Grunde widmen wir der Beratung im weiteren Verlauf des Buches ein eigenes Kapitel.

Es können auch Gastköch*innen eingeladen werden, die ihre Gerichte zubereiten und das eigene Küchenteam beobachtet diese Gastköch*innen, um zu lernen. Diese Idee ist in einem Restaurant sogar zu einem durchgehenden Prinzip erhoben und perfektioniert worden. Im Restaurant Ikarus im Hangar-7 in Salzburg wird jeden Monat ein anderer internationaler Star aus der Kochszene eingeladen, um das Menü dort zubereiten zu lassen. Dazu besucht Martin Klein zunächst die Originalküche und »lernt« dort vor Ort. Anschließend kommen die jeweiligen Köch*innen nach Salzburg und erklären den Köch*innen vor Ort, wie sein bzw. ihr Menü zu kochen und anzurichten ist. Die Küchenmannschaft vor Ort muss dann einen Monat lang dieses Menü zubereiten. Vermutlich ist das Team von Executive Chef Martin Klein eines der erfahrensten Küchenteams weltweit, weil sie jeden Monat sehr viel Neues lernen (müssen). In dem Fallbeispiel des Cluburlaubanbieters im Premiumsegment wird diese Möglichkeit auch eingesetzt.

Eine weitere Möglichkeit besteht darin, einen Master-Class Kochkurs mit einer Kochlegende zu organisieren. Im Case Study zu einem großen Kantinenbetreiber wird beschrieben, dass ausgewählte Köch*innen des Unternehmens eine Master-Class bei dem damaligen 3-Sterne-Koch Harald Wohlfahrt besuchen durften. Eine solche Fortbildung verfolgt eigentlich zwei Ziele: Zum einen können die eingeladenen Köch*innen neue Techniken lernen, zum anderen ist es eine Anerkennung und Auszeichnung, an dieser Master-Class teilnehmen zu dürfen. Dieses Wissenstransferinstrument wird manchmal ganz bewusst auch als selektiver Anreiz eingesetzt, um gute Arbeitskräfte zu belohnen. Aber auch die Schulung in neuen Kochtechniken, wie z. B. dem Sous-Vide-Garen, stellt eine wichtige Form des Wissenserwerbs dar. Im Beispiel des großen Kantinenbetreibers mussten auch alle Köch*innen in den einzelnen Betriebskantinen in die Technik des Sous-Vide-Garens mithilfe von Workshops geschult werden.

Auch Koch-Events sind zu einem wichtigen Ort des Wissenstransfers geworden. Ähnlich wie in der Wissenschaft der Ort des Wissensaustauschs die Tagung ist, so ist in der Gastronomie das Koch-Event als eine Art Koch-Tagung zu einem analogen Wissensaustauschort geworden. Popularisiert hat Ferran Adriá dieses Konzept in Spanien. Die Madrid Fusión (https://www.madridfusion.net/en/)

ist *der* Ort gewesen, an dem er seine Molekularküche vorgestellt und bekannt gemacht hat. Er hat damit dazu beigetragen, ein Wir-Gefühl der spanischen Köch*innen zu erzeugen und diese Art des Wissensaustauschs bekannt gemacht. Dieser Ort des Wissenstransfers hat sicherlich einen großen Anteil daran, dass die spanische Küche die französische Küche an Popularität überflügelt hat. Auf Bühnen kochen und erklären eingeladene Köch*innen ihr Konzept und ihre Gerichte. Es handelt sich dabei meist um neue, innovative Ideen, die dem Publikum vorgestellt werden. Als Gäste sitzen im Publikum andere Köch*innen, die mit den Personen auf der Bühne diskutieren können. Aber nicht nur während der Plenarveranstaltungen, sondern auch in vielen Kaffee-Gesprächen und kleinen Workshops werden Netzwerke geknüpft und Ideen ausgetauscht. Im deutschen Sprachraum sind die beiden bekanntesten und wichtigsten Events zum einen die »Chef-Sache« (https://chef-sache.eu) und zum anderen die »Chef.Days« die vom RollingPin im Rahmen der RollingPin Convention (https://www.rollingpinconvention.de), organisiert werden. Erstere Veranstaltung ist vom Konzept her etwas gesetzter und seriöser, letztere etwas lauter und rockiger. Von den Vortragenden unterscheiden sich aber beide Veranstaltungen kaum. Dort hat René Redzepi seine Nordic Nouvelle Cusine vorgestellt, natürlich war Ferra Adriá da, aber auch sein Bruder Albert ist bis heute ein häufiger Gast. Magnus Ek stellte sein Konzept „So nah an der Natur wie möglich" vor. Aber auch viele bekannte deutsche Köch*innen sind dort zu sehen, wie Christian Bau, Marco Müller, Jan Hartwig und Christian Hümbs, Tim Raue, Joachim Wissler, Meta Hiltebrand, Sven Elverfeld, Tristan Brandt, Tanja Grandits, Sascha Stemberg, Björn Swanson, Alexander Herrmann und Tobias Bätz und ihre Crews, um nur einige zu nennen. Vor allem jene, die innovative Konzepte vertreten, sind dort eingeladen, sich zu präsentieren. Dazu zählen auch junge Köch*innen, die (noch) keinen Stern erkocht haben und vielleicht ein Stück freier sind und auf ganz neue Trends setzen können. Daneben finden interessante Konzepte wie die von The Duc Ngo, Tim Mälzer bzw. seine Beratungsgesellschaft »tellerrand consulting« dort eine Bühne. Mit einigen der eben genannten Vertreter*innen haben wir auch Interviews für das Buch geführt und daraus Case Studies erstellt, die weiter unten nachlesbar sind. Diese Trendsetter müssen aber nicht aus dem 3- oder 2-Sterne-Bereich kommen, sondern sind auch im 1-Sterne-Bereich zu finden. Als Beispiel sei hier auf das Berliner Restaurant »Nobelhart & Schmutzig« mit ihrem Konzept »brutal lokal« verwiesen. Zwar hat Küchenchef Micha Schäfer diese Idee schon von Matthias Schmidt aus der Villa Merton in Frankfurt mitgebracht, wo er früher gearbeitet hat, aber es ist dann auf die Berliner Verhältnisse adaptiert und zusammen mit Billy Wagner ungemein konsequent umgesetzt worden. Ein 1-Sterne-Koch berichtet über diese Koch-Events, dass er zusammen mit Leuten aus seinem Team dorthin fährt, um neues Wissen, neue Ideen zu bekommen: *„Das ist ein Event, wo auch zehn internationale Sterneköch*innen hinkommen. Und dann nehme ich auch immer mal Leute aus meinem Team mit. Und alle nehmen natürlich auch immer viel davon mit, weil man sieht nicht nur einen, sondern gleich zehn andere Sterneköch*innen."*

Koch-Events als Form des Wissenstransfers sind aber noch nicht bei allen Köch*innen angesehen. Es gibt immer noch welche, für die es negativ belegt ist, wenn sie ein Koch-Event als Gast besuchen. Für sie sieht dies dann so aus, als ob sie nicht gut genug seien und noch etwas lernen müssten. Die Notwendigkeit der Interaktion für den (durchaus wechselseitigen) Wissensaustausch ist noch nicht überall angekommen. So gibt es einige 2- und 3-Sterne Köch*innen, die dort noch nie waren, mittlerweile aber auch viele, die dort als Stammgäste anzutreffen sind und regelmäßig eine Art Klassentreffen dort feiern. Es ist eben ein Ort des Wissensaustausches, wo die Teilnehmenden etwas aufsaugen und es dann auch im eigenen Restaurant, in der eigenen Küche umsetzen können. Aber jene, die Freude an der Kommunikation untereinander haben, lassen sich nicht von denen abhalten, die ihr Wissen nicht weitergeben möchten, wie Tim Mälzer zu uns meinte:

„Wenn ich mein Wissen teile, lassen Menschen mich an ihrem Wissen auch teilhaben und bei dem einen, der das nicht tut, sag ich nur »I don't 'care!« Es gibt immer wieder Leute, die Bock auf den Austausch haben. Es gibt immer noch Menschen, die haben Lust auf Kommunikation. Wenn ich ewig nur nach dem einen Negativen gehe, dann habe ich Stillstand, aber dann ist ja eh alles meins, meins, meins, meins, meins. Um da etwas gegenzusetzen, habe ich die Einstellung, dass ich gerne Wissen weitergebe."

Eine weitere Form, die aber nicht im strengen Sinne als Wissenstransfer, sondern eher als Inspirationsquelle benannt werden kann, beruht auf Erfahrungen und Begegnungen auf Reisen und in anderen Gastronomie-Betrieben, die man besucht. Allerdings sind dies eher neue Ideen für Adaptionen als Wissenstransfer. Für Wissenstransfer müsste eine Interaktion darüber stattfinden, wie ein Gericht technisch genau umgesetzt worden ist. So kann aber eine Idee zumindest aufgegriffen und vielleicht weiterentwickelt werden. Für Köch*innen ist die Visualität, die Fotosprache sehr wichtig. Häufig werden sie durch Bilder auf Instagram oder in Magazinen inspiriert und fragen sich dann, wie sie das Bild nachkochen können und erst dann, wie sie es geschmacklich gestalten wollen.

Wir haben schon an anderer Stelle beschrieben (Wilkesmann und Wilkesmann 2020), dass es eine interessante Differenz zwischen Köch*innen mit Teller-Auszeichnung sowie 1-SterneKöch*innen auf der einen Seite und 2- sowie 3-SterneKöch*innen auf der anderen Seite gibt: Die erste Gruppe versucht von der zweiten Gruppe zu lernen, aber die zweite Gruppe will und soll Trends setzen. Dafür versucht die zweite Gruppe den Wissenstransfer zu vermeiden und Sachen für sich zu behalten. In diesem Fall verstehen die Köch*innen Wissen als Macht, um den Sterne-»Vorsprung« gegenüber den anderen zu halten. So meinte ein 3-Sterne-Koch uns gegenüber im Interview:

> „Also ich habe super Kumpels, darunter auch drei Köch*innen, wir kennen uns schon zwanzig Jahre. Wenn wir uns privat treffen, reden wir nicht übers Kochen. Was soll der Schwachsinn? Wenn ich jetzt einen Super-Lieferanten habe, warum soll ich das bei jedem ausplaudern? Dann kriege ich ja irgendwann selbst mal nichts mehr!"

Neues Personal ins Team holen oder Kooperationen ins Leben rufen
Eine weitere wichtige Form des Wissenstransfers erfolgt über Personalrekrutierung. In manchen Fällen werden ganz gezielt besternte Köch*innen aus Restaurants rekrutiert, wie etwa im Fall von Anton Gschwendtner, der seine Sterne auch an seiner neuen Wirkungsstätte auf Anhieb verteidigen konnte. Insofern kann neues Wissen über neue Köch*innen in die Küche geholt werden. Der Klassiker ist, den oder

die Sous-Chef*in einer berühmten Kochlegende einzustellen, um etwas Neues aufzubauen. Dies erfolgt ebenfalls strategisch, oftmals auch über Netzwerke, innerhalb derer Personal untereinander »getauscht« bzw. empfohlen wird. Manchmal ist es vielleicht auch nur ein zufälliger Glückstreffer. Der Wissenstransfer funktioniert hier allerdings nur eingeschränkt, wie ein 2-Sterne-Koch berichtet:

> *„Das ist natürlich toll, wenn man jetzt einen hat, der von irgendeinem Drei-Sterne Laden hierherkommen möchte, als Sous-Chef, das ist super insofern, dass er natürlich viel Wissen mitbringt. Aber meistens ist es so, dass die Leute einem dann das Wissen von einem anderen Koch vermitteln. Theoretisch ist es gut, weil man lernt ja selber wieder etwas, aber man muss dann aufpassen, dass man nicht seine eigene Schiene verlässt. Es soll immer noch meine Geschichte sein."*

Das Wissen muss also in den eigenen Stil integriert werden und kann nicht ohne kritische Reflektion und Anpassung übernommen werden.

Schließlich sind gezielte Kooperationen, die ins Leben gerufen werden, auch eine Form des Wissenserwerbs. Manchmal wird man selbst von potenziellen externen Kooperationspartner*innen angesprochen, die neue Ideen haben oder aber man sucht sich gezielt externe Kooperationspartner*innen. Die erste Variante kommt besonders in dem Case Study über The Duc Ngo zur Sprache, der selbst schon viele Restaurants besitzt und häufig von anderen Personen angesprochen wird, ob er nicht mit ihnen zusammen ein neues Konzept realisieren will. Aber auch Persönlichkeiten, wie Tristan Brandt sagen von sich aus, dass sie ständig auf kulinarischer Wanderschaft sind und sich dadurch weiterentwickeln. Davon profitieren alle Projekte und Konzepte, für die er gerade arbeitet. Zudem zieht er junge Nachwuchstalente heran, an die er sein Wissen weitergibt. Ein extremer Vorteil dieser Art des Wissenstransfers besteht für ihn darin, dass er dadurch in der Lage ist, mehrere Projekte gleichzeitig zu betreuen, ohne ständig vor Ort sein zu müssen.

Die Zusammenarbeit mit der Wissenschaft kann ebenfalls ein Weg für den Wissenstransfer sein. Dies ist in der Gastronomie ein noch selten beschrittener Weg. Eine Ausnahme bildet das von 2003 bis 2005 gelaufene Projekt »Inicon – Introduction of innovative technologies in modern gastronomy for the modernisation of cooking« am Technologie-Transfer-Zentrum (ttz) Bremerhaven bei dem viele (Star-)Köch*innen, wie Heston Blumenthal und Ferran Adriá, aber auch bekannte, internationale Wissenschaftler*innen, wie Hervé This zusammen mit Wissenschaftler*innen der Hochschule Bremen Möglichkeiten der Herstellung neuer Geschmacksvariationen analysiert haben. So sind zum Beispiel nicht-süße Zuckerglasuren entwickelt worden, in die neue Geschmacksnoten eingegeben wurden, oder Desserts, die die gleiche Menge an Ballaststoffen enthalten wie Obst. In dem Projekt ist also die Molekularküche mit traditionellen Formen der Kochkunst verwoben worden[1]. Hervé This zählt zu einem der ersten Naturwissenschaftler, der sich der molekularen Grundlage des Essens gewidmet und die Molekulargastronomie begründet hat. Molekulargastronomie wird dabei verstanden als wissenschaftliche Tätigkeit (hier mit Bezug auf die Naturwissenschaften), die sich besonders für die biochemischen und physikalisch-chemischen Prozesse beim Kochen interessiert. In Deutschland ist dies u. a. durch mich, Heiko (Antoniewicz 2008), populär gemacht worden.

Zur Frage der Zusammenarbeit zwischen der Gastronomie und der Wissenschaft gibt es einige Studien, die wir ganz kurz vorstellen möchten. Chad Borkenhagen (2017) hat zum Beispiel untersucht, wie wissenschaftliche Erkenntnisse in die Spitzengastronomie eingeflossen sind. Gerade Spitzenköch*innen wie Ferran Adriá oder Heston Blumenthal haben immer wieder die Zusammenarbeit mit Wissenschaftler*innen gesucht. Sie haben ihren Ansatz als objektiv, »evidence-based« vom traditionellen Kochen abgegrenzt. Wissenschaft in der modernen Küche kann einerseits als Wissensbestand und andererseits als Methode für die Produktion neuen Wissens verstanden werden.

Wird Wissenschaft als Wissensbestand verstanden, dann bedeutet dies einen besonderen Blick auf Lebensmittel zu haben. So kann z. B. das Eigelb als Einheit verstanden werden, wie man sie immer in der Küche einsetzt, oder als zusammengesetztes Produkt aus Wasser Lipiden, Aminosäuren etc. Im letzteren Fall kommt die molekulare Struktur in den Blick oder der Säuregehalt. Köch*innen hatten

---

[1] https://www.ttz-bremerhaven.de/en/research/food/research-projects/893-inicon.html.

beispielsweise Schwierigkeiten, eine Miso herzustellen und haben deshalb bei Forscher*innen der Mikrobiologie nachgefragt: Welche Mikroben sind da, und was machen sie? Das ist definitiv eine grundlegendere Frage der Mikrobiologie und die Forscher*innen haben den Köch*innen den Unterschied zwischen einer Bakterie, einer Hefe und einem Schimmelpilz erklärt und dabei herausgefunden, dass dies große Auswirkungen auf die Geschmacksrichtungen und die Ästhetik der Produkte hat. So lernten die Köch*innen sehr viel über Mikrobiologie und Chemie und sie konzentrierten sich darauf, diesen Stoffwechsel zu verstehen und nutzbar zu machen. Es galt Bedingungen zu schaffen, unter denen dieser Stoffwechselweg so funktioniert, wie sie es sich wünschten und gleichzeitig eine Vielzahl von Produkten und Lebensmitteln zu erzeugen. Und so begannen die Köch*innen, Miso aus jeder Nuss, Bohne und Hülsenfrucht herzustellen, die ihnen einfiel (vgl. Borkenhagen 2017, S. 637 f.). Die Köch*innen lernten so, Miso nicht als bestimmte Herstellungstechnik zu sehen, sondern als biologisches Phänomen, mit dem sie auch andere Sachen herstellen konnten.

Ein weiteres Beispiel für Wissenschaft als Wissensbestand ist das in der interessierten Gastronomie-Szene bekannte Buch von Charles Spence (2018) »Gastrologik«. Der Experimentalpsychologe Spence analysiert die Faktoren, die Einfluss auf das multisensorische Erleben beim Essen und Trinken haben. Er geht in seinem Buch von der Tatsache aus, dass wir das Essen mit allen unseren Sinnen erleben. Was passiert aber, wenn ein Faktor der Wahrnehmung – bewusst oder unbewusst – verändert wird? Spence beschreibt dazu viele Experimente (neben eigenen auch viele aus der Literatur), um zu zeigen, wie unsere Sinneswahrnehmung beeinflusst werden kann. So beeinflusst z. B. das Sehen unseren Geschmack. Alle Leser*innen werden aus eigener Erfahrung das folgende Szenario kennen, das uns auch schon oft passiert ist: Beim Sehen einer Kochsendung überkommt einen auf einmal ein großer Appetit. Das Sehen der Kochsendung wird bei vielen Zuschauer*innen dann durch einen Gang in die Küche unterbrochen, um eine Zwischenmahlzeit einzunehmen. Aber auch der Teller, auf dem das Essen serviert wird, hat Einfluss auf das Schmecken. In einer Studie, die Spence durchgeführt hat, wurde Erdbeereismousse einer Gruppe auf einem weißen und einer anderen Gruppe auf einem schwarzen Teller serviert.

Die Gruppe, die das Eis vom weißen Teller gegessen hatten, hat es deutlich süßer und aromatischer bewertet als die Personen, die es von dem schwarzen Teller gegessen haben. Auch die Form des Tellers hat einen Einfluss auf den Geschmack. In einer Nachfolgestudie wurde das Eis entweder auf einem runden oder einem eckigen Teller serviert. Das Eis vom runden Teller wurde als süßer bewertet als das Eis vom eckigen Teller. Scheinbar erwarten wir einen Nachtisch auf einen runden Teller und klassifizieren das Essen dann als süß.

Die zweite Form, Wissenschaft in der Küche einzusetzen, ist, sie als Methode zur Produktion neuen Wissens zu benutzen. Einige Köch*innen und Kochentwickler*innen benutzen wissenschaftliche Methoden, um neue Produkte, Techniken oder Ergebnisse zu erzielen. Die Bedingungen werden dabei kontrolliert, während immer eine Variable systematisch verändert wird. Die Ergebnisse werden genau dokumentiert und beschrieben. Es werden also kontrollierte Experimente mit einer Kontrollgruppe durchgeführt, so wie in der Wissenschaft. Ein Beispiel dafür ist das Buch »Flavour Pairing« (Antoniewicz 2013).

Wie funktioniert eigentlich Flavour Pairing?

Heiko Antoniewicz (Foto: privat)

Beim Flavour Pairing orientiert sich das Vorgehen an einem Thema. Ein Beispiel für ein Thema ist Öl: Was passiert, wenn verschiedene Öle in Stickstoff gekühlt oder eingefroren werden? Dabei ist ein systematisches Vorgehen wichtig. Bei jedem Schritt darf es nur eine Veränderung geben, alle anderen Zutaten müssen gleich gehalten werden. Vor jedem Schritt müssen alle Zutaten genau abgewogen und deren Menge sowie Zusammensetzung in einer Excel-Tabelle festgehalten werden. Das genaue

4 Kann man Wissen managen?

Abwiegen und Dokumentieren ist genauso wichtig, wie die Veränderung von nur einer Komponente und eben nicht allen Komponenten gleichzeitig. Bei den Ölen wird überprüft, welche Textur sie durch die Stickstoffkühlung erhalten und wie sie schmecken. Bei Avocado-Öl zeigt sich, dass es durch Stickstoff speckig schmeckt und ungenießbar ist. Stickstoff verstärkt die guten, aber auch die schlechten Geschmackseigenschaften. In diesem Fall wird der leicht speckige Geschmacksanteil der Avocado verstärkt und in den Vordergrund gehoben.

Ein anderes Beispiel ist das Thema Eis. Hier kann Eis mit unterschiedlichen Ausgangsprodukten hergestellt werden. Systematische Versuche zeigen, dass die Eisherstellung ohne Ei dazu führt, dass das Eis viel besser schmeckt, als wenn es mit Ei hergestellt wird. Die Bindung kann auch durch Pektine hergestellt werden.

Erst wenn verschiedene Aromenkombinationen systematisch getestet werden, können neue Verbindungen entdeckt werden, auf die sonst niemand vorher gekommen wäre. So passen die Aromen von Lachs und Lakritz zusammen, was ein Koch oder eine Köchin in der Küche spontan vielleicht nicht kombiniert hätte. Bei der Suche nach möglichen Kombinationen können auch zwei Datenbanken helfen. Die Datenbanken können als Ausgangspunkt einer eigenen systematischen Suche stehen. Auf diese Weise sind Heston Blumenthal als Koch und François Benzi als Lebensmitteltechniker tatsächlich auf die Idee mit der Kombination von Lachs und Lakritz gekommen. Sie experimentierten, analysierten und fanden letztendlich die Formel: Haben zwei Zutaten die gleichen Hauptaromakomponenten, so harmonieren sie miteinander. Wenn man Fisch einfach in Lakritz taucht, kommt noch lange kein schmackhaftes Gericht heraus, weil die Aromakombination nur eine reine Theorie ist. Hier müssen andere Faktoren mit ins Spiel kommen, etwa die Haptik, Texturen und die Verhältnismäßigkeit der Zutaten. Blumenthal experimentierte daher mit verschiedenen Fischsorten, wie Makrele und weißem Fisch. Doch nur Lachs ergab ein perfektes Match mit Lakritz und macht das Ganze spektakulär (vgl. Blumenthal 2009, S. 220). Diese Informationen stehen natürlich nicht in den Datenbanken. Der Clou besteht also darin, aus diesen Informationen neues Wissen zu kreieren. Insofern dienen Datenbanken lediglich als Inspirationsquelle.

Die eher wissenschaftlich orientierte Datenbank »Volatile Compounds in Food – VCF« (www.vcf-online.nl) beinhaltet flüchtige Aromenkombinationen für Lebensmittel und listet diese mit minimaler und maximaler Konzentration auf. Die Lebensmittel sind in 120 Produktkategorien mit zusammen knapp 700 Produkten unterteilt. Die flüchtigen Bestandteile werden für jedes Produkt angegeben. Außerdem bietet das Konzept der Produktkategorie die Möglichkeit, die Daten für alle Produkte innerhalb einer Produktkategorie zu aggregieren. Zum Beispiel können alle flüchtigen Verbindungen in allen Zitrusprodukten zusammengefasst werden. Mittels einer Vergleichsfunktion können in der Datenbank die überlappenden flüchtigen Inhaltsstoffe für jeweils zwei Lebensmittel aufgezeigt werden. Der wissenschaftliche Charakter der Datenbank zeigt sich auch darin, dass für jede einzelne Verbindung das Molekulargewicht, die chemische Formel und weitere Informationen angegeben werden.

Die eher für Köch*innen ausgelegte zweite Datenbank ist »www.foodpairing.com«. Auf dieser Seite können verschiedene Lebensmittel ausgewählt und in einem Pairing verglichen werden.

Die Datenbank gibt an, wie stark das »Matching« zwischen den Zutaten ist. So kann festgestellt werden, dass Himbeeren und Tomaten gemeinsame aromatische Verbindungen von Zitrusfrüchten (Orange) und Blumen (floral) besitzen. Oder Himbeeren und Basilikum haben Zitrusnoten (Orange) und Gewürznoten (Nelke) gemeinsam (s. Abb. 4.3). Überraschender ist dann die Erkenntnis, dass Himbeeren und Meerrettich ähnlich blumige Aromen verbinden. Als Beispiele sind für bestimmte Kombinationen auch Rezepte bekannter Köch*innen hinterlegt. Mit diesen Informationen aus den Datenbanken kann sogar Basilikumöl ohne Basilikum hergestellt werden.

Diese wissenschaftliche Methode steht aber gegen die traditionellen Bedingungen in der Küche. Normalerweise existiert in der Küche nicht so viel Zeit, so systematisch vorzugehen, deshalb werden immer mehrere Variablen gleichzeitig verändert, um schnell ein Ergebnis zu erzielen. Ebenso wird in der traditionellen Küche nach dem Meister-Lehrling-Prinzip gelernt: Die Vorgesetzten sagen etwas an und die Auszubildenden haben es auszuführen. Die Auszubildenden dürfen aber nicht fragen, warum dies so gemacht wird und eben nicht anders. Die Antwort wird sein, weil es der Chef oder die Chefin so gesagt hat.

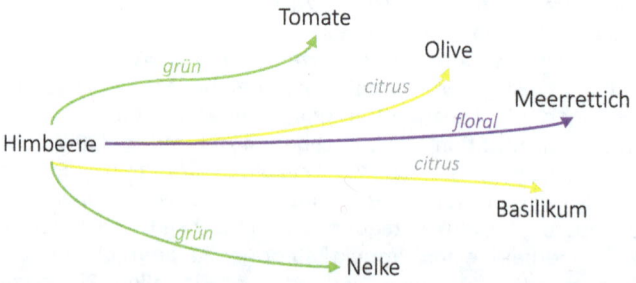

Abb. 4.3 Food Pairing Beispiel. (Eigene Darstellung; Quelle: www.foodpairing.com)

Letztendlich wird auch häufig argumentiert, dass die wissenschaftlichen Methoden gegen das künstlerische, intuitive Kochen aus dem Bauch stehen (Borkenhagen 2017). Wissenschaftliche Methoden können aber dazu beitragen, dass immer mit gleich hoher Qualität gekocht werden kann. Sous-Vide Garen ist z. B. eine Methode mit der sichergestellt werden kann, dass das Fleisch immer den richtigen Garpunkt hat, ganz unabhängig von dem impliziten Wissen der einzelnen Köch*innen. Damit kann aber die Einführung neuer Technologien dazu beitragen, eine neue und zugleich alte Arbeitsteilung zu begründen: Der Chef oder die Chefin kennt den Prozess, die ausführenden Köch*innen müssen nur den Sous-Vide Garer bedienen können und Temperatur und Zeit korrekt einstellen.

4.2.4 Wissensentwicklung

Wissensentwicklung meint das Kreieren neuer Gerichte, Konzepte, Techniken ohne äußere Hilfe, also nur mit dem Wissen, das in der Organisation vorhanden ist. Es bezeichnet also eine Weiterentwicklung mithilfe des Wissens, das die Beschäftigten haben. Darunter ist auch eine wissenschaftlich fundierte Entwicklung neuer Gerichte gemeint, wie sie schon oben beschrieben wurde.

Neue Gerichte werden in der Regel von den Chefköch*innen im Kopf entwickelt (Wilkesmann und Wilkesmann 2020). Sie haben eine Geschmacksbibliothek im Kopf und können Zutaten und deren Kombination schmecken, ohne sie essen zu müssen.

Ich koche im Kopf!

Silvio Nickol (Foto: Palais Coburg)

> *„Ich weiß eigentlich schon im Kopf, wie die Sachen schmecken. Durch die ganzen Aromen, die ich schon probiert habe, stelle ich dieses Gericht im Kopf zusammen, und ich weiß eigentlich, bevor wir es real kochen, wie es schmeckt. Die Aggregatzustände und Texturen und so weiter, besprechen wir im Team, etwa die Cremigkeit, die Bitterness, die Säure, die Salzigkeit, die in diesem Gericht enthalten sein sollen. Wenn ich das mit meinen Mitarbeitern bespreche, dann bekommen sie auch ein Gespür dafür. Und wenn sie später selbst an der Front stehen und selbst ein Gericht entwickeln müssen, sind sie bestens gerüstet"* (Silvio Nickol).

Deshalb brauchen sie das Probekochen auch nur, um letzte, kleine Details festzulegen. Dabei ist aber das größte Problem der äußere Einfluss. Wenn neue Gerichte entwickelt werden sollen, dann können Food-Magazine, Kochbücher oder das Internet ablenken, weil diese Einflüsse im Gedächtnis bleiben. So kann es auch unbewusst ein neues Gericht beeinflussen, vorher ein Bild von einem Gericht auf Instagram gesehen zu haben. Köch*innen arbeiten und denken häufig sehr visuell. Wenn ein Bild eines Gerichtes ansprechend aussieht, dann überlegen sie sich, wie es nachgekocht bzw. abgewandelt werden kann, aber mit ähnlichem visuellem Grundmuster. Häufig halten sie sich, wenn sie ein wirklich neues Gericht entwickeln wollen, von äußeren (und dabei besonders visuellen) Eindrücken fern.

Wie funktioniert bei mir die Produktentwicklung?

Heiko Antoniewicz (Foto: privat)

Wenn ich mit meinem Team Produktentwicklung mache, dann notieren wir auch immer die Hersteller, weil jede Zutat von einem Hersteller immer ein bestimmtes Geschmacksbild hat. Da wir uns den Geschmack immer wieder auf die Fahne schreiben, ist es für mich auch ganz wichtig, dass die Rezepte reproduzierbar sind und bleiben. In meinem ersten Kochbuch, dem Fingerfood Kochbuch (2006), das bei den Gourmand World Cookbook Awards 2007 als das beste innovative Kochbuch der Welt ausgezeichnet wurde, habe ich sogar jedes Öl noch einmal einzeln beschrieben. Da wurde mir schon vorgeworfen, dass ich Schleichwerbung mache. Das war aber nicht als Werbung gemeint, sondern mir ging es darum, dass die Leute, die Heiko Antoniewicz »schmecken« möchten, auch diese Zutaten nehmen müssen, um Heiko Antoniewicz »schmecken« zu können. Wenn wir Produktentwicklung machen, dann schreibe ich auch auf, welcher Gewürzhersteller seine Gewürzmischung geliefert hat. Wer Lust hat, kann bei Gelegenheit ein Rezept von mir nachkochen. Wie wäre es mit »Homefeeling a la Bolognese«?

Das geht so:

160 g	Olivenöl Elaion Extra Native
4 g	Limettenöl von Agriverde
400 g	TK Gemüse Brunoise (Lauch, Sellerie, Karotte)
60 g	Umamisalz Antoniewicz (Eigenmarke)
3,5 g	Baharat von Ingo Holland
5,5 g	Harissa von Ingo Holland
2525 g	Rinderhackfleisch frisch

Anschwitzen

4 g	Gemüsebrühe BIO gekörnt von Wela
3,5 g	Tomatenflocken von Ingo Holland
2 g	Knoblauch mit etwas Salz fein gerieben
100 g	Tomatenmark zweifach konzentriert
3 g	Tomatenpulver von Secrets de Marmite

Leicht Rösten

3920 g	Dosen Tomaten in Stücken Calispa Popa di Pomodoro von Chefs Culinar
20 g	Tomaten Push Antoniewicz (Eigenmarke)
40 g	Tomaten Umami Antoniewicz (Eigenmarke)
20 g	Harissa Paste von Harissa Le Phare du cap bon
0,5 g	Vanille Pulver von Wiberg

> *Aufkochen*
>
> 8 g   Petersilie getrocknet von Wiberg
> 2 g   Kräuter der Provence getrocknet von Wiberg
>
> *Untermischen*
> Das 2 × Rezept ergibt ca. 36 Gläser (440 ml) mit der Füllmenge von 370 g.

Auf der Welt gibt es viele Gerichte, so kann es natürlich auch passieren, dass ein Gericht doppelt „entdeckt" bzw. „kreiert" wird. In dem Restaurant Résidence in Essen ist früher einmal eine Essenz aus Hummer, Tomate und Zitronengras gekocht worden. Dort wurde es für eine innovative Neuerung gehalten, bis bei einem Asien-Besuch festgestellt wurde, dass es dort dieses Gericht an jeder Ecke zu kaufen gibt.

Neue Ideen kommen nicht auf Kommando…

Sven Elverfeld (Foto: Kirchgasser Photography)

…meint Sven Elverfeld im Gespräch mit uns: *„Ich kann mich nicht hinsetzen und sagen »Jetzt lasse ich mir was einfallen«, das funktioniert nicht. Diese Dinge kommen meistens dann, wenn man den Kopf frei hat, nicht unter Strom steht. Häufig ist es so, dass ich Ideen überall, wo ich einen Zettel mit Stift finde, aufschreibe. Auch im Urlaub kommen mir häufig Ideen, weil man wirklich runtergekommen ist."* Die neuen Überlegungen werden anschließend systematisiert und dokumentiert: *„Und dann erstelle ich eine Mind-Map, wo ich zum Beispiel die Karotte nehme und daneben alles aufschreibe, was ich mit der Karotte machen kann: pickeln, fermentieren, die Schnittgröße verändern, raspeln, würfeln, Spaghetti, Vinaigrette, Emulsion und so weiter. Und dann stelle ich mir*

> weitere Fragen: Was kann ich aus diesem Produkt alles machen? Möchte ich Karotte pur haben oder möchte ich noch ein wenig Ingwer zugeben? Möchte ich das Ganze cremiger haben? Und das alles gehört zum Entwicklungsprozess"

Diesen Prozess des Aufschreibens beim Kochen im Kopf beschreibt ein anderer 1-Sterne-Koch ganz ähnlich:

> *„Dann überlege ich, ich möchte jetzt etwas mit Ente machen. Dann habe ich die Ente, das schreibe ich in die Mitte eines leeren Blatt Papiers, da kommt ein Kreis darum und dann mache ich verschiedene Pfeile. Was könnte man mit dieser Ente machen? Was kann man mit der Brust machen? Was kann man mit der Keule machen, mit der Leber und sonstiges. Dann kommt die rote Beete dazu. Was kann ich aus der roten Beete machen? Ich kann ein Mus machen, eingelegte Scheiben oder sonstiges und dann habe ich ein riesengroßes Blatt Papier mit verschiedenen Sachen. Und dann überlege ich, wofür ich mich entscheide und was dann dazu passen würde. Und dann suche ich mir die passenden Rezepte dazu raus und die kommen dann erstmal in dieses schwarze Buch, was ein College-Block auch sein könnte und da wird erstmal die Idee hineingeschrieben. Wenn es eine eingelegte rote Beete Scheibe sein soll, dann soll die bitte süß-sauer schmecken und noch ein bisschen nach Ingwer."*

Die Frage ist aber, ob etwas Neues entwickelt oder nur eine geringe Variation eingeführt wurde, wie Tim Mälzer zu bedenken gibt:

> „Aber jetzt der Intellektuelle, der Analytiker, der langweilt sich, wenn er dreißigmal pro Monat Tomate Mozzarella anrichten muss. Dann macht er halt aus der Tomate eine Mango und dann ist es für irgend jemand was komplett Neues. In meiner Welt ist es ja das Gleiche, weil ich etwas Milchiges mit etwas Fruchtig-Saurem kombiniere. Eine Hühnerbrust mit Pilz zu machen, ist für mich das Gleiche, als wenn ich ein Schweinekotelett mit Pilz mache. Für den anderen ist es eine ganz neue Revolution. Ob ich eine Kräuterbutter mit Estragon mache oder eine Kräuterbutter mit Basilikum, das ist für mich auch das gleiche. Das ist identisch. Was ich habe, ist Fett mit einer grünen Kräuternote. Und ob die jetzt richtig oder falsch ist, kann keiner beurteilen außer ich, der sagt: »Es ist richtig so!« Und wenn ich der Erste bin,

genug Claqueure finde, die da hinterherlaufen und sagen: »Ja, genau! Das ist richtig toll«, dann wird es irgendwann zu einer gelebten Gesetzmäßigkeit, ohne dass es nachweisbar ist.«

Neben der Entwicklung neuer oder scheinbar neuer Produkte ist auch die Bestätigung der anderen notwendig, dass dies neu und gut ist. Wer in seiner Küche den fast perfekten Teller kocht, aber niemand ihn zu Gesicht bzw. zu essen bekommt, hat nichts davon. Das Ergebnis muss von anderen bestätigt werden können. Nur wenn andere dem zustimmen, dass es der fast perfekte Teller (den perfekten Teller wird es allerdings nicht geben) ist, dann ist es der fast perfekte Teller. Es bedarf auch immer der Anerkennung durch Restaurantführer oder andere angesehene Personen, um eine Bestätigung für eine Neuentwicklung zu bekommen.

Eine wichtige Methode, neue Gerichte zu kreieren, ist deshalb die oben beschriebene systematische Suche nach neuen Kombinationen mittels einer Aromendatenbank. So können ausgetretene Geschmackspfade verlassen werden und ganz neue und überraschende Zusammenstellungen entdeckt werden. Köch*innen kommen so auf Geschmacksmuster, die eben noch nicht in ihrem Geschmacksgedächtnis abgespeichert sind und somit etwas Neues darstellen. Aber nicht nur die Aromenkombinationen, sondern auch neue Kombinationen bei der Textur, Haptik und Temperatur sind wichtige Faktoren, um neue Gerichte zu kreieren.

Da die Wissensentwicklung eine herausragende Rolle spielt, werden wir uns dies beim »Restaurant Alexander Herrmann« by Tobias Bätz und dem Restaurant »El Bulli« von Ferran Adriá nachfolgend genauer anschauen.

Wissensentwicklung im Gourmet »Restaurant Alexander Herrmann« by Tobias Bätz

Einen besonderen Weg der Wissensgenerierung gehen die 2-Sterne-Köche Alexander Herrmann und Tobias Bätz. Sie haben mit Jörg (Joshi) Osswald einen regionalen Food-Scout im Team, der dafür zuständig ist, Bauernhöfe und Produzent*innen in Franken zu besuchen, um dort nach neuen Produkten zu suchen oder diese sogar mit den Erzeuger*innen zusammen zu entwickeln. Bei Produktneuentwicklungen gab es beispielsweise Kooperationen mit der Bayrischen Landesanstalt für Weinbau und Gartenbau in Veitshöchheim. Joshi Osswald ist aber auch bei einem Haselnuss-Züchter auf eine besonders geschmackvolle Haselnuss gestoßen. Dazu muss man wissen, dass es mehr als 40 verschiedene Sorten von Haselnüssen gibt. Der Haselnusszüchter hat unter den vielen Sorten eine entdeckt, die sehr intensiv und einzigartig schmeckt, die aber nicht sehr ertragreich ist. Damit er diese Sorte auch wirtschaftlich produzieren kann, sind mit ihm langfristige Verträge abgeschlossen worden. Zum einen, um die Produktion ökonomisch kalkulierbar zu machen, zum anderen aber auch um eine Liefersicherheit für das Restaurant zu gewährleisten. Auf diese Weise kann in den Speisen des Restaurants eine extrem schmackhafte Haselnusssorte verarbeitet werden, die aus der Region stammt und die es sonst nirgendwo zu kaufen gibt. Das Netzwerk der regionalen Lieferanten umfasst mehr als 70 Erzeuger*innen aus der Region. Joshi Osswald fährt zudem regelmäßig bei den Bauern vorbei, um Züchtungen von ausgefallenen Rinder- und Schweinerassen zu besprechen. Dort geht es auch um hochwertige und besondere Futtersorten für die Tiere, die er gemeinsam mit den Landwirten konzipiert. So können Gerichte mit diesen besonderen und exklusiven Fleischqualitäten im Restaurant, und nur dort, den Gästen angeboten werden. Zudem gibt es eine enge Kooperation mit dem Tropenhaus Klein Eden in Tettau.

Papayas aus Deutschland? Ja, die gibt es wirklich!

Ralf Schmitt (Foto: Lukas Stumpf)

Papayas wachsen tatsächlich in Franken, und zwar im Tropenhaus Klein Eden in Tettau. Das Gewächshaus wird mit dem Kühlwasser der Maschinen einer Glasfabrik betrieben und benutzt zur Bewässerung nur Regenwasser. Das verwendete Wasser im Tropenhaus wird in einem Kreislauf weiterverwendet. Wenn es sich abgekühlt hat, werden mit dem Wasser die Pflanzen gegossen. Vorher wird es aber gründlich gefiltert. Deshalb enthält es keine Nährstoffe. Um das Wasser auf natürliche Weise aufzubereiten, ist ein Aquarium eingerichtet worden. Dort wird »Schwarzer Pacu« ein Pflanzen fressender Fisch gezüchtet, der auch in Restaurants auf den Teller kommt, obwohl er Gräten wie ein Karpfen hat und somit nicht so einfach zu verarbeiten ist. Für das Tropenhaus erfüllt der Schwarze Pacu eine genauso wichtige Funktion im ökologischen System, wie in den tropischen Überschwemmungswäldern in Südamerika, woher er ursprünglich stammt.

Der Geschäftsführer und Leiter des Tropenhauses, Ralf Schmitt (von allen nur »Papaya Schmitti« genannt), entwickelt ständig neue Ideen für den Anbau. Seine Herangehensweise ist, dass er sich überlegt, welche Frucht zukünftig eine Trendfrucht werden könnte. Dann überlegt er, ob er diese Frucht anbauen kann. Nach diesem Kriterium fallen schon 90 % der angedachten Früchte wieder raus. Ralf Schmitt stößt immer wieder Ideen an, damit die gastronomischen Abnehmer neue Produkte in ihren Gerichten verarbeiten können:

„Sehr häufig kooperiere ich auch mit Heiko Antoniewicz. So konnten wir Verfahren entwickeln, bei denen die Piment-Blätter oder getrocknete männliche Papaya-Blüten aus dem Tropenhaus kulinarisch weiterverarbeitet werden können. Manchmal sende ich dem Heiko einfach Pflanzen oder Pflanzenbestandteile aus dem Tropenhaus, von denen ich denke, dass sie schmackhaft sein könnten, damit er sie für seine Geschmacksexperimente nutzt."

Sein Spitzname bezieht sich auf die Frucht, die er sehr viel anbaut und mit der er reichlich Erfahrung gesammelt hat: die Papaya. In einem wissenschaftlichen Projekt zusammen mit der Hochschule Weihenstephan wird z. B. erforscht, ob die Papaya-Sträucher nicht auch in Töpfen kultivierbar sind, wie groß die Töpfe sein müssen, welche Erde und wie viel Wasser sie benötigen. Als Ziel sollen dann Papayas in Töpfen gezüchtet werden, die auf Dächern von Industriebetrieben stehen, die Abwärme produzieren und dort sehr gut wachsen können. Ralf Schmitt verkauft seine Papayas zu 50 % an Restaurants in der Nähe, da die vollreifen Früchte keinen langen Lieferweg vertragen. Exklusiv für das »Restaurant Alexander Herrmann« by Tobias Bätz produziert er zudem Surinam-Kirschen, die morgens gepflückt und spätestens nachmittags in Wirsberg verarbeitet werden müssen.

Mit dem Food-Scouting des »Restaurants Alexander Herrmann« by Tobias Bätz wird das Ziel der Nachhaltigkeit erfüllt. Dabei geht es aber nicht nur darum, bei regionalen Produzenten einzukaufen, sondern auch um die Entwicklung mit regionalen Anbietern und die Unterstützung kleiner Erzeuger*innen. Dadurch werden neuartige Lebensmittel aus dem Frankenland angeboten und das Restaurant kann Produkte auf den Teller bringen, die kaum ein anderes Spitzenrestaurant anbieten kann. Tobias Bätz drückt es folgendermaßen aus: *„Das Spannendste, was man als Gast erleben kann, ist es, neue Sachen zu probieren, die man vorher noch nie gegessen hat. Somit bist du unvergleichbar und du wirst dem Gast immer in Erinnerung bleiben."*

In einem Food-Labor, das in einem nahegelegenen Haus eigens für Joshi Osswald eingerichtet wurde, experimentiert er mit neuen Verarbeitungs- und Konservierungstechniken:

„Es stellt sich immer die Frage, was für ein Lebensmittel habe ich und wie kann ich es bestmöglich verarbeiten bzw. konservieren? Ich probiere beispielsweise alte Techniken aus, wie die Miso-Herstellung oder die Koji-Fermentation, die in Japan schon seit Jahrhunderten praktiziert wird. Für jedes Produkt überlege ich einzeln, ob ich eine dieser alten Techniken verwende oder ob ich das Ganze mal in einem Rotationsverdampfer destilliere. Das Wissen und die Erfahrung sind für solche Entscheidungen dabei extrem wichtig" (Joshi Osswald).

Auf diese Weise entwickelt er neue Techniken und neue weiterverarbeitete Produkte, die dann in der Küche für die Entwicklung neuer Gerichte verwendet werden.

Das Restaurant »El Bulli«

Ferran Adriá ist einer der großen Innovatoren der neuen spanischen Küche und er war Gründer und Chefkoch des Restaurants »El Bulli«. Mit seinem Namen ist die Molekularküche verbunden, obwohl er selbst weder den Begriff benutzt, noch geliebt hat. Er selbst spricht immer von »Dekonstruktion«. Er war immer schon ein Visionär, der an das Neue geglaubt hat. Ein Indiz dafür ist, dass er alle seine Gerichte, aber auch alle Aktivitäten um das Restaurant »El Bulli«, von Anfang an dokumentiert hat in Büchern, aber auch in Filmen und einem Museum, da das Restaurant inzwischen geschlossen und in eine Stiftung überführt wurde. Aufgrund seiner überragenden Bedeutung ist er eine Person, über die es auch im wissenschaftlichen Bereich Untersuchungen gibt. Dabei ist vor allem der Frage nachgegangen worden, warum Ferran Adriá so innovativ war und warum das Restaurant »El Bulli« so berühmt wurde. Nach Pilar Opazo (2012) gab es sechs Gründe, die die Berühmtheit von »El Bulli« erklären:

1. Der unverwechselbare Charakter des Kochstils,
2. das exklusive Reservierungssystem (Verknappung von Plätzen, sodass es fast unmöglich war, dort einen Tisch reservieren zu können),
3. die große Anzahl von Köch*innen, die dort (zum größeren Teil umsonst) gearbeitet haben und das Konzept anschließend in alle Welt verbreitet haben,
4. der exotische und schöne Ort, wo das Restaurant gelegen war,
5. die vielen Auszeichnungen, die El Bulli und Ferran Adriá von angesehenen und prestigeträchtigen Institutionen bekommen haben und
6. die konstante und gesteuerte Publicity, die El Bulli und Ferran Adriá in den Massenmedien erzeugt haben.

Sowohl Opazo (2012) als auch Svejenova et al. (2007; 2010) haben das innovative Verhalten von Ferran Adriá und seinem Bruder Albert versucht zu systematisieren. Opazo (2013) nennt drei wichtige Gründe dafür, dass das »El Bulli« eine so nachhaltige Entwicklung und Innovation innerhalb der Gastronomie weltweit initiieren konnte. Erstens die Konzeptualisierung von Innovation: Wichtig ist, dass nicht nur neue Ideen entwickelt werden, sondern diese auch in der Community der Gastronomie verbreitet werden. Dies wurde zum einen über die persönliche Bekanntheit der Person von Ferran Adriá unterstützt. Ebenso wurde sehr viel über »El Bulli« in den Massenmedien publiziert. Aber das Team von »El Bulli« hat dies auch selbst gesteuert, indem sie viele Rezeptbücher, u. a. fünf Luxusbände mit mehr als 2000 Seiten als »kulinarische Bibel« im eigenen Verlag veröffentlicht haben. Daneben wurde von Anfang an eine Filmdokumentation erstellt, die die gesamte Geschichte des Restaurants dokumentiert hat und bis heute online abrufbar ist. Zweitens die sozialisierende Innovation: Ferran Adriá hat es verstanden, viele Köch*innen und – wenn man so will – eine Schar von »Jüngern« um sich zu versammeln. Seine Publikationen wurden dann von diesen benutzt, um den neuen Kochstil und seine Ideen in anderen Restaurants anzuwenden und zu verbreiten. Drittens das Kontrollieren von Innovation: Die bewusste Externalisierung und Formalisierung der Innovationen aus dem »El Bulli« in Texten erlaubte nicht nur das Teilen des neuen Wissens, sondern ermöglichte auch die Kontrolle darüber, was wie verbreitet wurde. So konnte Ferran Adriá die Kontrolle über seine Produkte behalten und einen eigenen Brand, eine eigene Marke schaffen.

Warum konnte Ferran Adriá so innovativ sein? Hierzu kann man verschiedene Faktoren ins Feld führen (Svejenova et al. 2007): Zum einen die Kreativität, die einen kontinuierlichen Fluss neuer Ideen generiert. Der Faktor der Kreativität beschreibt die verschiedenen Formen der Entwicklung von neuen Gerichten. Für Ferran Adriá und das »El Bulli« waren vor allem die drei Möglichkeiten der 1) Konzepte und Techniken wichtig, wie z. B. Schaum (Espuma) als Konzept, um Geschmack in dieser Form, aber z. B. mit unterschiedlichen Temperaturen zu servieren. Als 2) Methode der Kreativität war die Dekonstruktion von Speisen zentral. Etwas, was aussah wie eine Tomate oder ein Pfirsich, setzte er aus ganz anderen Texturen und Geschmäckern zusammen und er erzeugte so immer wieder geschmackliche Überraschungen. Zentral war auch die 3) neue Organisationsform, indem eine Forschungs- und Entwicklungsabteilung in Form einer Versuchsküche getrennt vom eigentlichen Restaurant betrieben wurde. Hier wurde systematisch an neuen Techniken und Gerichten gearbeitet, wobei die Technik im Vordergrund stand und mithilfe neuer Techniken gesucht wurde, welche neuen Gerichte damit gekocht werden konnten.

Zum anderen die Theoretisierung, die diese Ideen aufgreift. Der Faktor des Theoretisierens bezeichnet die Aufzeichnungen und systematischen Beobachtungen beim Experimentieren in der Versuchsküche, aber auch die Konsolidierung des Kochstils. Hierzu wurde auf einer »Landkarte« der Produktentwicklungen und Techniken systematisch und geradezu wissenschaftlich kategorisiert. Aber auch das ständige Hinterfragen von Kochgewohnheiten („Warum machen wir das?") ist elementar für das Theoretisieren.

Darüber hinaus spielt das Ansehen innerhalb und außerhalb des Fachgebiets, das Ideen als beachtenswert einstuft, eine Rolle. Wie schon oftmals hervorgehoben, ist die Reputation ein wichtiger Faktor im Erfolgskonzept von »El Bulli«. Einmal ist dabei entscheidend die Anerkennung und das Renommee, das Ferran Adriá durch Fachleute, Kolleg*innen und Kritiker*innen im Bereich der Spitzengastronomie zugesprochen bekommen hat. Darüber hinaus ist auch seine Bekanntheit außerhalb der Spitzengastronomie in einer breiten Öffentlichkeit durch die Massenmedien ein wichtiger Einflussfaktor gewesen.

Schließlich ist die Verbreitung von Ideen in der Öffentlichkeit von Bedeutung. Hiermit ist die Verbreitung der Ergebnisse des Innovationsprozesses durch Publikationen, aber auch durch Präsentationen auf Events und Workshops gemeint. Die Veröffentlichung von Rezepten sah Ferran Adriá explizit als Verhinderung von Plagiaten an. Da jetzt die Urheberschaft eines Gerichts bekannt war, konnte es jeder nachkochen. Wie bei einer wissenschaftlichen Publikation war er als Autor des Gerichts bekannt und die Zitation des Gerichts vergrößert seine Bekanntheit. Kritisch ist jedoch anzumerken, dass eine Vielzahl der Praktikant*innen, die im »El Bulli« waren, dort umsonst gearbeitet haben. 40 Gästen standen 40 Köch*innen gegenüber, nur so konnten die sehr vielen Handgriffe für jedes Menü bewältigt werden. Der Ruhm des Restaurants fußt damit aber auf einer Ausbeutungsstrategie von jungen Köch*innen, die unbedingt in ihrem Lebenslauf einen Aufenthalt in diesem berühmten Restaurant stehen haben wollten, um damit später gute Anstellungen bekommen zu können.

4.2.5 Wissensverteilung

Wissensverteilung bezeichnet die Wissensweitergabe. Das Wissen kann in unterschiedlichen Formen innerhalb der Organisation verteilt werden. Auch hier ist die Größe ein wichtiger Einflussfaktor. In kleinen Organisationen, in denen sich alle untereinander oft sehen, reicht in der Regel ein Gespräch. Wenn alle mehr oder minder jederzeit verfügbar sind und es Raum sowie Zeit für Gesprächsmöglichkeiten gibt, dann muss der Anlass nicht explizit organisiert werden, sondern kann sich spontan ergeben. So finden in Spitzenrestaurants entweder regelmäßige Besprechungen vor dem Abendservice statt oder es wird während des Personalessens über alle wichtigen Dinge geredet. Meistens ist sogar beides der Fall.

In größeren Organisationen müssen extra Anlässe für die Wissensverteilung geschaffen werden. Dies können regelmäßig wiederkehrende Meetings sein oder es kann auch eine Explizierung des Wissens in Rezeptbüchern, Booklets oder Handbüchern sein oder auch im Intranet, sodass alle Beteiligten in diesen Quellen die Information nachlesen können. Im Fallbeispiel des großen Kantinenbetreibers wird die interne Datenbank erwähnt. Da in diesem Fall die Information in Form von Rezepten über 500 Standorte verteilt werden muss, eignet sich die elektronische Form besonders. Zwar müssen sich die Köch*innen an allen Standorten an die Rezepte von z. B. Grundsoßen halten, darüber hinaus nehmen sie sich aber die Freiheit, viele Rezepte nach ihrem Geschmack zu verbessern. Schließlich wollen die meisten Köch*innen kreativ sein und nicht nur ein vorgegebenes Rezept nachkochen.

Das Rotationsprinzip in der Küche vom Case Study Sascha Stemberg stellt auch ein Prinzip der Wissensverteilung dar. Wenn die Köch*innen an den einzelnen Posten rotieren und ihre Nachfolger*innen jeweils einarbeiten müssen, dann wird dadurch ständig das Wissen innerhalb der Köch*innen auf mehrere Personen verteilt. Eine andere Form der Rotation könnte auch sein, dass an verschiedenen Tagen in der Woche unterschiedliche Gerichte vorbereitet werden und dann an diesen Tagen alle alles machen müssen.

Ein wichtiger Faktor der Wissensverteilung – gerade auch über Organisationsgrenzen hinaus – ist der Klatsch unter den Köch*innen. Da sich die Community der Spitzenköch*innen sehr gut untereinander kennt und auf Instagram sehr viel gepostet wird, sind z. B. Plagiate bzw. Köch*innen, die plagiieren, sehr schnell bekannt. Der amerikanische 3-Sterne-Koch Grant Achatz hat in seinem Chicagoer Restaurant einmal eine Speisekarte entwickelt, auf der vor jedem Gang ein Kreis in unterschiedlicher Größe eingezeichnet war. Ebenso variiert der Ort des Kreises auf der Speisekarte (s. Abb. 4.4). Manchmal ist er weiter

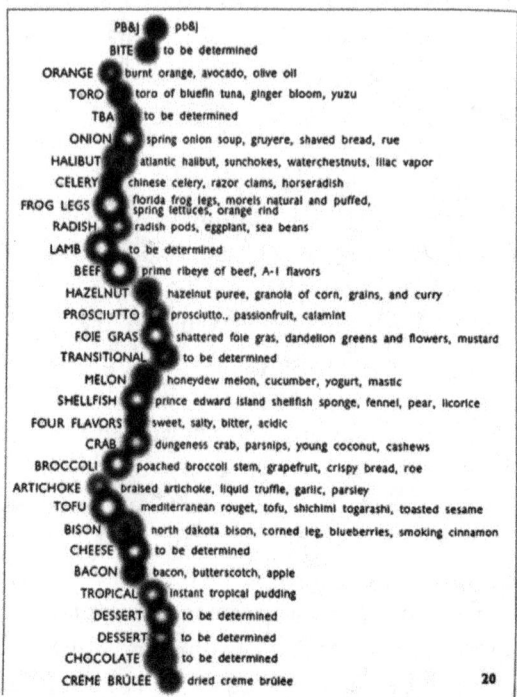

Abb. 4.4 Das 30-Gänge-Menü von Grant Achatz (entnommen aus Achatz und Kokonas 2011, S. 236)

links, manchmal weiter rechts, Bilder davon sind abgebildet (Achatz und Kokonas 2011). Grant Achatz merkt dazu an: Die Größe der Kreise oder »Geschmacksmarker« gibt die Größe des Gerichts an, und ihre Ausrichtung von links nach rechts entspricht der Süße oder dem Geschmack des Gerichts.

Diese Idee ist auf einigen Speisekarten in deutschen Spitzenrestaurants adaptiert worden, allerdings ohne Angabe der Quelle.

Ein weiterer Aspekt der Wissensweitergabe ist der Wissenstransfer aus der Gastronomie zu den Gästen. Dies liegt zum einen daran, dass sich das Kochen zu einem neuen Lebensmittelpunkt der Gäste entwickelt hat und das Interesse an kulinarischem Wissen größer geworden ist.

Abb. 4.5 Experiment »Zeit schmecken« (Quelle: Daniel Gottschlich, Ox & Klee)

In den vielen Interviews, die wir geführt haben, wurde immer wieder deutlich, dass die Gäste durch die Kochsendungen und die Rückbesinnung auf das Selberkochen mehr über Kochtechniken und Lebensmittel wissen und dieses Wissen beim Restaurantbesuch auch einfordern. Zum anderen haben die Köch*innen selbst das Bedürfnis, ihr Wissen an ihre Gäste weiterzugeben. Sei es in Form von Kochkursen, etwa in Form eines »Chef for a day« bei Silvio Nickol im Palais Coburg, dem »Culinary Bootcamp« und »Story Telling«, wie im Case Study zum Team von Alexander Herrmann, oder aber wie im Fall von Daniel Gottschlich, der die Gäste in seinem 2-Sterne-Restaurant »Ox & Klee« einen ganzen Abend lang spielerisch auf eine Reise durch die Geschmackssinne nimmt.

Kann man Zeit schmecken?

Daniel Gottschlich (Foto: Dimi Katsavaris)

»Ja, kann man!« Wie das geht, zeigt Daniel Gottschlich, Chefkoch des 2-SterneRestaurants »Ox & Klee«, eindrucksvoll in Form eines Experiments, das weiter unten beschrieben wird.

Bei seinem »Experience Taste«-Konzept dreht sich alles um die Geschmackssinne sauer, umami, bitter, salzig, fett. Dazu hat Daniel Gottschlich mit zwei Designern ein eigenes Geschirr entwickelt, das dem Gast bei der »Taste Experience« unterstützt und durch den ganzen Abend begleitet. Zu dem Essen werden Kärtchen gereicht, auf denen die Zusammenhänge und Geschmacksrichtungen erklärt werden. Gäste können neben der Schärfung ihrer Geschmackssinne in einem »Hot–Cold-Experiment« zum Beispiel etwas über den Trigeminus Nerv lernen, der für die Wärme- und Kälteempfindungen sowie den damit zusammenhängenden Temperaturillusionen (scharf=heiß) zuständig ist. Ebenso können Gäste in einem kleinen Experiment lernen, wie Zeit »schmeckt«, indem sie unterschiedlich lang gereifte Ziegenkäse-Kreationen mit jeweils einem Löffel Apfel Balsamessig kosten, der zwischen 3 und 20 Jahren im Fass gelagert wurde. Die Abb. 4.5 zeigt, wie das Experiment aufgebaut ist.

Daniel Gottschlich erklärt uns den Ursprung der Idee folgendermaßen:

„Die Idee zum »Erschmecken« von Zeit kam von unserem Sous-Chef, Kevin Rademacker, und unserem Sommelier, Lucas Wenzl. Die Grundidee war, dass wir uns auf die Suche nach einem Produkt gemacht haben, das aus der Nähe kommt. Dabei sind wir auf eine Ziegenkäse-Produzentin aus dem Münsterland gestoßen, deren Käse wir als Grundprodukt in drei Reifegraden anbieten wollten. Unser Sommelier hat den Grundgedanken mit der Reifezeit sehr ernst genommen und überlegt, mit was das Ganze jeweils begleitet werden kann. Da kam ihm die Idee, den Ziegenkäse mit Apfel Balsamessig zu begleiten, was vom Grundprinzip her eigentlich schon eine Art Klassiker ist. Aber in der Form, die wir uns überlegt haben, wird es noch einmal auf

eine ganz andere Art und Weise präsentiert und wird so zu einer besonderen Erfahrung. Durch die Abstufungen hat man am Anfang die Frische von dem Käse, die wunderbar mit der Säure des relativ jungen Balsamessig harmoniert. Je älter alles wird, um so intensiver wird es vom Geschmack. Beim Käse steigert sich die Salzigkeit und die Umami-Konzentration, die wunderbar zu der Süße des 20 Jahre im Fass gereiften Apfel Balsamessig passt. Im Prinzip steigert sich die Intensität der beiden Grundprodukte mit der Zeit, so dass unsere Gäste den Zeitverlauf tatsächlich in den drei Kombinationen »erschmecken« können." (Abb. 4.6)

Abb. 4.6 Ziegenkäse Gang im »Ox & Klee« (Daniel Gottschlich, Ox & Klee; Foto: Dimi Katsavaris)

4.2.6 Wissensnutzung

Mit Wissensnutzung ist gemeint, wie Köch*innen Wissen aufnehmen und verarbeiten. Viele Köch*innen nehmen besonders visuell wahr und lassen sich durch Bilder inspirieren. Wenn das Bild eines Gerichtes besonders gut aussieht, dann wird das Gericht nachgekocht. Erst in diesem Stadium tritt die Frage auf, wie genau das Gericht hergestellt wurde. Aus diesem Grunde ist Instagram auch das bevorzugte Medium im Internet für Köch*innen. Die dort geposteten Bilder werden wahrgenommen und rezipiert. Momentan ist es z. B. in der Mode, Gerichte mit Blattgitter aus Teig zu verzieren. Bilder davon gehen viral und werden von vielen Köch*innen aufgegriffen.

Aber nicht nur visuell, sondern auch gustatorisch sowie olfaktorisch werden Gerichte wahrgenommen und rezipiert, also geschmacklich und über das Riechen. Dabei entscheidet sich in den ersten Sekunden, ob einem ein Gericht gefällt. Der zweite Eindruck überprüft den Geschmack des Gerichtes und die Temperatur und damit wird der erste Eindruck evaluiert.

Wenn Köch*innen das Restaurant verlassen, dann nehmen sie viel explizites und implizites Wissen mit. Wie im Case Study von The Duc Ngo gezeigt wird, kann es sein, dass ein Koch bzw. eine Köchin den Originalkoch – in diesem Fall Duc – fragt, ob er das Gericht unter der Nennung des Originalkochs auf seine Karte nehmen darf. Natürlich war er damit einverstanden. Leider ist dies nur sehr selten der Fall. Häufig wird das Gericht einfach plagiiert, ohne Quellenangabe. Dabei könnte das Prinzip der Quellenangabe aus der Wissenschaft übernommen werden. Auf der Speisekarte steht dann Gericht XY nach Koch/Köchin Z. Somit würde die Quelle, wie in der Wissenschaft, zitiert und damit geehrt bzw. zu gewissem Ruhm und Status verholfen.

Kochevents, wie „Chef-Sache – Avantgarde Cuisine Festival", dienen der Branche zum Wissenstransfer. Auf verschiedenen Bühnen kochen dort sehr bekannte oder junge, innovative Köch*innen ihre besten Gerichte vor dem Publikum, das auch aus etablierten und bekannten Köch*innen besteht. Auch hier kann es schon mal passieren, dass jemand auf der Bühne ein Gericht präsentiert, das eigentlich von einer anderen Person stammt. So ist dort z. B. einmal ein Gericht von einem sehr angesagten Koch eines ultra-hippen Restaurants aus Asien vorgestellt worden, welches aber von Heinz Reitbauer stammte. Der Originalkoch saß in der ersten Reihe bei der Veranstaltung. Zwar wussten die meisten teilnehmenden Köch*innen darum, aber keiner hat etwas gesagt.

Würde das Zitationsprinzip aus der Wissenschaft übernommen, dann könnten solche peinlichen Situationen vermieden werden. Es gibt aber einen Grund, warum sich das Zitationsprinzip in der Gastronomie bisher noch nicht durchgesetzt hat: Die meisten Köch*innen halten sich für Genies und veredeln aufgrund dieser Selbsteinschätzung jedes Gericht, d. h. das nachgekochte Gericht ist nicht nachgekocht, sondern – aus ihrer Sicht – deutlich verbessert worden. Aber auch hier stehen – wie in der Wissenschaft – alle Köch*innen auf den Schultern von Riesen. Niemand fängt bei Adam und Eva an, sondern greift auf eine lange Kochtradition zurück. Diese Tradition könnte natürlich benannt und geehrt werden, wenn auf Speisekarten auch die Namen derjenigen stehen würden, deren Gericht abgewandelt und verbessert wurde.

4.2.7 Wissensbewahrung

Booklets oder Service Operation Plans (SOP) dienen dazu, Wissen zu speichern. Dort werden Rezepte hinterlegt oder im Service der Stil des Eindeckens eines Tisches sehr genau beschrieben (siehe Kapitel über den Service). So können neue Servicekräfte sich die SOPs ansehen und daraus lernen, wie genau der Tisch oder der Ablauf im Service auszusehen hat.

In größeren Betrieben, die mehrere Küchen haben (wie im Fallbeispiel des großen Kantinenbetreibers oder bei großen Caterern, wie Dallmayr), wird das Wissen elektronisch im Intranet gespeichert. Immer wenn Personen nicht zur gleichen Zeit am gleichen Ort sein können, ist dies eine hervorragende Möglichkeit der Wissensbewahrung und des Wissenstransfers, da unabhängig von der Anwesenheit anderer Personen das Wissen dort abgerufen werden kann. Allerdings setzt diese

Form die Investition voraus, zuerst eine solche Intranet-Datenbank zu schaffen, was Zeit und Personalressourcen kostet.

„Bei uns ist es so, dass wir eine Rezepte-Sammlung haben, die ich auch auf dem PC festhalte in Excel-Tabellen und die dann auch standardisiert werden. Wir haben in der Küche zusätzlich ein schwarzes Buch, wo wir alle neuen Ideen von unseren Rezepten hereinschreiben und die dann so weit perfektionieren, bis sie dann für uns passen, mit der Grammzahl – auch wenn es nur zwei Gramm Salz mehr oder weniger sind – das wird alles festgehalten, bis es vollendet ist. Und erst im nächsten Schritt geht das Ganze gewissermaßen in die EDV-Abteilung und alle neuen Rezepte, die wir entwickelt haben, werden im PC festgehalten und da haben wir immer einen Katalog von Standards, die wir schon gekocht haben. Alle neuen Rezepte werden so lange probiert, bis sie dann mal zum Standard werden" (1-Sternekoch).

Ein besonderes Phänomen der personalisierten Wissensbewahrung ist uns im Catering begegnet. Einige ältere Kunden wollen bestimmte Produkte, die sie im schon in den 1960er Jahren dort gegessen haben. Im Catering arbeitet noch heute ein 76 Jahre alter Mitarbeiter, der diese Rezepte noch kennt und kochen kann. Dann werden ganz spezielle Wünsche erfüllt: *„Es gibt alte Kunden, die sind 85, 90, die rufen an und sagen: »Können Sie uns das wie früher machen?« Die Kunden meinen damit Krebsbutter, Trüffeltorten und solche Dinge. Das können wir gar nicht mehr. Das haben die irgendwann mal Mitte der 1960er gemacht. Der ältere und bereits verrentete Kollege macht das immer noch für uns und schickt uns das dann mit dem Flieger irgendwo hin"* (Betriebsleiter). Dies ist eine besondere Form der personalisierten Wissensbewahrung. Allerdings wird diese Form des personalisierten Wissenstransfers dann zum Problem, wenn die Person den Betrieb verlässt und ihr Wissen nicht an eine Nachfolgeperson weitergibt. Dieser personalisierte Wissenstransfer von einem Wissensgeber zu einem Wissensnehmer muss explizit organisiert werden, sonst findet er nicht statt. Nur wenn es einen Ort und einen Zeitraum gibt, der für diesen Wissenstransfer vorgesehen ist, kann es funktionieren.

In der Systemgastronomie findet die Wissensbewahrung in Form der Prozesse und Routinen statt, in denen das Wissen inkorporiert ist. Auch dies erfordert die Investition, solche Prozesse und Routinen zuerst zu entwickeln und diese dann zu implementieren. Das Wissen »steckt« in den Prozessen. Neues Wissen bedeutet dann aber auch immer, dass die Prozesse geändert werden müssen.

4.2.8 Wissensbewertung

In der Küche wird häufig nicht das Erreichen von Zielen evaluiert, weil keine expliziten Ziele gesetzt werden. Ein wichtiges Ziel, welches sich jedes Restaurant implizit setzt, ist der ökonomische Erfolg. Es soll auch nach drei Jahren noch existieren. Häufig wird aber das wirtschaftliche Ziel weder genannt noch explizit überprüft. Eine Ausnahme kann dabei sein, wenn sich explizit das Ziel gesetzt wurde, einen (weiteren) Stern zu erhalten. Dieses Ziel ist einfach messbar, hängt aber nicht nur von der individuellen Anstrengung ab. Auch wenn dies nicht der Fall ist, werden die eigenen Gerichte bewertet, um einen möglichen Fortschritt selbst zu messen: *„Also wir haben so einen Ordner, da haben wir theoretisch die Rezept-Entwicklung begleitet. Das heißt, wir machen eine Bewertung von ein bis drei Sternen, sind da sehr selbstkritisch und sagen, was ist es denn? Ist es ein Ein-Sterne Gericht oder würden wir sogar sagen, das ist ein Zwei- oder Drei-Sterne Gericht? Natürlich haben wir sehr wenige Gerichte, wo wir sagen, dass sind drei Sterne aber für den Moment ist das für uns sehr wichtig, dass wir sagen, das bewerten wir"* (1-Sterne-Koch).

5

Wissen und Wissenstransfer im Service

Wie war der Service als Sie das letzte Mal in einem Restaurant gegessen haben? Langsam oder schnell, aufmerksam oder eher entspannt? Wir alle können uns an gute und schlechte Restaurant-Erfahrungen erinnern. In diesem Kapitel werden wir uns nun endlich auch dem Service zuwenden, der wie in unserem Buch, erst später Einzug in die Gastronomie hielt, inzwischen aber auch schon auf eine jahrhundertealte Tradition zurückblicken kann. Die ersten Kellner*innen arbeiteten in den 1620er Jahren in Tavernen (Owings 2002). Ihre ursprüngliche Aufgabe bestand darin, den Gästen alkoholische Getränke zu servieren. Unser modernes Verständnis und Konzept der Gastronomie hat seinen Ursprung in der Eröffnung des ersten Restaurants in New York in den 1820er Jahren. Zuvor wurde in den meisten Kulturen erwartet, dass diejenigen (in der Regel Frauen), die das Essen zubereiten, dieses auch servieren. Zu Beginn der Professionalisierung des Berufs waren die meisten Kellner Männer, die weiße Handschuhe trugen, um zu zeigen, dass ihre Finger das Essen nicht berührt hatten (Owings 2002; Rawson und Shore 2020).

Hinter der einfachen Tätigkeit, Speisen und Getränke an den Tisch zu bringen, steckt mehr als man vielleicht auf den ersten Blick denkt.

Kellner*innen befolgen beim Servieren bestimmte Regeln und Richtlinien, die von der Art des Betriebs (z. B. Restaurant, Bar) abhängen, in dem sie arbeiten. Neben dem Bringen und Abholen von Speisen, der Begrüßung von Gästen, dem Reinigen und Vorbereiten der Tische für neue Gäste, gehören das Polieren von Geschirr und Besteck ebenfalls zu ihren Aufgaben. In einigen Restaurants haben die Servicekräfte im Sinne des *Upsellings* auch die Aufgabe, die Gäste zu animieren, zusätzliche oder bestimmte Speisen zu bestellen. Bei all diesen Tätigkeiten wird von den Kellner*innen erwartet, dass sie höflich, zuvorkommend und freundlich sind. In diesem Sinne leisten sie den Gästen gegenüber Emotionsarbeit (Hochschild 1979, 1990). Unter Emotionsarbeit versteht man den aktiven Einsatz bzw. den Verkauf von Gefühlen. Die Soziologin Arlie Russel Hochschild hat diese Art der Tätigkeit erstmals bei Flugbegleiter*innen von Delta Airlines untersucht. Hochschild unterscheidet zwei Arten von Gefühlsarbeit: Zum einen existiert die Gefühlsarbeit im Privaten *(Emotion Work)*, die von einem selbst ausgeht. Zum anderen gibt es die Gefühlsarbeit am Arbeitsplatz *(Emotion Labor)*, welche hingegen zur Gestaltung von marktförmigen Beziehungen genutzt wird und vom jeweiligen Unternehmen bewusst eingesetzt wird, um den Gästen bzw. Kund*innen ein angenehmes Gefühl zu geben, auch wenn es nicht der aktuellen Gefühlslage derjenigen entspricht, die die Dienstleistung erbringen (vgl. Ruiner und Wilkesmann 2016, S. 75). Besonders viel Emotionsarbeit ist bei der Behandlung von Problemgästen erforderlich.

Wissenstransfer bei Problemgästen und was diese mit Schokolade zu tun haben…

Schokolade (Foto: Maximiliane Wilkesmann)

> Ein besonders heikles Thema ist das Wissen und die Wissensweitergabe über Problemgäste. Dafür werden in der Regel Geheimzeichen eingesetzt. In einem Fall steht in der Gästeliste »AmO«, was so viel wie »Arsch mit Ohren« bedeutet, also ein Gast, der bzw. die möglichst keine Reservierung mehr bekommen sollte. „In größeren Unternehmen macht es Sinn, mit solchen Kürzeln zu arbeiten. Wir haben zwei Damen gehabt, die immer nur die Reservierungen entgegengenommen haben und die haben auch hinterlegt. Es gab tatsächlich eine Blacklist, wenn mal jemand anderes ans Telefon geht, dann war da so ein Dreieck mit einem schwarzen Ausrufezeichen" (Mâitre, 1-Sterne-Restaurant). In manchen Restaurants wird als Geheimsymbol in dem Reservierungssystem ein Schokoladentäfelchen verwendet. Das Symbol wird wegen der braunen Farbe benutzt. Wenn Personen anrufen, hinter deren Namen ein Schokoladentäfelchen steht, ist »leider« das Restaurant ausgebucht, auch die nächsten Wochen. Zwar hätte das Servicepersonal gerne, dass auch bei Online-Reservierungen bestimmte Personen direkt gesperrt werden, dies ist aber rechtlich nicht zulässig. Problemgäste können dabei, wie uns berichtet wurde, zugekokste oder stark alkoholisierte Gäste sein oder einfach Personen, die sich komplett danebenbenehmen. Sollte es jedoch ein »AmO« dennoch geschafft haben, einen Tisch zu reservieren, so bereitet sich die Service-Crew entsprechend mit einem Glas Champagner vor, den sie selbst trinkt. Das Gläschen vorweg und der gegenseitige Zuspruch, dass auch dieser Abend vorbeigeht, hilft dann den Tag einigermaßen zu überleben.

Warum und welches Wissen im Service erforderlich ist, erscheint nur auf den ersten Blick trivial. Schließlich kennzeichnen nicht nur viele geheime Zeichen den Alltag im Service, sondern der Service und der erste Eindruck vom Gastraum ist die Visitenkarte jedes Restaurants. Besonders viel Wissen steckt im Service der Spitzengastronomie, den wir nun genauer in den Blick nehmen werden.

5.1 Service-Wissen in der Spitzengastronomie

Ein erster Blick in den Speiseraum offenbart jedem Gast sofort die Stilistik des Restaurants. Die Stilistik wird durch unterschiedliche Mittel bestimmt, mit der in der Gastronomie gearbeitet werden kann. Es beginnt bei der Tischdekoration, werden z. B. Tischdecken verwendet oder nicht, aber auch über die Art der Servietten und wie sie gefaltet sind, entsteht eine Stilistik. Werden Stoffservietten in eine besondere Form gebracht und dem Gast von der Servicekraft auf den Schoß gelegt oder übernimmt die Serviette eine besondere Funktion, wie im Fall eines Maître in einem 1-Sterne-Restaurant: *„Als ich das Restaurant übernommen habe, war es sehr schwierig, weil es kein System gab, ob die Gäste Deutsch oder Englisch sprechen. Jetzt ist es so, wenn ich eine weiße Serviette auf den Tisch lege, sprechen die Gäste Deutsch, wenn es eine schwarze Serviette ist, sprechen sie Englisch. Und das ist super für jeden!"* Neben diesem »Geheimwissen« stellen sich noch andere Fragen im Service: Wird Silberbesteck benutzt, wie wird es gelegt und vor allem, wie wird es nachgelegt? Trägt die Servicekraft dabei Handschuhe? Bleibt die Menükarte während des Menüs auf dem Tisch? Wird für jeden Gang eine extra Karte aufgestellt, die den Gang erklärt? Bekommt der Gast am Ende des Besuches eine personalisierte und vielleicht signierte Speisekarte? Aber auch die Art, wie serviert wird, ist ein Stilmittel, für das Wissen erforderlich ist. Wird dafür ein Tablett verwendet, welches von einem Food-Runner getragen und von zwei Servicekräften abgenommen wird? Arbeitet man noch mit dem traditionellen Konzept der Cloche, die auf dem Teller ist und erst auf dem Tisch abgenommen wird? Ganz traditionelle Stilmittel sind weiterhin das Tranchieren am Tisch oder die Zubereitung von Crêpe Suzette am Tisch.

»River Dance« im Service – alle tanzen um den Tisch

Dance move (Foto: Andre Hunter – Unsplash.com)

Neben der Stilistik besteht das Wissen im Service aus weiteren Elementen, die alle kennen müssen. Es gibt eine regelrechte Choreografie, die einzuhalten ist und wie folgt funktioniert: Servicekraft eins übernimmt Position eins und drei, Servicekraft zwei übernimmt die Position zwei. Jede Servicekraft muss immer den richtigen Weg laufen und vollständig einsetzen, wobei natürlich die Frauen zuerst bedient werden. Jede Servicekraft muss immer den richtigen Teller auf der Hand haben und das Einsetzen erfolgt in einem „*River-Dance-Flow einmal so um den Tisch herum*", wie Sabrina Koos uns bildhaft erklärt. Dabei bewegen sich alle immer im Uhrzeigersinn um den Tisch herum.

„In jedem guten Restaurant legt die Restaurantleitung die Positionen am Tisch fest, irgendwann mal ganz am Anfang. Wenn ich an der und der Stelle stehe und zur Wand schaue, dann ist links von mir Position eins. Es wird dann im Uhrzeigersinn weiter gezählt. Auf den Bon schreibt man dann, welcher Gast welche Position hat. Im Idealfall sollte dann so aufgenommen werden, dass man komplett der Reihe nach im Uhrzeigersinn durchgehen kann und dabei dann auch erst die Damen, dann die Herren serviert. Man geht nicht gegen den Uhrzeigersinn, denn man hat hinten keine Augen im Kopf" (Sabrina Koos).

Neben diesen Routinen im Arbeitsablauf, die gespeichertes Wissen repräsentieren, gibt es in jedem Restaurant Regeln, wie sich die Servicekraft in bestimmten Situationen verhalten soll. Diese Regeln werden durch den oder die Maître festgelegt. Ein Beispiel dafür kann sein, keine Wiederholungen beim Annoncieren zuzulassen. Da in der Spitzengastronomie alle Personen meist das gleiche Menü essen, kann es sein, dass Gäste schon beim Nachbartisch das Annoncieren mitgehört haben. Wenn jetzt derselbe Wortlaut an ihrem Tisch verwendet wird, dann wirkt es wie eine automatisch abgespulte Tonaufnahme, was die Individualität vermissen ließe. Das Gleiche gilt natürlich auch für die Vorstellung der Weine. So sollte man sich als gute Servicekraft bemühen, jeweils andere Formulierungen für den gleichen Inhalt zu finden. Ebenso werden No-Gos durch die Maîtres formuliert. Zwei Beispiele dafür gibt eine Maître im Interview:

„Also es gibt auch Formulierungen, die ich am Tisch nicht haben möchte. Ich möchte am Tisch nicht, dass der Satz mit »So« beginnt. Furchtbar, kein Satz beginnt mit »So«. Ebenso möchte ich nicht, dass eine Komponente 25 mal erwähnt wird. Wenn es eine Tomatenvariation ist, dann haben wir

> *Tomatenvariation, bestehend aus Gel, Creme, Gelee, Macarons, Staub, ofengetrocknet, aber nicht, dann haben wir die ofengetrocknete Tomate, die geschälte Tomate, die gedünstete Tomate, das Tomatengelee, das Tomatengel. Das ist immer noch alles Tomate. Und das sind klare Regeln, die möchte ich, dass die befolgt werden"* (Maître, 1-Sterne-Restaurant).

Beim Annoncieren kann es durchaus passieren, dass die Servicekraft den Text vergisst. Auch hier muss jede Servicekraft wissen, wie sie sich dann verhält. Dabei kann die Regel lauten, einfach ehrlich zu sein und noch einmal von vorne zu beginnen oder man sagt einfach: *„Genießen Sie Ihren Gang"*. Der oder die Maître müssen auch über eine Strategie verfügen, wenn es in der Küche nicht richtig läuft. Manchmal kann es sein, wenn zu wenig Köch*innen da sind, ein Gerät in der Küche defekt ist oder aus anderen Gründen, dass die Speisen nicht im richtigen Takt aus der Küche kommen. In diesem Fall muss der Service die Gänge entsprechend früher abrufen. Dabei ist das Wissen relevant, wie lange die Zubereitung in der Küche dauert, da die Zeit dazwischen im Service anderweitig verplant werden kann. Wichtig dabei ist aber, dass sich die Küchenmannschaft an die selbst gegebene Zeitangabe hält.

> *„Und das ist auch etwas, was ich Zeit meines Lebens wie die Pest hasse, wenn die Küche vor einem steht und sagt »Gleich«. Gleich ist relativ. Auch schön ist die Aussage »Es dauert noch eine gute Minute«. Was ist denn eine schlechte Minute? Und dann ist die gute Minute, das sind dann manchmal fünf und das ist dann ärgerlich. Da habe ich das Gefühl, manchmal versteht die Küche das vielleicht selbst nicht. Wenn die zu mir sagen, drei Minuten, dann habe ich drei Minuten Zeit, andere Dinge zu machen und ich stehe nicht dumm herum"* (Maître, 1-Sterne-Restaurant).

Wichtig ist zudem das Wissen im Service, wie lange ein jeweiliger Teller im Regelfall für die Zubereitung in der Küche braucht. *„Es gibt so Teller, so Klassiker, da weißt du einfach, das musst du früh abrufen, weil es ewig dauert. Der hat viele Komponenten, die gesetzt werden müssen. Ich weiß genau, das Fleisch, das braucht einfach so und so lange"* (Maître, 1-Sterne-Restaurant). Für die reibungslose Organisation des Abends für Gäste ist dieses implizite Service-Wissen absolut notwendig.

Andersherum kann es auch immer mal passieren, dass eine Servicekraft ausfällt. Dann gibt es zwei Pläne: Plan A ist – sofern möglich – eine Aushilfe aus dem Hotel zu besorgen, die zumindest rudimentäre Dinge machen kann, sprich Garderobe aufhängen, Brot hinbringen, Wasser einschenken, im Idealfall Besteck nachdecken. Wenn dies nicht geht, dann greift Plan B, d. h. »Augen zu und durch«. Die Köch*innen helfen dann häufig im Service mit. In manchen Restaurants, etwa im »Restaurant Alexander Herrmann« by Tobias Bätz ist dies sowieso der Fall, dass die Köch*innen im Service aktiv sind. Die Küchenmannschaft muss zudem mithelfen, indem sie daran denkt, dass nicht zwei Tische gleichzeitig abgerufen werden.

„Der Spüler weiß dann in der Regel auch Bescheid, dass wir ein Problem haben. Da musst du dann auch keine Teller abräumen und kein Besteck wegsortieren, worauf wir sonst sehr viel Wert legen, dass du dem halt ordentlich zuarbeitest. Das kommt dann alles hinten auf den Wagen und irgendwann schiebt dann einer von den Köch*innen den Wagen einfach nach hinten und das ist dann alles in Ordnung" (Mâitre, 1-Sterne-Restaurant).

Eine weitere wichtige Kompetenz, mindestens für die Mâitres, ist die kognitive Repräsentation der Tische und des Ablaufs im Service. Welcher Tisch ist bei welchem Gang? Wer hat Weinbegleitung? Wo gibt es Sonderwünsche? All dies muss im Kopf sein, um den Überblick zu behalten. Wie viele Tische sich jemand merken kann, ist auch tagesformabhängig, wie uns eine Mâitre eines 1-Sterne-Restaurants berichtete: *„Es gibt Tage, da kann ich mir fünf Tische nicht merken. Und es gibt Tage, da habe ich bei 13 Tischen kein Problem, sondern weiß, was, wann, wo, wie los ist. Aber ich würde sagen, 12, 13 ist mein Limit"* (Mâitre, 1-Sterne-Restaurant).

Ebenso muss der oder die Mâitre abschätzen, welcher Wein am Abend getrunken wird. Dies ist dann notwendig, wenn der Weinkeller weiter weg ist und der Weg dorthin mit einem Fußmarsch von 10 min oder länger belegt ist. Da diese Zeit die Person im Service fehlt, die sie für den Weg braucht, muss der vermutlich bestellte Wein im Restaurant in den Weinkühlschränken gelagert werden. Bei der Bestellung einer ganz besonderen Flasche ist jedoch der lange Weg dann unvermeidlich. In einem Fall, der uns gegenüber berichtet wurde, waren der Weißweinkeller und der Rotweinkeller je in anderen Gebäudeteilen untergebracht, sodass im Zweifelsfall einmal der Gang in den Westflügel und danach noch der Gang in den Ostflügel notwendig war.

5.2 Wissenserwerb im Service

Servicekräfte lernen immer von den verschiedenen Restaurants, wo sie im Laufe ihrer Karriere gearbeitet haben. Aus jedem Betrieb wird etwas mitgenommen, aus jedem Betrieb wird sich etwas abgeschaut. In einem Fall wurde uns als Beispiel berichtet, dass man das Gedächtnistraining als sehr wertvoll aus der Ausbildung mitgenommen hat. Aus einem Restaurant wurde das minimalistische Gedeck als gutes Beispiel weiterverwendet. Oder es wurde ein Negativbeispiel behalten, wie etwas auf keinen Fall gemacht werden sollte. Ebenso schaut man sich Elemente beim Besuch anderer Restaurants ab: *„Zum Beispiel Dekorationselemente sind so eine Sache. Wie sind Badezimmer ausgestattet, was steht da alles drin? Was haben die für Blumenarrangements? Oder wie sieht es bei denen mit der Weihnachtsdekoration aus, was machen die? Das schaust du viel, um einfach auch Inspiration zu bekommen. Und wenn das besonders gute Ideen und besonders schöne Ideen sind, dann bleiben die im Kopf. Ich achte unheimlich auf Serviettenformen, zum Beispiel, die auf den Tischen liegen und stehen"* (Maître, 1-Sterne-Restaurant). Daneben werden Formulierungen beim Annoncieren gemerkt, die dann selbst verwendet werden, weil sie schön sind. Aber auch Ausstattungsgegenstände, wie Glaserien, Weinkühler, Tischwäsche-Qualität und Stühle unterliegen der kritischen Prüfung und Würdigung beim Besuch eines fremden Restaurants. Ebenso versucht man sich Handzeichen oder z. B. geheime Zeichen für stilles Wasser zu merken und zu übernehmen. Im Service spielen solche Geheimzeichen eine große Rolle, damit der Gast dies nicht mitbekommt. Z. B. ist ein Wischen mit der Hand über die linke Schulter ein Zeichen für das Tischfegen oder der starre Blick für die Aufforderung zur Hilfe.

5.3 Wissensbewahrung im Service

Die Wissensbewahrung erfolgt im Service im Idealfall in einem Handbuch, dem *Service Operation Plan* (SOP). Jede Servicekraft bekommt dann einen SOP-Ordner an die Hand, in dem alles Wichtige steht. Dort sind in der Regel Fotos von der Tischdekoration, mit einer genauen Beschreibung und Anleitung enthalten. Dort wird z. B. explizit beschrieben, dass die Blumenvase mittig auf dem Tisch steht, in der im 45-Grad-Winkel eine Gerbera zur Tür schaut. Weitere Angaben sind, dass die Serviette von links unten nach rechts oben zu legen ist, wobei die Eingriffsöffnung immer auf der rechten Seite zu sein hat. Ebenso kann eine Planzeichnung enthalten sein, wie die Serviette zu brechen ist. Sobald die Servicemannschaft aus mehr als fünf Personen besteht, reicht die mündliche Kommunikation allein nicht mehr aus, sondern es bedarf dieser schriftlichen Form. Im Catering, wo mit wechselnden Hilfskräften gearbeitet wird, dienen häufig Schablonen aus Pappe als Vorlage für das Tischeindecken. Die Schablone ist ein Akt der Arbeitsvorbereitung und -planung, sodass das eigentliche Eindecken dann als »Fließbandtätigkeit« organisiert sein kann. Gerade im Service findet die Wissensbewahrung durch das Einüben von Arbeitsroutinen statt. So gibt es im Catering klare Vorgaben, wie die Abräumstation auszusehen hat, damit schmutzige Gläser und dreckiges Geschirr optimal gestapelt und sicher zur Spülstation kommen.

Wie räumt man am besten ab?

Heiko Antoniewicz (Foto: privat)

Diese auf den ersten Blick banal klingende Frage hat es in sich. Grundsätzlich ist es bei Veranstaltungen wichtig, eine Arbeitsstraße aufzubauen, bei der die Abläufe nacheinander in eine Richtung ablaufen und kein Durcheinander entsteht.

Bei der Abräumstation wird mit dem Tisch angefangen, auf dem die Geschirr-, Glas und Tellerboxen platziert werden, um später schnell und sicher einräumen zu können. Nachdem der Tisch aufgebaut ist, stellen wir an die Spitze der Straße einen geeigneten Mülleimer, um als erstes die angefallenen Essensreste zu entfernen. Für die Abräumung der angefallenen Essensabfälle nutzen wir einen Gummispatel, um diese entfernen zu können. Daneben steht ein Behälter für das Besteck, das dort gesammelt werden kann (s. Abb. 5.1).

Danach folgen auf dem Tisch in einer Reihe aufgestellt die Lagerboxen für Teller, Gläser, Schüsseln und alles, was sonst noch bereitgestellt wurde. Die Boxen werden je nach Art des Geschirrs mit der Öffnung nach vorne oder nach oben platziert. So kann der Service die Teller und Schüsseln, wie auch die Gläser problemlos stapeln und später die volle Kiste einfach mit der Öffnung wie gewohnt nach oben in die Hand nehmen und auf die jeweiligen Paletten oder Rolltürme stapeln. Auf dem Tisch für das Abräumen der Getränke besteht der Unterschied lediglich darin, im Mülleimer ein geeignetes Sieb obenauf zu legen, um Reste wie z. B. Orangen- oder Zitronenschalen aufzufangen, um diese später gesondert zu entsorgen (s. Abb. 5.2). Bei dieser Arbeit erzielt man einen schnellen und systematischen Ablauf, um zum einen Bruch zu vermeiden und zum anderen, um alles übersichtlich zu halten.

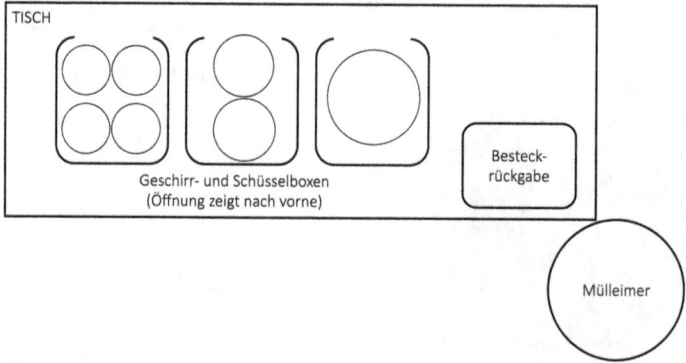

Abb. 5.1 Abräumstation Speisen. (Eigene Darstellung)

5 Wissen und Wissenstransfer im Service

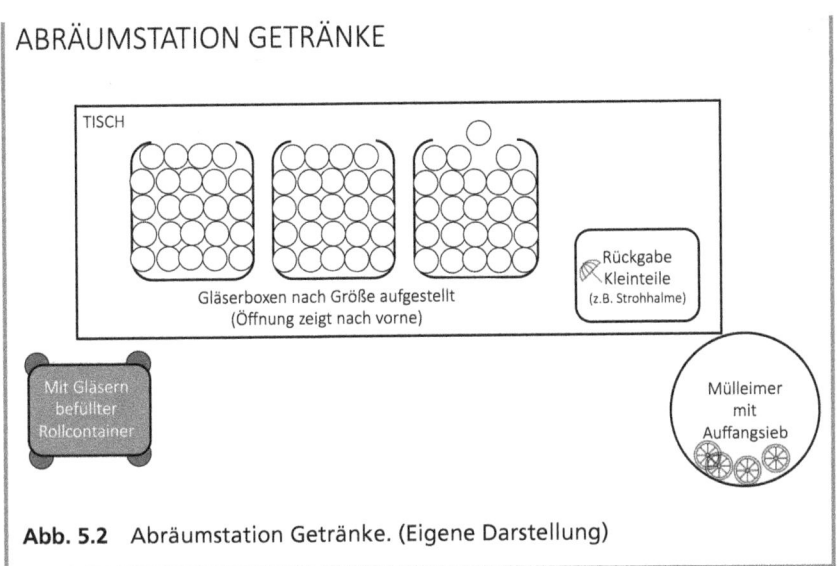

Abb. 5.2 Abräumstation Getränke. (Eigene Darstellung)

Dokumentierte Arbeitsabläufe stellen eine Form der Wissensbewahrung im Service dar. Ein weiteres Mittel der Wissensbewahrung, das aber hauptsächlich dem internen Wissenstransfer dient, sind WhatsApp-Gruppen, in denen sich die Servicekräfte untereinander informieren und in denen dann z. B. die Zutatenliste des neuen Menüs abgespeichert ist.

5.4 Facetten des Service im Wissenstransfer

Der Wissenstransfer innerhalb des Restaurants besteht hauptsächlich aus dem Transfer zwischen Küche und Service, der immer zwei Richtungen beinhaltet: Von der Küche zum Service und vom Service zur Küche (Wilkesmann und Wilkesmann 2020). Die erste Richtung beinhaltet hauptsächlich das Wissen über das Gericht, das dem Gast erklärt wird. Die zweite Richtung enthält vornehmlich das Feedback des Gastes über das Essen.

In jedem Spitzenrestaurant soll dem Gast ein unvergessliches Erlebnis an einem Abend geboten werden. Die Menü-Reise wird dem Gast dabei vom Servicepersonal erklärt, ebenso wie der Sommelier die dazu passenden Weine mit einer Einführung begleitet. Damit das Servicepersonal diese Aufgabe übernehmen kann, muss es aber auch das entsprechende Wissen dazu besitzen (Wilkesmann und Wilkesmann 2020). Aus diesem Grund wird ein neues Menü (oder nur ein neues Gericht) dem Servicepersonal ausführlich vorgestellt und erklärt. Dabei kann in der Regel das Servicepersonal die jeweiligen Gerichte auch einmal kurz probieren. Dabei müssen sich die Servicekräfte die Zusammensetzung des Gerichts aufschreiben und merken, was in der Regel Auswendiglernen bedeutet und in den Spitzenrestaurants auch in einer kleinen Prüfung abgefragt wird.

> *„Meine Mitarbeiter und ich erklären dem Service jedes Gericht im Detail, das neu auf der Karte implementiert wird. Und jeder Mitarbeiter vom Service muss mitschreiben und auch wissen. Das ist auch die Erwartungshaltung, dass die das auch rüberbringen können und zwar nicht wie ein Roboter, sondern auch ein bisschen emotional" (3-Sterne-Koch).*

In einem 1-Sterne-Restaurant wird der Ablauf des Wissenstransfers wie folgt beschrieben:

> *„Unsere Mise-en-Place Listen bekommt auch der Service, meistens zehn Tage vorher. Das heißt, die können sich schon mal darauf vorbereiten, was dieses Gericht beinhaltet, lernen die Komponenten, die auf dem Teller sind. Wenn man schon länger bei uns arbeitet, dann sieht man vielleicht, dass es Komponenten enthält, die wir schon mal verwendet haben. Und wenn das Menü an den Gast gebracht werden soll, dann wird das einmal Probe gekocht und der Service kann probieren, ich steh dann dabei und erkläre denen alles. Und dann machen wir auch die Weinbegleitung dazu, stimmen die ab. Und so ist es eben so, dass der Service diese Gerichte auch schon alle probiert hat, und dementsprechend auch am Tisch, am Gast erklären kann, was für uns sehr, sehr wichtig ist. Das Erklären darf nicht länger als 19 Sekunden dauern, weil danach der Kopf einfach aussteigt. So können die das dann auch erklären, das ist sehr, sehr wichtig" (1-Sterne-Koch).*

Manchmal wird die Aufgabe des Wissenstransfers zwischen Küche und Service auch an den Restaurantleiter delegiert: *„Dafür habe ich ja* meinen Service-Leiter und der ist ja dann meine Kontaktperson. Und der muss ich sagen, was ich haben möchte, wie ich es haben möchte. Er muss es runterbrechen" (3-Sterne-Koch). Die Kommunikation bei einem neuen Menü beinhaltet im Idealfall, dass die Servicekräfte vorab die Mise-en-Place-Liste bekommen:

> „Die Küche erklärt dir, was, wo, wie drauf ist. Und dann fängt man an zu sezieren und Fragen zu stellen. Zum Beispiel auf der Mise-en-Place-Liste steht der Yuzu. Wo ist das Yuzu? Dann wird erklärt, dass es da drin mitverarbeitet ist und dann macht man sich eine Randnotiz dazu. Ich hatte immer dreimal so viel Notizen wie die Liste. Aber andere Fragen sind wichtig, etwa wo kommt das Fleisch her? Wie ist das Fleisch gegart? Wie lange, wie viel Grad? Jetzt haben wir das geschmorte Bäckchen, wie lange wird das geschmort? Bei wie viel Grad schmorst du das? Und das sind dann so die Fragen, die erzählt einem die Küche nicht von alleine, da muss man nachfragen" (Maître, 1-Sterne-Restaurant).

Wichtig für den Service sind dann noch die Fragen, ob sie Side Dishes benötigen, ob etwas angegossen werden muss und falls ja, welche Kännchen benutzt werden.

Der Wissenstransfer vor einem neuen Menü ist immer mit vielen Problemen und Fallstricken behaftet. Das häufigste Problem ist das Zeitmanagement. Zwei Wochen vor dem neuen Menü wird dem Service angekündigt, dass bald eine Besprechung kommt. Dann kann es passieren, dass diese Besprechung erst an dem Tag stattfindet, wo das neue Menü zum ersten Mal geschickt wird. *„Der Standard ist, du stehst um 16 Uhr da und es ist nichts fertig. Und dann wirst du nervös. Dann steigt einfach der Puls. Und dann wirst du halt auch wütend, weil du alles mögliche andere liegen lassen musst. Im Worstcase hast du das Menü nicht komplett probiert und du schickst es schon"* (Maître, 1-Sterne-Restaurant).

Nicht nur bei neuen Menüs, sondern zwischendurch muss immer wieder das Gespräch zwischen Küchenchef*in und Restaurantleitung gesucht werden. Wie soll ein Menü insgesamt präsentiert werden? Welches Besteck soll gelegt werden? Wie ist die Optik des Tisches? Was wird am Ende doch nicht am Tisch gebraucht und auf was kann verzichtet werden? All diese Fragen müssen entweder besprochen werden oder aber die Restaurantleitung entscheidet dies allein.

Wissenstransfer ist auch dann notwendig, wenn ein Restaurant an einen neuen Ort geht, auch wenn fast die ganze Mannschaft mitgeht. *„Grundsätzlich hast du ein völlig anderes Interieur, das heißt, die Laufwege sind natürlich andere, das Storage ist ein anderes. Du hast von der Basis her andere Grundvoraussetzungen, an die du dich erstmal gewöhnen musst, weil du viele Dinge nicht eins zu eins übernehmen oder übersetzen kannst, weil es aufgrund der Location nicht geht. Das fängt zum Beispiel mit Lagermöglichkeiten an oder, wo packe ich das Besteck hin"* (Mâitre, 1-Sterne-Restaurant). Dadurch wird der Ablauf verändert, weil sich die Laufwege verändern und Routinen müssen neu eingeübt werden.

Der Wissenstransfer von den Gästen zum Restaurant findet in der Regel als Kritik statt. Das Feedback der Gäste kann sich in Lob über die Qualität der Speisen, aber natürlich auch in Kritik ausdrücken. Die Zufriedenheit des Gastes steht über allem. Kritik, die von den Gästen direkt und von Angesicht zu Angesicht geäußert wird, ist in der Regel willkommen. Silvio Nickol hat beispielsweise in seinem Restaurant das face-to-face Feedback institutionalisiert, indem er alle Gäste nach dem Essen in seine Küche bittet. Dort können sie dann persönlich mit dem Chef über das Menü reden. Ein Koch meinte, dass er Gästekritik auch als Lernanlass nimmt: *„Es ist auch tatsächlich so, dass ich schon von manchen Kritikpunkten, die ich dann im Internet gelesen habe, die ich dann auch hinterfragt habe und gesagt habe: Ja verdammt, der Gast hat recht. Und dann habe ich da auch zwei, drei Sachen schon mal in der Küche umgestellt oder geändert, weil ich der Meinung war, dass der Gast recht hatte"* (1-Sterne-Koch).

Ist der Ketchup erst einmal aus der Tube…

Thomas Juranitsch (Foto: Falstaff Karriere/Ian Ehm)

5 Wissen und Wissenstransfer im Service

... bekommt man ihn nicht wieder hinein. Genau so verhält es sich bei anonymen Restaurant-Bewertungen im Internet auf Portalen, wie z. B. TripAdvisor. Dort fällt die Kritik manchmal deutlicher und heftiger aus. Zudem können die Köch*innen und Servicekräfte nicht direkt darauf antworten und sie fühlen sich nicht selten ungerecht behandelt, wie Thomas Juranitsch, der als Maître im Restaurant »Silvio Nickol« im Palais Coburg in Wien arbeitet:

„Leider muss man nie in dem Lokal gewesen sein, zu dem man auf TripAdvisor was schreiben kann. Das verfolgt auch keiner nach. Und wir hatten auch schon mal eine TripAdvisor-Bewertung zum Beispiel, da wurde die Clementine im Glashaus bewertet, also unser Zweitrestaurant, aber auf unserer TripAdvisor-Seite, und die haben halt dann drei von fünf Sternen gegeben und geschrieben, die Suppe war so schlecht. Also wir haben noch nie Suppe gehabt! Wir haben auch einmal eine Bewertung bekommen, das war dann interessanterweise auch noch ein Zechpreller, der dann eine schlechte TripAdvisor-Bewertung geschrieben hat, die Bewertung ist nie rausgenommen worden. Also man könnte ein Restaurant auch dadurch zerstören, indem ich mir einfach 20 TripAdvisor-Accounts anlege und 20 schlechte Bewertungen mache. Was ich sehr schade finde."

Hier hilft nur weitere Aufklärungsarbeit gegenüber den Gästen, damit diese nicht – im positiven, wie im negativen Sinne – auf Fake-Bewertungen reinfallen. Einige Reservierungsportale versuchen diesbezüglich Abhilfe zu schaffen, indem dort nur Gästekritiken geführt werden, denen ein Restaurantbesuch vorausging.

In einigen Fällen wird das Wissen im Servicebereich auch für Beratung eingesetzt. So wurde uns in einem Fall berichtet, dass eine Laufwegoptimierung vorgenommen wurde. In einer Bar war der Chef mit dem Getränkeumsatz unzufrieden. Die Beratung bestand dann darin, dass untersucht wurde, wie die Schubladen und Kühlschränke bestückt waren. Dabei stellte sich heraus, dass für die Zubereitung der häufig bestellten Getränke immer zu lange Wege zurückgelegt werden mussten, weil die Zutaten nicht an einem Ort gelagert wurden. Dabei rannten sich die einzelnen Servicekräfte fast um und verloren viel

Zeit. Nach der Neusortierung der Getränkeschubladen stieg dann der Umsatz stark an. Nicht nur im Servicebereich kann der Wissenserwerb über Beratung erfolgen, sondern auch für ganze Restaurants oder Stadtteile, wie das nachfolgende Kapitel zeigt.

6
Wissenstransfer in Form von Beratung

> **Bei·la·ge**
> /Beilage/
> *Substantiv, feminin* [die]
>
> 1. normalerweise: Kartoffeln, Gemüse, Salat u. Ä., die zu einer Hauptspeise gereicht werden;
> 2. in unserem Fall: Wir garnieren unsere Ausführungen zum Wissenstransfer mit vielen Beispielen aus der Beratungspraxis und in Form von Case Studies.

Die Beratungsanlässe im Feld der Gastronomie können ganz unterschiedlicher Natur sein. Viele Gastronomen haben zwar eine gute kulinarische Idee, aber es fehlt beispielsweise an betriebswirtschaftlichem Wissen. Der erfolgreiche Gastro-Unternehmer Tim Mälzer beschreibt dieses Wissen wie folgt: *"Wenn du in der Gastronomie Erfolg haben möchtest, gibt es eine einfache Regel: Das ist ein Drittel, ein Drittel, ein Drittel. Wenn du die einhältst, die ist so simpel, dann hast du große Chancen, dich erfolgreich am Markt zu etablieren. Große Chancen, keine hundertprozentige Sicherheit, aber sehr unwahrscheinlich, dass du dann pleitegehst. Und die Regel ist: 30 % Personaleinsatz, 30 % Wareneinsatz, 30 % Nebenkosten, 10 % Gewinn. Das war's"* (Tim Mälzer). In der wirtschaftlichen Kalkulation können die Faktoren des Personaleinsatzes oder des Wareneinsatzes verändert werden. Der Einsatz der eigenen Person oder der Familie kann niedriger angesetzt werden. Es kann aber auch der Faktor des Wareneinsatzes verändert werden, indem die Portionen verkleinert werden oder das Restaurant nur ein Monoprodukt anbietet. Bietet ein Restaurant nur Ramen, d. h. nur verschiedene Arten von Nudelsuppe an, dann ist der Wareneinsatz sehr einfach zu kalkulieren. Außerdem ist es einfacher, den Wareneinsatz zu kalkulieren, wenn ein Produkt eingesetzt wird, das viele Fehler verzeiht, wie z. B. ein Burger. Ein Burger bleibt ein Burger, ob Medium, Medium rare oder durch.

Ein weiterer Beratungsanlass kann das Wissen über die interne Organisation sein. In diesem Fall geht es zum einen um die Verbesserung der Prozesskette, der Abläufe und der Thermik, wie sie gleich im Beispiel der Beratung durch ein großes Food-Unternehmen beschrieben werden. Zum anderen betrifft das Wissen über die interne Organisation auch Fragen, wie die internen Organisationsabläufe optimal gestaltet sein müssen, damit sich die Köch*innen oder das Servicepersonal nicht wechselseitig behindern oder immer wieder unnötige Wege gegangen werden müssen. Ebenso wird die Küchentechnik häufig nicht optimal eingesetzt. Viele kaufen sich in der Küchentechnologie einen »Mercedes«, benutzen diese Technologie aber nur als »Schubkarre«. Neben dem Wissen über Küchentechnik kann das Wissen über Kochtechniken ein weiterer Beratungsanlass sein. Wie schon oben dargestellt, kann mit wissenschaftlichen Methoden generiertes Kochwissen in Kochworkshops weitergegeben werden. Die Berufsausbildung zum Koch bzw. zur Köchin ist dabei natürlich auch nichts Anderes als Wissenserwerb. Allerdings veraltet dieses Wissen mit der Zeit, wie Tim Mälzer betont: *„ Wenn ich das Kochwissen von mir, was ich gelernt habe, mit dem Kochwissen meiner Köch*innen gerade vergleiche, dann bin ich ein Hilfsschüler"* (Tim Mälzer). Allerdings hat er den Vorteil gegenüber gerade ausgebildeten Jungköch*innen, dass er sehr viel mehr Erfahrungswissen besitzt und deshalb sehr viel variabler und kreativer sein kann. Dieses Erfahrungswissen bringt er auch im Rahmen seiner Beratungstätigkeiten regelmäßig mit ein.

Beratung kann aber auch die Gastperspektive einnehmen, etwa bei der (Re-)Organisation des Service und wenn der Organisationsablauf aus der Sicht des Gastes im Vordergrund steht. Darauf werden wir im Beratungsbeispiel von Ingo Hettig näher eingehen. Hinzu kommen Beratungsanlässe im Bereich des (Stadtteil-)Marketings, wie können potenzielle Gäste angelockt werden? Durch welche Konzepte kann sichergestellt werden, dass Laufkundschaft auch ins Restaurant kommt und nicht nur vorbeiläuft? Marketing kann aber auch, wie das Fallbeispiel »tellerrand consulting« zeigt, die Entwicklung von Stadtteilen oder Einkaufszentren umfassen, um eine spezielle Kundengruppe durch entsprechende Gastro-Konzepte in ein Viertel oder in ein Shopping-Center zu locken. Nachfolgend werden wir anhand verschiedener Fallbeispiele interessante Einblicke in die Vielfalt der gastronomischen Beratungspraxis geben.

6.1 Gastronomie-Beratung durch die »tellerrand consulting« GmbH

Die »tellerrand consulting« GmbH ist eine Firma in Hamburg, die von insgesamt drei Gesellschaftern geführt wird und ursprünglich von Tim Mälzer mitgegründet wurde. Für das Buch haben wir mit Tim Koch gesprochen, der ebenfalls Mitgesellschafter und »Head of tellerrand consulting« ist. Momentan arbeiten 12 Personen bei »tellerrand consulting«, wovon knapp die Hälfte in der Beratung tätig ist. Insgesamt umfasst das Geschäftsfeld von »tellerrand consulting« drei Säulen: Die erste Säule ist die Verwaltung der Eigenbetriebe. Hier sind insbesondere die »Bullerei« und das »Überquell« in Hamburg zu nennen, aber auch die Restaurants »Hausmann's« sowie das »Pezzo di Pane« in Frankfurt und einige mehr. Es wird das Personal und das Controlling zentral für alle Betriebe gemanagt. Die »tellerrand consulting« stellt die zweite Säule dar. Im Mittelpunkt stehen dabei Stadtteilentwicklung, Beratung von Shoppingcenterbetreibern,

Gastronomen etc. Der dritte Bereich ist »tellerrand concepts«, wo eine Systematisierung und Multiplikation der Eigenmarken stattfindet. Das Dashboard mit den Kennzahlen aus allen Bereichen und Eigenbetrieben wird hier gepflegt und bildet die Grundlage für die monatlichen Gespräche mit den Betriebsleiter*innen. Die »tellerrand consulting« GmbH ist somit zum einen eine Querschnittsorganisation zu den vielen Eigenbetrieben, in denen nicht nur das Personalwesen, Onboarding, Qualitätsmanagement, Controlling, sondern auch der Einkauf zentralisiert wurden, und zum anderen eine Beratungsgesellschaft, durch die Wissenstransfer stattfindet.

Das Hauptarbeitsgebiet der Beratungssparte, auf die wir nun näher eingehen werden, liegt neben der Einzelberatung auch im Bereich der Neukonzeptionierung von Stadtteilentwicklung und der Gestaltung von Shopping-Centern. Auftraggeber sind in diesem Fall Städte, Immobilienentwickler und Immobilieneigentümer sowie Fondsgesellschaften. Ziel ist es, Gastronomie-Angebote in Shopping-Centern, wie z. B. dem Hanse-Viertel in Hamburg so zu planen und zu gestalten, dass aus dem Kreis der Gäste der dort angesiedelten Restaurants potenzielle Käufer*innen für die anderen Geschäfte angezogen werden. Es geht gerade nicht darum, mit der Vermietung an die Gastronomie Gewinn zu machen, sondern dies als Marketing-Maßnahme zu verbuchen, mit der gezielt eine bestimmte Klientengruppe attrahiert wird, die für das Shopping-Center interessant ist. Die »tellerrand consulting« GmbH versteht sich dabei als reines Beratungsunternehmen. Es entwirft nur Konzepte, hat aber den Grundsatz, nicht selbst in die Gastronomie vor Ort einzusteigen. Empfehlungen aus dem eigenen Netzwerk für Anfragen an entsprechende Gastronomen, die ins Gesamtkonzept passen, werden aber gegeben. Die einzige Ausnahme bestand in der Anfrage einer 5-Sterne-Hotelgruppe, ein neues Restaurantkonzept zu entwerfen und auch umzusetzen. Dort wird mit dem Namen Tim Mälzer auch das Restaurant im Hotel beworben. So meint Tim Koch im Gespräch:

> *„Das Hotel hat den Ansatz gehabt, durch ein anderes Restaurantkonzept die »Straße« ins fünf Sterne plus Hotel zu holen. Das Projekt kam über Tim. Und in dem Moment als er gesagt hat »Ja, ich weiß, so ein Hotel und Tim*

6 Wissenstransfer in Form von Beratung

Mälzer, das passt vom Ansatz her auf den ersten Blick nicht zusammen. Aber genau das soll es sein«, haben wir es im Team verstanden. Aber es war auch noch ein langer Weg. Das fing schon damit an, dass man ins Restaurant ursprünglich natürlich nur über die Lobby ins Hotel kam. Nach unserer Beratung gibt es auch einen Eingang über die Bar".

In der Regel wird »tellerrand consulting« von Anfang an am Planungsprozess beteiligt. Manchmal werden die Berater*innen auch gerufen, wenn das Kind bereits in den Brunnen gefallen ist. Ein Beispiel dafür ist das Gastronomie-Konzept bei einem Forschungsinstitut in Potsdam. Dort wurde von einem regionalen Küchenplaner ein Bistro mit 90 Sitzplätzen und einer Küche konzipiert, die nicht nur vollständig überdimensioniert war, sondern auch Küchentechnik enthielt, die nicht gebraucht wurde. Alles was technisch momentan möglich ist, wurde in der Bistro-Küche verplant, ohne zu überlegen, was dort an Gerichten und Speisen angeboten werden sollte und ohne darüber nachzudenken, welche Konkurrenz es dazu in nächster Nähe gibt und was die Beschäftigten und Studierenden des Forschungsinstituts sich eigentlich wünschen.

Welche Fehler man vermeiden kann...

Tim Koch (Foto: Philipp Rathmer)

„Wenn man wie wir bestimmte Sachen Jahrzehnte macht, heißt das nicht, dass man die besser kann. Aber man kann definitiv helfen, die eigenen Fehler bei den anderen zu vermeiden. Und das machen wir. Das fängt an beim Bau. Die meisten haben keine Ahnung, was Architekten machen können. Wo man Geld sparen kann. Und wo man zu viel Geld ausgeben kann.

> *Die ganzen behördlichen Vorschriften. Und ja, dann bis hin in alle operativen Abläufe, Essen, Trinken"* (Tim Koch).
>
> Das hier sind seine Top 3 der Fehler, die man vermeiden kann:
> 1. Die behördlichen Vorschriften sind entweder nicht bekannt oder das Genehmigungsverfahren wird unterschätzt.
> 2. Beim Bau wird häufig zu viel Geld ausgegeben.
> 3. Konzepte werden gerade bei Start-ups zu groß gedacht. Viele wollen gleich skalieren und planen sofort mehrere Filialen. Da die Betreiber*innen aber immer nur an einem Ort sein können, funktioniert dies häufig nicht, weil Fehler nicht sofort durch die anwesenden Eigentümer*innen ausgeglichen werden können.

Tim Koch zitiert in diesem Zusammenhang gerne das geflügelte Wort, dass Architekt*innen und Küchenplaner*innen die *„natürlichen Feinde"* der Gastronomen sind. Bei vielen Architekt*innen fehlt das Verständnis von Produktionsabläufen in der Gastronomie, sodass Räumlichkeiten entworfen werden, die den Prozessablauf behindern. Einige Küchenplaner*innen wollen oft ihre beste Technologie verkaufen und planen Küchen, die im später umgesetzten Gastronomiebetrieb nicht zu 100 % genutzt werden können. Dies zeigt, dass hier eine Menge Beratungsbedarf besteht, sodass auch Einzelberatungen in kleinen Gaststätten durchgeführt werden. Dabei steht die Beratung in der Zusammenarbeit mit Architekt*innen und den Behörden im Mittelpunkt. Viele Betreiber*innen kennen sich mit Whiskys aus, aber eben nicht, welche Bau- und Feuerschutzvorschriften existieren. Auch fehlt es manchmal ganz trivial an einer *„Renner-Penner-Liste"*. Es bedarf auf der Speisekarte keine 24 Variationen des Schnitzels, sondern es reicht, wenn die beiden Schnitzelvariationen auf der Karte stehen, die zu 80 % bestellt werden.

Ein weiteres wichtiges Instrument des Wissenstransfers sind Netzwerke in der Gastronomie. So sind die Personen von »tellerrand consulting« im »Leaders Club Deutschland« (leadersclub.de) aktiv. Dort unterstützen sie zum einen Start-ups, indem sie als Juror*innen beim Deutschen Gastro-Gründerpreis mitwirken, und zum anderen organisieren sie selbst Wissenstransferprozesse in der »Leaders Club Academy«. Dort werden praxisorientiert Themen wie Leadership,

Management und Gastlichkeit besprochen. Die Mitglieder im »Leaders Club« setzen sich aus Gastronomen, Berater*innen und Personen aus der Food- und Getränke-Industrie zusammen. Der »Leaders Club« wird von Personen getragen, die explizit junge Menschen in der Gastronomie ansprechen möchten. Vor allem jene, die den Wissensaustausch mit erfahrenen Gastronomen, Unternehmern und untereinander suchen und voneinander lernen wollen. Um sicherzustellen, dass neue Mitglieder nicht nur Wissen bekommen wollen, sondern auch Wissen weitergeben, existiert eine einjährige Probemitgliedschaft. Erst wenn sich das neue Mitglied bewährt hat, wird es offiziell aufgenommen. Der formalisierte Wissensaustausch besteht aus den Formaten Gastro Sessions, Leaders Club Academy und gemeinsamen Reisen zu interessanten Betrieben. In den Gastro Sessions findet vorranging ein Austausch zwischen Start-ups und erfahrenen Gastronomen statt bzw. Personen, die in diesem Bereich arbeiten. Das Format Leaders Club Academy beinhaltet Workshops zu bestimmten Themen in kleinen Gruppen. Am Abend vor dem eigentlichen Workshop findet ein Treffen in dem Restaurant des Referenten oder veranstaltenden Leaders Club Mitglied statt, um dort einen Blick hinter die Kulissen werfen zu können.

6.2 Beratung durch ein Food-Unternehmen

Ein weiterer interessanter Fall von Beratung stellt ein weltweit tätiges Food-Unternehmen dar, das Grundzutaten für die Küche produziert, aber auch Eisdesserts. Es leistet sich eine Beratungsabteilung, die alle Kunden berät. Die Abteilung besteht momentan aus 10 Personen, die verschiedene Schwerpunkte haben. Zwei Personen kümmern sich um die Beratung von Zentralküchen, wo 50.000 Essen oder mehr pro Tag zubereitet werden. Zwei Personen kümmern sich um angepasste Kostformen. Damit ist gemeint, wie z. B. in einer Altenpflegeeinrichtung schmackhaftes Essen serviert werden kann, auch wenn es püriert sein muss, weil die Person nicht mehr normal kauen kann. Weitere zwei Personen beraten den Leasure Travel-Bereich, also Freizeitparks, Zoos bis hin zur Schiffs-, Bahn- und Fluggastronomie. Der Rest der Berater kümmert sich um alle anderen Gastronomiebetriebe, vom Kleinbetrieb bis zur Systemgastronomie. Im Gespräch haben wir einen äußerst reflektierten Experten angetroffen, der seinen Werdegang zum Unternehmen wie folgt beschrieben hat:

> „Ich bin vom Jedi-Ritter zum Lord Vader geworden, ich bin sozusagen vom Koch mit Erfahrung im Sternebereich zum Tütenkoch mutiert, sag ich immer. Ich habe einfach, ja aus einer Bierlaune heraus, in Chicago an der Hotelbar zum Teammanager der Nationalmannschaft der Küche damals gesagt: »Ich weiß zwar nicht, was ihr da macht bei euch in der Lebensmittelindustrie, aber wenn du mal einen Job für mich hast, könnte ich mir vorstellen.« Drei Wochen später durfte ich mich bewerben. Drei Wochen später war ich bei der Personalabteilung und drei Monate später habe ich in dem Großunternehmen angefangen. Es war genau heute vor 18 Jahren. Bin seit 18 Jahren in dem Unternehmen. Bereue keinen Tag und habe allen Vorurteilen gegen die Lebensmittelindustrie am Tagesende nie meine Vision oder meinen Purpose verloren. Die Ressource, die mir der Erdball jeden Tag gibt, ist ja, wie soll ich es sagen, meine Befähigung, sie mindestens genauso gut weiterzugeben oder sie zu verbessern. Das Schlimmste für mich ist die Vergewaltigung von Rohprodukten auf der Herdplatte. Ob ich jetzt in einer anderen Technologieform spreche oder von Frisch-Zutaten ist erstmal grundsätzlich egal. Ich glaube, das Wichtigste ist wirklich das Gut, was wir auf diesem Erdball haben."

Die Beratung bezieht sich hauptsächlich auf die Prozesskette des Kunden. Dabei arbeiten die Berater*innen zuerst mit den Kund*innen zusammen in der Küche, um eine Ist-Analyse der Prozesskette zu erstellen. Fehler werden dann zum einen im Bereich unproduktiver oder unvorteilhafter Prozessabläufe und zum anderen in falscher oder unvollständiger Nutzung der modernen Küchengeräte festgestellt: „*Wir klinken uns ganz normal in den Arbeitsalltag mit ein. Wir arbeiten ganz normal. Diese Arbeiten können manchmal über mehrere Tage gehen, je nach Größe und Auftrag, mehr oder weniger bis hin zu mehreren Tagen, wo es dann jeden Abend eine Tageszusammenfassung gibt. Die meisten Sachen sind eigentlich Fehlbedienung von Thermik oder umständliche Prozesswege. Also, wo sie sich selbst einen Knoten bauen mehr oder weniger. Es geht gar* nicht mal um das Unwissen des Personals, was in den Küchen steht, ob gelernt oder nicht gelernt. Sondern es ist eigentlich eine Falschbedienung der Thermik" (Abteilungsleiter Fachberatung).

Die Kundschaft fängt im Independent-Bereich kleinerer Restaurants an, geht über Hotellerie, Take-Away, über die großen Caterer, vor allem im Bereich Betriebskantinen, bis hin zur Systemgastronomie. Die Beratung an sich ist für die Unternehmen kostenlos, allerdings versucht das Unternehmen in die angebotenen Lösungen Produkte aus dem eigenen Haus einzubauen, sodass das Unternehmen, welches die Beratung bekommt, die Produkte des Beratungsunternehmens später kaufen soll. Die Beratung ist also eine Form des Marketings und Verkaufs für das Food-Unternehmen und wird aus diesem Grunde kostenlos angeboten.

„Wir zeigen über die Thermik oder über den Prozessweg einen Lösungsweg auf, wo du dann im Endeffekt das Produkt mit einfließen lässt. Das heißt, unser Unternehmen sagt, wir kommen über die Lösung und nicht über das Produkt. Natürlich verkaufen wir das Produkt. Und von irgendetwas muss ich leben und von irgendetwas will ich in Urlaub fahren. Wir sind lösungsorientiert an der Wertschöpfungskette des Kunden unterwegs" (Abteilungsleiter Fachberatung). Der erste Beratungsweg für die Prozesskette umfasst vor allem die richtige Reihenfolge der einzelnen Schritte und die Laufwege, die die Mitarbeiter*innen machen müssen. Wenn z. B. in der Pizzeria der Produktionsprozess in den Front-Cooking-Bereich kommt, wo der Gast die Zubereitung sehen kann, dann kann jeder feststellen, ob der Pizzabäcker für den Pizzaboden drei Schritte nach links oder drei Schritte nach rechts laufen muss. Sind alle Zutaten ergonomisch um den Ort versammelt, wo der Pizzabäcker steht, wenn er die Pizza belegt? Sind die häufigsten Beläge in der unmittelbaren Umgebung, befindet sich im Kühlfach unter dem Zubereitungstisch der Pizzateig? Sind die veganen Fleischersatzartikel in genügender Anzahl vorhanden? Oder stehen sich die einzelnen Pizzabäcker immer im Wege? Wie kann man unter den gegebenen räumlichen Verhältnissen die Laufwege optimieren? Wie können die einzelnen Belagskomponenten ergonomisch um den Zubereitungstisch angeordnet werden? Ein Beispiel, wo die Wege immer optimiert sind,

ist die Systemgastronomie, etwa bei den großen Burger-Brätern, wo der Weg immer von hinten nach vorne zur Theke läuft:

> „Sie haben die Vorbereitung hinten, dann gibt es die Zwischenzubereitung, es gibt die Endzubereitung und es gibt den Pass. Es gibt nie den Weg vom Pass her nochmal zurück, weil ich irgendetwas vergessen habe. Das gibt es nicht. … Gerade in der Betriebsgastronomie, die von Caterern betrieben werden, die die Einrichtungen meist so übernehmen, wie die Küchen eingerichtet sind, besteht das Problem, dass die Köch*innen über Kreuz laufen und sich gegenseitig behindern. Wo wir dann sagen, ihr könnt zwar die Geräte nicht neu anordnen, aber ihr könnt den Prozess vielleicht neu organisieren, indem ihr die Ausgaben anders macht, oder einfach die Komponenten einmal wechselt. Dann braucht ihr nicht über Kreuz laufen. Das sind manchmal ganz banale Dinge" (Abteilungsleiter Fachberatung).

Der zweite Beratungsweg knüpft an die Thermik an. In den meisten Küchen stehen heute Hochleistungsgeräte, die mit viel Software über einen Touchscreen gesteuert werden. Der als Computer hochgerüstete Konvektomat wird aber in vielen Küchen weiterhin in seiner traditionellen Bedienfunktion benutzt. „*Also wenn du weißt, ich kann über das Programm Fisch, über Fingerfood in einer Minute dreißig ein ideal gegartes Stück rohes Fischfilet, gegrillt, rollierend auf einen Teller bringen, wieso soll ich den Fisch, ich sag es jetzt mal in Küchendeutsch, auf einer Herdplatte oder auf einer Grillplatte vor mir in Form von Cooking vergewaltigen?*" (Abteilungsleiter Fachberatung). Die neuen thermischen Küchengeräte können also richtig eingesetzt Arbeitsschritte in der Großküche einsparen und damit auch Handgriffe überflüssig machen. Natürlich besteht der Beratungsansatz auch darin, vorgefertigte Produkte (Convenience-Produkte) den Kunden zu verkaufen, um auch so Arbeitsschritte einzusparen. So ergibt es aber auch wenig Sinn, wenn in einer Großküche sehr viele vorgefertigte Produkte eingesetzt werden, die Jus aber vollständig selbst gemacht wird. Hier wäre es sinnvoller, die Küche auf ein Convenience-Level zu halten, also immer die gleiche Tiefe von zugekauften Produkten im Verhältnis zu den selbsterstellten Komponenten zu haben, um immer die gleiche Produktionstiefe zu halten. Wer seine Kartoffeln geschnitten und halb fertig gegart geliefert bekommt, braucht dann nicht die Tomatensoße mit frischen Tomaten von vorne zu kochen.

Ein weiterer wichtiger Beratungsanteil kam zu Beginn des Covid-19 Lockdowns hinzu. Viele Gastronomen sahen sich vor das Problem gestellt, dass sie ein volles Kühlhaus hatten und nicht wussten, wie sie die vielen Lebensmittel konservieren konnten. Der Beratungsweg lief dann auch über die Thermik. Die Köch*innen sollten ihre Thermikgeräte benennen.

„Und dann kommt immer als erste Antwort, dass sie kein Sous-Vide-Becken haben. Ich antwortete: »Das habe ich nicht gefragt. Ich habe gefragt, welche Thermik hast du?« Als Antwort kam dann: »Ja, ich habe einen Vakuumierer und Konvektomat.« Daraufhin meinte ich: »Reicht.« »Wofür?« fragten die Köch*innen dann. Ich meinte: »Um was geht es? Du kannst doch pasteurisieren. Vakuumiere, pasteurisiere über den Konvektomat, über die Dampffunktion und alles ist gut.« Als Antwort kam dann: »Aber ich habe keinen Chiller.« Darauf ich: »Dann friere fünfliterweise Wasser ein, dass du dann im Endeffekt bei 90 Grad auf drei Grad Kern-Temperatur deine Komponenten rückkühlen kannst und friere sie dann weg. Dann ist das Thema durch. Aber tue dir einen Gefallen, portioniere dir das gleich in den Größen, dass du es dann auch wieder ziehen kannst, falls der Lockdown länger ist« Gesagt getan und ein großer Teil der Lebensmittel in den Kühlhäusern konnte gerettet werden" (Abteilungsleiter Fachberatung).

Thermik ist ein weiteres Thema in vielen Küchen. Manchmal fehlen technische Geräte, wie Schnellkühler, Sous-Vide-Becken, Vakuumierer, manchmal werden sie nicht richtig eingesetzt, wie z. B. beim Konvektomat, und manchmal fehlt einfach das Wissen zu diesen Geräten.

Die Beratung kann auch noch weitergehen, sodass für einen großen Caterer Speisepläne geschrieben werden können. Der Caterer gibt dann nur vor, wie hoch der Deckungsbeitrag sein soll. Das Food-Unternehmen entwickelt die Rezepte und schreibt einen Sechs-Wochen-Speiseplan, in dem natürlich auch die eigenen Vorprodukte eingebaut sind. Vor allem bei veganen und flexitarischen Speiseplänen wird dies nachgefragt. In der Beratung der Großküchen ist früher der Fehler gemacht worden, dass der Beratungsprozess nur mit dem Food-Headquarter abgesprochen wurde. Dort war meistens aber auch nicht bekannt, wie die einzelnen Outlets oder Betriebsrestaurants die neuen Ideen überhaupt umsetzen können. In den letzten Jahren sind diese in den Beratungsprozess einbezogen worden, um zu wissen, welche Größen die jeweiligen Küchen haben, welche thermische Küchengeräteausstattung sie besitzen, welchen Ausbildungsstand die Personen haben, die dort vor Ort arbeiten etc. Erst bei der Einbeziehung der Küchen vor Ort konnten Ideen entwickelt werden, die dann später auch tatsächlich umgesetzt worden sind, denn nur so konnten die realen Bedürfnisse berücksichtigt werden, neben den Voraussetzungen und Ausstattungen vor Ort.

Aber nicht nur in der Großküche, sondern auch in der Systemgastronomie wird die Beratungsleistung explizit nachgefragt. Wenn z. B. einer der großen Burger-Anbieter einen neuen Spezialburger haben möchte, dann wird eine Produktentwicklung ausgeschrieben, an der sich mehrere Beratungsunternehmen beteiligen. Dies ist vergleichbar mit Architekturausschreibungen, wo sich alle Architekt*innen beteiligen können und das Siegerunternehmen dann den Auftrag bekommt. Genauso läuft es in der Systemgastronomie auch. Wenn also z. B. ein Frühjahrsburger ausgeschrieben wird, dann können sich viele Anbieter beteiligen. Bekommt der Spargel-Burger mit der Trüffel-Hollandaise den Zuschlag, dann darf das Unternehmen, das diese Kreation entwickelt hat, die Trüffel-Hollandaise für alle Filialen der Systemgastronomie beliefern. Die Entwicklung des neuen Burgers ist die Investition, die dann zum Verkauf einer großen Menge von Hollandaise führt.

Das Selbstverständnis des Food-Unternehmens in diesem Fallbeispiel ist es aber, in den verkauften Convenience-Produkten mittlerweile keine künstlichen Geschmacksverstärker oder künstliche Aromen mehr zu verwenden. Damit haben sich die Food-Unternehmen ein Problem selbst geschaffen. Früher wurden verschiedene künstliche Geschmacksverstärker verwendet und somit die Köch*innen wie auch die Endverbraucher*innen an ein bestimmtes Geschmacksbild gewöhnt. Wenn diese künstlichen Geschmacksverstärker jetzt aus den Rezepten entfernt werden, müssen auch die Verbraucher*innen in ein neues Geschmacksmuster sozialisiert werden.

6 Wissenstransfer in Form von Beratung

Weitere Themen der Beratung sind neben neuen Speisekarten, wie z. B. im flexitarischen Bereich, Nachhaltigkeit und Verschwendung. Wie kann also vermieden werden, dass zu viel gekocht wird und das Essen anschließend vernichtet werden muss?

Auf den ersten Blick verwundert, dass es auch einen Wissenstransfer von diesem Food-Unternehmen in die Spitzengastronomie gab und gibt. Dieser Wissenstransfer bezieht sich hier aber auf den Bereich der Technologie. So war das hier behandelte Food-Unternehmen technologisch führend in dem Bereich Vakuum-Trocknung. Nicht nur mehrere deutsche 3-Sterne-Köch*innen haben versucht, diese Technologie für ihre eigene Küche zu nutzen, sondern auch der bekannte englische 3-Sterne-Koch Heston Blumenthal war häufig in dem Entwicklungslabor des Unternehmens, um diese Technologie für sich selbst zu adaptieren.

Auch innerhalb des weltweit agierenden Unternehmens ist der Wissenstransfer ausgeprägt. Da in der Beratung eng mit der Kundschaft zusammengearbeitet wird, bekommen die Berater*innen schnell neue Trends mit, die die Gastronomen gerne umsetzen möchten. Wenn z. B. die in der Küche eingesetzten Soßen allergenfrei sein sollen, dann wird dies in die Rezepte-Abteilung kommuniziert, die dann, allerdings nach eigener ausführlicher Prüfung, die entsprechenden Soßen neu rezipiert.

Eine weitere wichtige Community für den Wissenstransfer ist die Gemeinschaft aller Köch*innen weltweit, die in der Beratung arbeiten. Dies sind weltweit 300 Personen. Wenn z. B. eine Speisekarte mit chinesischen oder südafrikanischen Gerichten entwickelt werden soll, dann können die Kolleg*innen in den entsprechenden Ländern angesprochen werden. *„Und dann rufe ich in Südafrika an oder schreibe eine E-Mail an Tom, und sage: »Du, Tom, sage mal, ich brauche mal südafrikanische Rezepturen, drei Stück, was eure Top Dishs sind« Und dann bekomme ich die Rezepturen rübergeschickt"* (Abteilungsleiter Fachberatung). Es existieren also unternehmensintern feste Communities, die sich auch regelmäßig treffen und untereinander austauschen, sodass der Wissenstransfer im Unternehmen institutionalisiert ist.

6.3 Beratung im Service-Bereich

Beratung ist auch im Service notwendig, weil das Restaurant-Erlebnis im hohen Maße ebenso vom Service geprägt wird. Außerdem wandelt sich der Service mit der Zeit und wird um neue Aspekte bereichert. So ist es mittlerweile die Aufgabe von Servicekräften, nicht nur den Teller zu platzieren, das Essen zu annoncieren, Soßen anzugießen, sondern auch mit einigen Effekten (wie z. B. Stickstoff) am Gast ein Erlebnis zu produzieren. Ein Beispiel für Beratungen im Service stellt das Gastronomy Consulting von Ingo Hettig dar (https://ingohettig.com). Er ist daneben auch als Berater für Start-ups im Bereich Food sowie als Berater im industriellen Kontext tätig und vernetzt (siehe auch https://travelgastronomist.com). Sein Beratungsansatz nimmt die Perspektive des Gastes ein. Er orientiert sich bei seinem Beratungsansatz an der Customer Experience oder Customer Journey. Ein beispielhafter Weg der Bearbeitung ist das Beschreiben aller wesentlichen Phasen, Kanäle, Kundenbedürfnisse, -gefühle und wichtigen Inhalte, vor-, während und nach einem Restaurantbesuch. Diese Beschreibung wird idealerweise im gesamten Team von Küche und Service erarbeitet, um volle Sensibilität für die Sicht des Gastes zu aktivieren (siehe Abb. 6.1).

Der Kontakt zwischen Restaurant und potenziellem Gast beginnt schon bei der ersten Wahrnehmung des Restaurants, sei es, dass Bekannte oder jemand aus dem Freundeskreis von einem Besuch berichten, ein Bericht in einer Zeitung oder in den sozialen Medien gelesen oder eine Suche nach Restaurants im Internet durchgeführt wird. Der erste direkte Kontakt mit dem Restaurant tritt dann durch einen Anruf für die Reservierung oder durch die Online-Reservierung ein. Hier gewinnen Gäste ihren ersten und meistens nur schwer korrigierbaren Eindruck vom Restaurant. Aus diesem Grunde sollte diesem ersten Kontakt erhöhte Aufmerksamkeit geschenkt werden. Ist eine Reservierung für den Gast einfach durchzuführen oder existieren Barrieren? Wie ist der erste Interaktionseindruck für den Gast? Danach beginnt der eigentliche Restaurantbesuch. Was passiert, wenn ein Gast im Restaurant ankommt? Die Person steht am Eingang und sollte schnellstmöglich in Empfang genommen werden. Es wird dem

6 Wissenstransfer in Form von Beratung

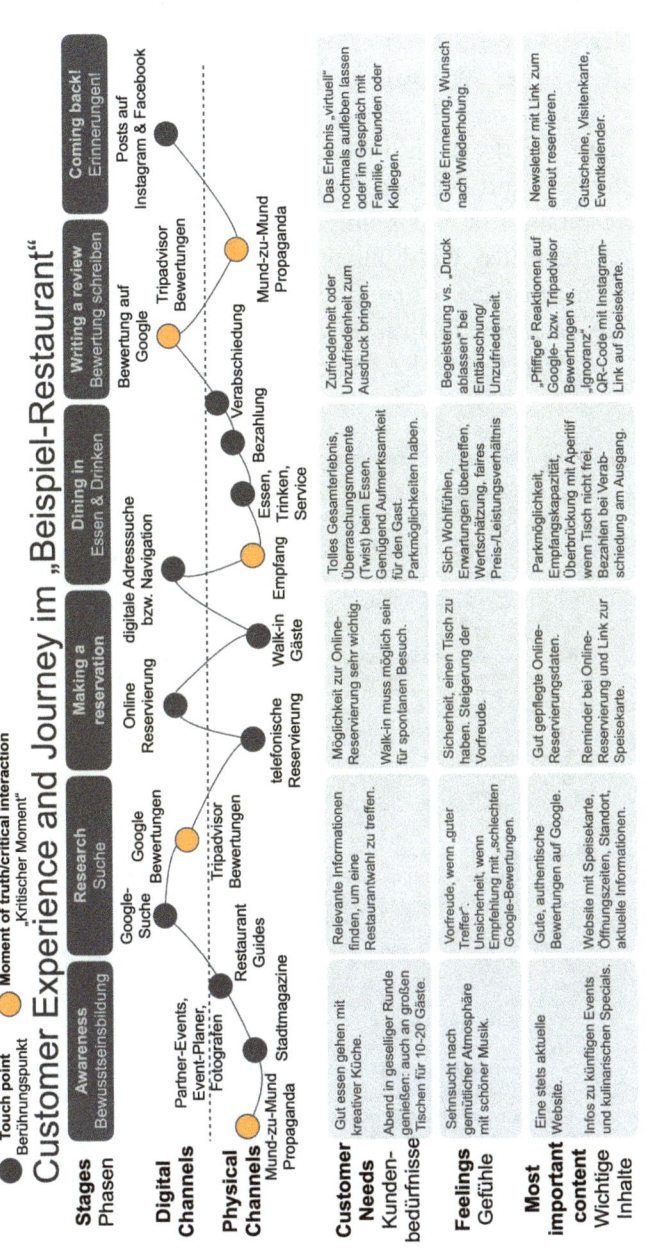

Abb. 6.1 Beispiel einer Customer Experience and Customer Journey aus der Beratungspraxis. (Quelle: Ingo Hettig)

Gast die Garderobe abgenommen, anschließend wird er oder sie am Tisch platziert und gefragt, ob er oder sie ein Wasser trinken möchte und wenn ja, welches. Wie geht die Interaktion mit dem Gast weiter? Wird sofort nach einem Aperitif gefragt? Den Ablauf im Restaurant erarbeitet Ingo Hettig dann in einem Service-Drehbuch zusammen mit den Service- und Küchen-Kräften (siehe Abb. 6.2). Dort wird zwischen Hospitality- und Upselling-Elementen differenziert. Das erste Element beschreibt den Wohlfühlfaktor der Gäste, während das zweite Element den möglichen Mehrverdienst des Restaurants charakterisiert. So werden die Elemente identifiziert, die einen Mehrwert für die Gäste und einen Mehrwert für das Restaurant bringen.

	Hospitality/ Upselling Elemente	Dauer des Aufenthalts in Minuten	Service-Aufgaben, Mitarbeiter Gast-Interaktion, physical Touchpoints
1	Hospitality-Element	0	Gäste treffen ein. Freundliche Begrüßung
2		1	Zuteilung des Tisches (z. B. Tisch 9, hinten vor dem Fenster), Gäste gehen dann selbständig zum Tisch oder werden zum Tisch begleitet
3	Hospitality-Element	2	Service-Mitarbeiter*in begrüßt Gäste und bringt Speise- und Getränkekarte
4	Upselling-Element		Pro-aktive Frage: „Dürfen wir schon vorab eine Flasche Wasser bringen, mit oder ohne Kohlensäure?"
5		5	Wasser wird gebracht und Frage nach Getränken/Aperitif gestellt
6	Upselling-Element		Wenn Aperitif gewünscht wird, fragen, ob zum Aperitif auch bereits Brot & Butter oder geröstete Nüsse gewünscht sind.
7		10	Getränke/Aperitif + (ggf. Brot & Butter und Nüsse) werden serviert
8		11	Bestellaufnahme der Speisen. Vorspeise und Hauptspeise gleichzeitig aufnehmen. Speisekarten werden weggeräumt, eine Speisekarte wird am Tisch belassen
9	Upselling-Element	25	Aperitif-Gläser abräumen, nach weiteren Getränken fragen.
10		28	optional: weitere Getränke servieren
11		30	Vorspeise steht am Pass und wird vom Service abgeholt und serviert
12	Hospitality-Element	32	Frage Service: Wie schmeckt die Vorspeise? Wichtig: kurz nach dem Servieren fragen, sobald die ersten Bissen gemacht wurden.
13		45	Abtragen leere Teller der Vorspeise
14	Upselling-Element		Frage Service: Passt noch alles mit den Getränken, darf es vielleicht noch ein Wasser sein?
15		47	Abruf der Hauptspeisen
16			dazwischen optionaler Getränkeservice
17		70	Hauptspeisen stehen am Pass und werden den Gästen serviert
18	Hospitality-Element	72	Frage Service: Wie schmeckt die Hauptspeise?
19		85	Abtragen leere Teller der Hauptspeise
20	Upselling-Element		Frage Service: Passt noch alles mit den Getränken, darf es vielleicht noch ein Wasser sein?
21	Upselling-Element		Frage Service: Darf ca noch ein Dessert sein? Dabei ggf. jedem Gast eine Speisekarte bringen.
22			Bestellaufnahme Desserts.
23	Upselling-Element		Frage Service: Darf es noch ein Espresso oder Kaffee sein, oder ein Digestif?
24			Kommunikation mit Service Team Bar, damit der Kaffee zeitgleich mit Dessert serviert wird
25		110-115	Desserts stehen am Pass und werden den Gästen serviert; ebenso der Kaffee
26		125	optional Digestif servieren, als absoluter Abschluss der Speisen-/Getränkefolge
27	Upselling-Element	130-135	Frage Service: Darf es noch etwas sein? bzw. Überleitung zur Rechnung
28			Frage Service: Rechnung in bar oder mit Karte
29		140	Bezahlung der Rechnung am Ausgang oder am Tisch. (beide Optionen)
30	Hospitality-Element	142	Verabschiedung der Gäste/Bitte: Wir freuen uns über eine Bewertung auf Google, oder einen Instagram-Post, wenn es Ihnen gefallen hat!

Abb. 6.2 Service-Drehbuch. (Quelle: Ingo Hettig)

6 Wissenstransfer in Form von Beratung 199

Neben der Customer Journey ist in jedem Spitzenrestaurant natürlich auch die Food Journey zentral, da dies der eigentliche Grund ist, warum Gäste das Restaurant aufsuchen. Deshalb wird mit dem Küchenteam auch an einem optimalen Menü gearbeitet. Die Abfolge eines Menüs, das im Gedächtnis bleibt, zeigt Abb. 6.3.

Der Beratungsansatz von Ingo Hettig ist partizipationsorientiert. Er bearbeitet zusammen in Workshops mit den Mitarbeiter*innen z. B. die oben genannten Fragen. Neben diesen Fragen wird auch das Thema DNA des Restaurants sowie die Selbsteinschätzung in den Bereichen Essen, Getränke, Interieur abgefragt (siehe Abb. 6.4). Dabei wird erarbeitet, was das Besondere des Restaurants aus der Sicht der Gäste ist. Was sind die Alleinstellungsmerkmale beim Ambiente und beim Speise- und Getränkeangebot? Wie nehmen die Gäste vermutlich das Preis-Leistungsverhältnis wahr? Wie lässt sich die DNA des Restaurants charakterisieren? Mit diesen Aspekten versucht Ingo Hettig eine Art gemeinsame Vision des Restaurants zu erarbeiten, mit der sich alle Mitarbeitenden identifizieren und deshalb auch glaubwürdig gegenüber den Gästen vorleben können.

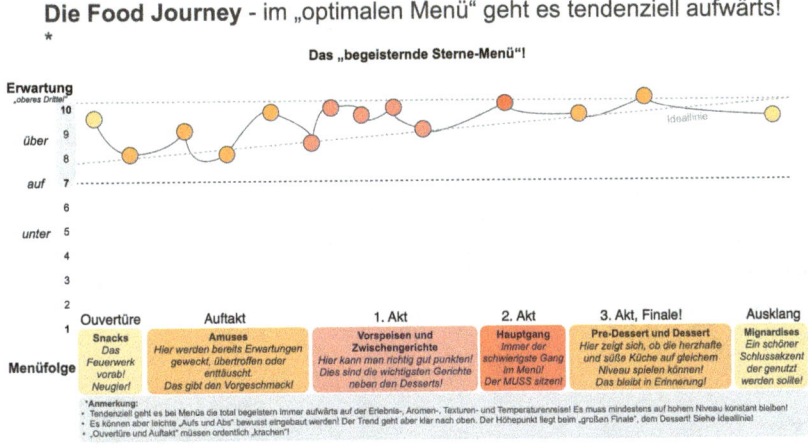

Abb. 6.3 Die optimale Menü-Abfolge. (Quelle: Ingo Hettig)

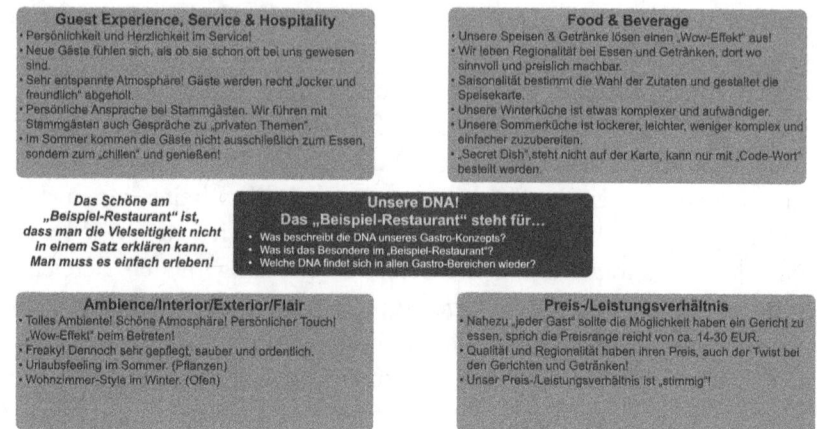

Abb. 6.4 DNA eines Restaurants. (Quelle: Ingo Hettig)

Jeder gute Service beginnt mit einem Mise-en-Place, analog zur Küche. Es müssen die Tischdecken und Servietten vorbereitet, der Weinkühlschrank bestückt und die Gläser griffbereit platziert werden. Aber nicht nur die Vorbereitung, sondern auch der Ablauf soll gut geplant sein. Dabei geht es nicht nur um das Annoncieren der Speisen, sondern hauptsächlich um den Verkauf von Getränken, der ein wichtiges Moment in der Spitzengastronomie ist, weil darüber Gewinn gemacht wird. Dabei darf aber der Verkauf nicht aufdringlich sein, sodass die Gäste das Gefühl haben, genötigt zu werden, etwas Bestimmtes zu bestellen. Da die Gäste nicht nur das Essen bewerten, muss der Service an sich gut sein: *„Ich finde es auch immer respektabel, wenn trotz vollem Restaurant der Service immer noch Zeit findet, mal eine Minute stehen zu bleiben, um mit den Gästen einen netten, humorvollen Dialog zu führen"* (Ingo Hettig).

Ingo – Inkognito als Gast

Ingo Hettig (Foto: Ingo Hettig)

„Damit ich als Berater auch die Fremdwahrnehmung spiegeln kann, gehe ich vorher inkognito zu einem Testessen in das Restaurant, das ich berate. Wobei ich den oder die Besitzer bitte, dies auch wirklich gegenüber dem Team geheim zu halten. Ein bis zwei Wochen später wird dann mit dem gesamten Team ein Workshop durchgeführt. Und dann lassen wir den kompletten Abend mal Revue passieren. Da gehe ich genauso vor, da frage ich erst einmal »Wie denkt ihr denn, wie war an dem Abend das Essen? Wie war die Getränkebegleitung, oder wie war der Service? Was denkt ihr, wie war das Gesamtpaket?« Dabei ist für mich immer die Selbst- und Fremdeinschätzung, bzw. das Delta dazwischen, also die Passung, extrem wichtig. Wenn wir da relativ nah beieinanderliegen, dann hat man es in der Regel einfacher, da stößt man auf fruchtbaren Boden. Herausfordernder wird der Beratungsprozess, wenn das Delta zwischen Selbst- und Fremdeinschätzung größer ist."
Ingo Hettig

Der Beratungsansatz von Ingo Hettig stellt die Differenz zwischen Selbst- und Fremdwahrnehmung durch ein 360 Grad Feedback in den Mittelpunkt (s. Abb. 6.5).

Nach einem Workshop in einem Restaurant, in dem das Thema Customer Journey mit dem gesamten Team behandelt wurde, bekam Ingo Hettig das Feedback, dass eine Servicekraft an einem der nächsten Abende gerade Zitronen für Getränke schnitt, als neue Gäste ankamen. Früher hatte die Servicekraft einfach diese Arbeit vollendet, bevor er die Gäste in Empfang genommen hat. Aufgrund des Workshops ist

Das Prinzip des Workshops!

- In unserem Workshop werden wir immer **zwei Sichten** einbeziehen!
- **Eure Sicht**, im Sinne einer **Selbsteinschätzung**!
- **Ingo's Sicht**, im Sinne einer **Fremdeinschätzung**! (Ingo versucht immer so objektiv wie möglich zu bewerten)
- Daraus leiten **gemeinsam Optimierungsideen** sowie **konkrete Umsetzungsmaßnahmen** ab.
- **Gegenseitige, maximale Offenheit** ist sehr wichtig! **Es geht immer um die Sache, niemals um Personen!**

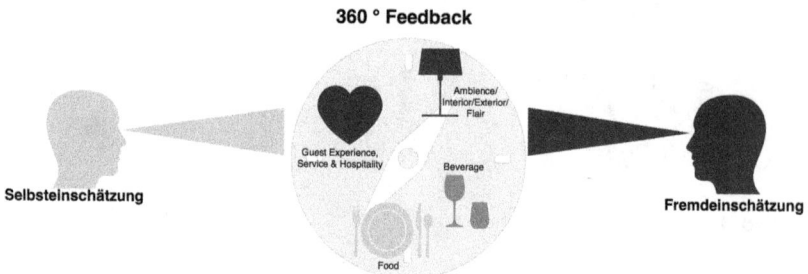

Abb. 6.5 Das Prinzip des Workshops. (Quelle: Ingo Hettig)

er sofort zum Eingang und hat die Gäste begrüßt, weil er sich an den Workshop erinnert hat, wo die Gastsichtweise erarbeitet wurde, dass es unangenehm sein kann, am Eingang auch nur 30 Sekunden zu warten.

Andere Themen der Beratung können auch so scheinbar triviale Dinge wie das Layout der Speisekarte sein. In diesem Fall ist aber eine stärkere Expertenberaterrolle gefordert. Dann müssen einige Grundlagen vermittelt werden, wie z. B. die Tatsache, dass die Preise nicht alle rechtsbündig sind, weil dann die Gäste automatisch die Preise vergleichen. Um die Unterschiede der Speisekarten zu verdeutlichen, bringt er verschiedene schlechte und gute Beispiele mit. Darüber hinaus ist ein großes Beratungsthema auch immer wieder die Kostenkalkulation. Deckungsbeiträge werden zum Teil überhaupt nicht oder prozentual errechnet. Dann kann es aber sein, dass ein etwas billigeres Gericht, das aus diesem Grunde auch häufiger bestellt wird, einen nicht genügend hohen Deckungsbeitrag für das Gesamtergebnis erzielt. Wird ein absoluter Deckungsbeitrag auf jedes Gericht berechnet, dann wird dieser Aspekt eliminiert.

6.4 Kaffee- und Barista-Beratung

Ein weiterer Bereich der Beratung in der Gastronomie bezieht sich auf das Feld der Getränke. Hierzu haben wir exemplarisch mit Sarah Schweizer gesprochen, die im Bereich der Kaffee-und Barista-Beratung tätig ist. Ein typischer Beratungsauftrag besteht hierbei zum Beispiel in der Konzeptionierung eines eigenen Kaffee-Labels. Aus der Gastronomie entsteht z. B. der Wunsch, einen eigenen Kaffee zu kreieren. Dann muss zuerst eine Ist-Analyse durchgeführt werden. Welche Strukturen existieren bereits? Wie soll der Kaffee schmecken? Welche Maschinen braucht man noch? Mit welcher Kaffee-Rösterei kann man zusammenarbeiten? *„Ich mache tatsächlich für jeden Betrieb so ein kleines Anforderungsprofil, wo die Mitarbeiter und die Ausführung immer im Zentrum steht. Und dann füttere ich das Ganze natürlich schon mit Produktvorschlägen aus meinem Netzwerk. Also, so ein Stück weit muss man es sich auch einfach machen und da geht es auch um vertrauensvolle Zusammenarbeit und Erfahrung mit entsprechenden Produzenten. ... So im Rahmen von Wissenstransfer finde ich es immer wichtig, Produzenten und die Ausführenden ganz früh im Prozess zusammenzubringen, damit die sich verständigen"* (Sarah Schweizer). Auch hier wird manchmal nur auf den Kauf der Technik geachtet, ohne es in ein Gesamtkonzept einzubinden *„und im Zweifel sind dann mal 25.000 durch einen Schnellkauf zum Fenster raus"* (Sarah Schweizer). Beratung ist an dieser Stelle auch einfach Übersetzung: *„Ich schaue mir die Kundenportfolios an, wir definieren Geschmacksprofile und dann gehe ich in die Röstereien und erzähle denen, was wir brauchen"* (Sarah Schweizer).

Selbst beim Kaffee-Geschmack existieren regionale Muster: *„Die Bayern nehmen wahnsinnig viel Zucker, die sind so halb Italiener, die brauchen einen Kaffee, wo der Löffel in der Tasse steht. Also der darf nicht so teeartig sein, darf aber auch nicht so herb sein. Es braucht also eine ganz andere Süße und einen stärkeren Fokus auf die Milchgetränke, wie im Norden"* (Sarah Schweizer). Außerdem ist Platzbedarf in der Gastronomie immer ein Thema. Habe ich überhaupt so viel Platz, die Anzahl an Kaffees zuzubereiten, die ich vermutlich am Tage verkaufen will?

Der Wissenstransfer innerhalb des Teams wird in der Regel mit einem Train-the-Trainer-Konzept realisiert. „*Meistens gibt es da stabile Säulen im Team und die hole ich mir sehr gerne für so einen Trainee Trainer Ansatz, weil die stabilen Leute auch meistens die große Lust haben, sich weiterzuentwickeln und auf so ein neues Thema aufspringen. Und das ist für einen Arbeitgeber auch einfach ein gutes Motivationsinstrument*" (Sarah Schweizer).

Die Baristas tauschen sich untereinander in Netzwerken aus, also insbesondere Facebook-Gruppen und YouTube-Channels. Dort teilt man nicht nur Rezepte, sondern tauscht Kaffee-Sorten untereinander aus und gibt Empfehlungen. Es wird aber auch die Frage diskutiert, wie viel ein Kaffee kosten darf. Außerdem gibt es spezielle Kaffeemessen, bei denen sich viel um Innovation dreht. Dort steht die Technik im Mittelpunkt, also Maschinentechnik und Küchenkonzepte.

7

Case Studies

Die hier aufgeführten Case Studies sind nach den Küchentypen als Ordnungskriterium aufgelistet. Wir beginnen mit Beispielen, die aus der Spitzengastronomie kommen, also aus der Zubereitungsküche, gehen dann über zu größeren Konglomeraten aus der Zubereitungsküche, um zu Regenerations-, Zubereitungs- und Aufbereitungsküchen zu kommen, die aber an sich selbst den Anspruch von Fine-Dining-Qualität stellen. Bei allen Beispielen bleiben wir in einem Qualitätsspitzensegment, das aber auf unterschiedliche Küchengrößen und -typen übertragen wird. Gerade dadurch ergeben sich interessante Herausforderungen für den Wissenstransfer.

7.1 Wissenstransfer im Team von Alexander Herrmann

Das Food-Imperium von Alexander Herrmann besteht aus mehreren eigenständigen Firmen. Im Mittelpunkt steht das »Posthotel« in Wirsberg mit dem 2-Sterne-Restaurant »Restaurant Alexander Herrmann« by Tobias Bätz und »AH-Das Bistro«. Daneben existieren die beiden

Restaurants »Imperial by AH« und das »Fränk'ness« in Nürnberg sowie die Kooperation mit dem Palazzo, der Kiosk am Freibad in Wirsberg, der Online-Shop, die eigenen Produktlinien und »Wein & Co.« mit Guido Gottwald, die »Starchef-Box«, die Fernsehauftritte, die Live-Tour und die gebuchten Speaker-Auftritte, um nur die wichtigsten Aktivitäten zu nennen. Alles wird durch Alexander Herrmann zusammengehalten und zusammengebunden. Ein Besuch im Posthotel in Wirsberg lässt einen sofort eine auffällige Erfahrung machen: Auch wenn Alexander Herrmann nicht (physisch) vor Ort ist, so ist er doch immer (in den Gesprächen der Mitarbeitenden) anwesend. Immer wieder wird auf den „Chef" verwiesen.

Das strategische und operative Geschäft leitet Alexander Herrmann über ein Führungsteam, das sich regelmäßig trifft. Es umfasst den gastronomischen Leiter und Sternekoch Tobias Bätz, die Restaurant- und Serviceleitung, den Hoteldirektor, die Hausdame, die Strategische Entwicklung Hotel, die Betriebsleitung aus Nürnberg und seine persönliche Assistentin. Mit dieser Gruppe kommuniziert er auch ständig über Messenger Apps. Die Apps sind für ihn eine Art Notizbuch, wie Sabine Krogemann, seine persönliche Assistentin, berichtet:

> „Diese Apps nutzt er wie ein Diktiergerät. Alles, was ihm durch den Kopf geht oder er schnell weitergeben will, schickt er auf diesem Weg an seine Abteilungsleiter. Da er häufig unterwegs ist, haben alle die Chance, trotzdem im Austausch mit ihm zu stehen. Intern tauscht sich dann das Führungsteam im Laufplan-Meeting aus. Dort werden alle relevanten Nachrichten und Änderungen besprochen und können schnell sowie abteilungsübergreifend umgesetzt werden."

Ergebnisse aus dem Führungsteam werden dann von den jeweiligen Abteilungsleiter*innen in die eigenen Teams kommuniziert. Wie und wann sie die Aufgaben erledigen, ist ihnen immer selbst überlassen. Dies hat auch mit den unterschiedlichen Arbeitsrhythmen zu tun. An der Rezeption ist die Arbeit über den Tag anders verteilt, als beim Housekeeping oder in der Küche. Die Verpflichtung auf gemeinsame Ziele wird besonders durch den Führungsstil von Alexander Herrmann und durch viele kleine Maßnahmen erzeugt, die am Beispiel des Gourmet-Restaurants verdeutlicht werden.

Die Mischung macht's!

Alexander Herrmann und Tobias Bätz (Foto: Sebastian Metzdorf – Metzemedia)

Der Chefkoch, Tobias Bätz, erzählt folgende Anekdote, um den Führungsstil des Hauses zu beschreiben:

„Bei meinem Vorstellungsgespräch hat mich der Chef damals vom Flughafen abgeholt. Ich habe auf Mallorca gearbeitet. Und ich bin zurückgekommen für dieses Vorstellungsgespräch. Wir sind von München bis nach Wirsberg etwas mehr als zwei Stunden gefahren. Während der Fahrt fand de facto das Vorstellungsgespräch statt. Aber wir haben gar nicht über das Essen gesprochen, sondern nur, wie wir mit Leuten umgehen wollen. Und das hat mich natürlich wahnsinnig begeistert, weil das genau mein Ansatz ist. Wir wollen über die Qualität der Mitarbeitenden Qualität auf dem Teller schaffen. Letztes Jahr sind wir dafür mit dem Team-Player-Award ausgezeichnet worden."

Der Führungsstil ist also von klaren Visionen geprägt, die auch vorgelebt werden. Dies ist ein wichtiger Bestandteil der transformationalen Führung. Tobias Bätz begründet den Führungsstil von Alexander Herrmann mit seiner Biografie, wie sie auch in der Autobiografie nachzulesen ist (Herrmann und Hock 2020): Der frühe Verlust seiner Eltern durch einen Autounfall und das Aufwachsen im Team des Posthotels.

Ein weiterer Aspekt seiner Führung ist die Abnahme eines neu entwickelten Menüs. Bis zur Abnahme durch Alexander Herrmann ist jede Änderung möglich, danach muss alles so bleiben und jeden Abend in gleichbleibender Qualität gekocht und serviert werden, wie Tobias Bätz berichtet: *„Wir kochen das komplette Menü, wir probieren jeden einzelnen Gang, dann wird jedes Gericht fotografiert und rezeptiert. Ab dem Tag, wo der Chef das abnimmt, ist es wie eine Art Vertrag, das Menü jeden Tag genauso abzuliefern."* Das vollständige Menü wird Alexander Herrmann – wie später den Gästen auch – im Restaurant serviert. Er will keine Ablenkung durch Küchengerüche oder -geräusche. Das gesamte Küchenteam steht währenddessen im Halbkreis ganz still um ihn herum und wartet auf sein Urteil. Sabine Krogemann erzählt von diesem Moment wie folgt:

„Das ist wirklich ein ganz außergewöhnlicher Tag im Hotel. Ich würde es als Event verkaufen, wenn ich dürfte. In diesem Kreis der Köche zu stehen und diese Energie zu spüren, wenn der Chef das vom Team kreierte Menü zum ersten Mal serviert bekommt, ist sehr aufregend. Die Brigade aus dem Gourmet steht gespannt und mucksmäuschenstill um den Tisch herum, an dem er und Tobias sich gegenübersitzen. Wenn der Chef das Menü probiert, hat man als Zuschauer das Gefühl, die Zeit steht still. Er verzieht dabei keine Miene und setzt das perfekte Pokerface auf: Er isst, sagt nichts und alle warten gespannt auf sein Feedback. Das ist ein magischer Moment! Entweder werden seine Erwartungen direkt übertroffen oder das Gericht geht mit Tobias ins Feintuning."

Dieses Ereignis macht die Vielfalt der Führung deutlich, die bei Alexander Herrmann aus einer Mischung von transformationalen und transaktionalen Elementen besteht.

Wissenstransfertools

Das Konzept des Restaurants ist nach einer Reise durch die 3-Sterne-Restaurants in Deutschland entstanden, wie Tobias Bätz berichtet:

„Ich habe zusammen mit dem Chef eine Reise gemacht, wo wir innerhalb von acht Wochen alle 3-Sterne-Köche in Deutschland besucht haben. Wir haben schnell gemerkt, dass das zwar alles sensationell schmeckt, aber immer wieder die gleichen Komponenten verarbeitet werden. Da wir nicht so sein wollen, haben wir uns deshalb komplett neu aufgestellt. Zudem habe ich daran gearbeitet, ein Team zusammenzustellen, das sich mit mir verwirklichen will. Wir haben Leute gefunden, die ihr Hobby zum Beruf gemacht haben."

Ein wichtiges Differenzmerkmal sollte also sein, dass andere, vor allem unbekannte Produkte auf dem Teller Platz finden, die in keinen anderen Spitzenrestaurants serviert werden. So entstand die Idee, einen Food-Scout einzustellen, der gemeinsam mit den örtlichen Produzent*innen neue Produkte entwickelt und neue Koch- und Einlagerungstechniken ausprobiert, um ganz neue Geschmäcker zu erzeugen. So wurde Joshi Oswald eingestellt (siehe das Kapitel über Wissensgenerierung), der nach Auskunft von Tobias Bätz grundsätzlich alles erst einmal in den Mund nimmt und so auf neue Geschmacksrichtungen stößt. Regelmäßig wird das Wissen des Teams auch an Gäste in besonderen Arrangements weitergegeben, etwa in Form von sogenannten »Culinary Bootcamps«, bei denen die Gäste Ausflüge zu Produzent*innen der Region machen oder durch Vorträge der Produzent*innen in die regionalen kulinarischen Schätze eingeweiht werden. Der Wissenstransfer wird im Restaurant durch ein paar Organisationsmaßnahmen und ein paar Tools besonders unterstützt, die wir kurz vorstellen werden.

Die Organisation
Ein wichtiges Konzept im Restaurant ist das gemeinsame Servieren von weißer und schwarzer Brigade. Durch das gemeinsame Servieren werden auch Kommunikationsprobleme verhindert, weil ein Wir-Gefühl erzeugt und ein Perspektivwechsel zwischen den Köch*innen und den Servicekräften erleichtert wird. Für die meisten Gäste ist rein äußerlich vermutlich kaum ein Unterschied erkennbar. Während der Coronazeit haben die Köch*innen beispielsweise einen Mund-Nasen-Schutz in einer anderen Farbe (blau) getragen als die Servicekräfte (rosa). Das gemeinsame Servieren von weißer und schwarzer Brigade war auch aus einem anderen Grund unabdingbar: In der Phase, als die Corona-Verordnungen eine frühe Restaurant-Schließung verpflichtend machten, musste das Essen für alle Gäste um 18 Uhr beginnen, damit man rechtzeitig fertig wurde. Wenn aber alle Gäste gleichzeitig die Petit Fours oder den ersten Gang serviert bekommen müssen, dann schaffen es die Servicekräfte nicht allein. Da die Köch*innen mithalfen, war genügend Personal für die zu bewirtenden Gäste vorhanden. Gleichzeitig konnten die Abläufe in der Küche optimiert werden, weil alle Gänge für alle Tische gleichzeitig vorbereitet wurden. Dieser logistische Vorteil in den Küchenabläufen wurde nach den Pandemie-bedingten Einschränkungen beibehalten, sodass das Menü ab 18.00 Uhr für die Gäste

gleich getaktet gekocht und serviert wird. Die Pandemie hat somit zu einer extern angestoßenen Wissensgenerierung geführt, die als neues Organisationsprinzip verstetigt worden ist. Das gemeinsame Arbeiten wird durch eine festgelegte Choreographie erleichtert, wie Tobias Bätz erläutert:

> „Wir haben eine Theatertrainerin engagiert, die mit uns eine Art Drehbuch erarbeitet hat. Dadurch wissen alle, zu welchem Zeitpunkt wir an welchem Verlauf des Abends sind. Es gibt festgelegte Zeichen und am Abend wird ganz klassisch ein Drehbuch »gespielt« und somit ist es auch egal, wer serviert, weil jeder unser Drehbuch im Kopf hat."

Unterstützt wird dieses Vorgehen durch ein Storytelling. Jeder Gang wird auf einem Kärtchen, das in eine kleine Holzschiene auf den Tisch gestellt wird, genau erläutert. Jeweils ein Teammitglied aus der schwarzen oder weißen Brigade ist eine Art Ambassador für das Gericht. Auf der Vorderseite wird in einem Satz erläutert, was für diese Person das Besondere an dem Gericht ist (s. Abb. 7.1). Dabei sind nicht nur der Chefkoch und der Food-Scout Ambassadore für einen Teller, sondern auch Marie Schlötterer, damals noch Auszubildende. Sie hatte

Abb. 7.1 Beispiele für Storytelling. (»Restaurant Alexander Herrmann« by Tobias Bätz; Fotos: Uwe Wilkesmann)

als Beste ihres Jahrgangs abgeschnitten und war an der Entwicklung des Gerichts mit beteiligt. Zum einen wird so ein Anerkennungssystem geschaffen, in dem herausragende Leistung durch das Storytelling an die Gäste kommuniziert wird. Zum anderen wird noch einmal ein starkes Commitment und Zugehörigkeitsgefühl erzeugt.

Dass die Ausbildung in Wirsberg besondere Möglichkeiten bietet, bestätigt uns Marie Schlötterer im Gespräch:

„Zum einen haben wir eine gesonderte Klasse der Jeunes Restaurateurs, wo jeder aus einem Jeunes Restaurateurs Betrieb kommt und man spürt, dass da alle aus Leidenschaft lernen. Das hat Herr Bätz am Anfang zu mir gesagt: »Das ist etwas Besonderes, sich dort noch einmal mit den anderen auszutauschen.« Und das ist auch wirklich so. Also, man spürt das. Und zum anderen haben wir einmal in der Woche Zusatzunterricht, wo es zum Beispiel um die Hinführung zu Managementthemen geht, also Kostenmanagement und so weiter. Zum Thema Knigge hatten wir ebenfalls einige Unterrichtseinheiten. Das sind alles Themen, die nicht direkt etwas mit dem Kochen, mit dem Handwerk, zu tun haben, aber trotzdem hoch spannend und relevant sind. Zu Kochthemen gibt es auch Schulungen, etwa zur Patisserie. Der Unterschied zu den Auszubildenden in meiner »normalen« Berufsschulklasse ist deutlich zu spüren. Wenn wir uns in der Berufsschule unterhalten haben, meinten die dann etwa: »Oh, wir haben heute Abend eine große Gruppe. Es kommen fünfzehn Leute auf einmal.« Und sie wüssten gar nicht, wie das gehen soll. Da habe ich nur gedacht: Bei uns kommen alle auf einmal! Und es sind zum einen mehr und zum anderen ist es auch tagtäglich so, dass wir fünfzehn oder achtzehn Teller auf einmal anrichten. Herr Bätz sorgt als Küchenchef für eine positive Energie in der Küche, die schon wahnsinnig schnell ansteckt und für Höchstleistungen sorgt."

Diese Energie, von der Marie Schlötterer im Interview spricht, wird auch durch das Power-Briefing verstärkt, das wir nun kurz erklären werden.

»Power-Briefing«
Ein weiteres, wichtiges Moment der gemeinsamen Verpflichtung auf ein Ziel und der Erhöhung der Motivation ist das Power-Briefing, das Tobias Bätz mit dem Küchen- und Serviceteam zusammen kurz vor

dem Beginn des Service durchführt. Power-Briefing ist nach einem Training von Hans-Jürgen Hartauer eingeführt worden, der das Konzept entwickelt hat und gemeinsam mit Andrea Grudda vertreibt (http://power-briefing.de).

Um 17:45 Uhr versammelt sich das gesamte Team, sprich das Service- und das Küchenteam, in der Küche zum sogenannten Power-Briefing. Das Power-Briefing besteht aus verschiedenen Elementen. Es beginnt zum Beispiel mit einem Aufmerksamkeitsspiel. Dabei wird das gesamte Team in zwei gemischte Gruppen eingeteilt, die gegeneinander spielen. An dem Tag, an dem wir dabei sein durften, gab es ein Wissensspiel zum Guide Michelin. Wissensfragen über die Geschichte des Guide Michelins und über die Sternevergabe und Sternerestaurants mussten beantwortet werden. Als zweites Spiel wurde das sogenannte »Alexander Herrmann Spiel« gespielt. Tobias Bätz erläutert es wie folgt: *„Ein weiteres Lieblingsspiel von mir ist das »Alexander Hermann Spiel«. Ich stelle eine Frage und die erste Antwort heißt »Alexander Hermann«. Zum Beispiel frage ich: »Was servieren wir heute als ersten Gang?« und die richtige Antwort lautet: »Alexander Herrmann«. Auf die zweite Frage muss die Antwort der ersten Frage genannt werden und auf die dritte Frage die Antwort der zweiten Frage und so weiter."* Dies erhöht die Aufmerksamkeit vor dem Abendservice noch einmal sehr stark. Ganz zum Schluss wird ein gemeinsames »Schlachtlied« gesungen. Sebastian Metzdorf (Metze) als Sous-Chef, wird dabei zum Vorsinger und das gesamte Team stimmt in den Chorus ein. Dies ist bewusst so gestaltet wie in der Fußball-Kabine vor einem Spiel, in der sich die Fußballspieler gegenseitig noch einmal motivieren. *„Und es ist wichtig, dass wir alle immer mit einem Lächeln in den Service gehen. Um Punkt 18 Uhr gehen wir raus und das »Publikum«, also unsere Gäste, steht da. Das ist wie bei den Fußballspielern, die alle auf einmal auf das Spielfeld laufen und das ganze Stadion feiert. Wir haben diese Energie dann auch, wenn wir rausgehen"* (Tobias Bätz). Dabei erzeugt das Team eine so große Lautstärke, dass die wartenden Gäste dies hören können. Ein wirklich imposantes Schauspiel! Unterstützt wird das Ritual des Power-Briefing wiederum dadurch, dass alle Gäste pünktlich um 18 Uhr zum »Anstoß(en)« kommen und das Spiel somit beginnen kann.

7.2 Wissenstransfer im familienbetriebenen Sternerestaurant von Sascha Stemberg

Das »Haus Stemberg« ist ein Restaurant, das seit 2013 jährlich mit einem Stern im Guide Michelin ausgezeichnet wurde und schon in der fünften Generation in Familienbesitz ist. Geografisch liegt es in einem ländlichen Raum, ist aber mit dem Auto aus dem Ruhrgebiet oder aus Düsseldorf in maximal einer Stunde Fahrzeit zu erreichen. Es zeichnet sich durch einen hohen Anteil an Stammgästen aus. Ebenso hat es die Besonderheit für ein Fine-Dining-Restaurant, dass die Gäste zwischen dem Menü und Gerichten á la carte wählen können. Eine weitere Besonderheit ist die Atmosphäre: Jeder Gast wird sehr familiär begrüßt und fühlt sich nicht als Kunde, sondern als Gast in einer Familie. Die Kombination aus Sternerestaurant und ungezwungener Wohlfühlatmosphäre kennzeichnen das »Haus Stemberg«.

Bei der Wiedereröffnung nach dem Lockdown sind in der Küche neun Personen und im Service sieben Personen beschäftigt. Alle Mitarbeiter*innen konnten während des Corona-Lockdowns im Betrieb gehalten werden, u. a., weil das Kurzarbeitergeld auf 100 % aufgestockt wurde. Um dies finanzieren zu können, wurden während des Lockdowns in einem sehr großen Umfang Take-Away Gerichte und Menü-Boxen angeboten. Mit vielen Ideen, wie z. B. Menü-Boxen für besondere Anlässe (Muttertag oder andere Festtage) sowie mit Burger-Take-Away oder speziellen Eiskreationen, die vor dem Haus an einem Eiswagen verkauft wurden, konnte zumindest ein so hoher Umsatz erzielt werden, dass die Aufstockungen finanziert werden konnten. Die Weiterbeschäftigung der Mitarbeiter*innen war mit dem Argument motiviert, das Wissen im Restaurant zu halten. Nach Ende des Lockdowns konnte – im Gegensatz zu vielen anderen Betrieben – das »Haus Stemberg« auf diese Weise schnell wieder seinen Betrieb aufnehmen. Dabei wurde nicht nur an die Stammkräfte gedacht, *„selbst die Aushilfen haben wir immer wieder zwischendurch eingesetzt. Immer wieder, dass die im Flow bleiben, dass wir die zumindest so alle vierzehn Tage mal sehen, dass die wissen, die stehen bei uns auf dem Plan"* (Sascha Stemberg).

Die Wissensziele

Da es sich um ein über viele Generationen etabliertes Restaurant handelt, bestand die Zielsetzung von Sascha Stemberg erst einmal in der Etablierung einer eigenen kulinarischen Identität: „… ich habe in guten Häusern gelernt, bin dann nach Hause gekommen, um den Familienbetrieb zu übernehmen und meine Intention war es immer, dass die Leute sagen, sie kommen irgendwann zu Sascha Stemberg und nicht zu Walter Stemberg" (Sascha Stemberg).

Dies ist ihm besonders dadurch gelungen, dass er einen Stern beim Guide Michelin erkocht hat. Dabei hat er eine klare Vorstellung, wie sein Kochstil sein soll.

Optimieren ist die Zukunft!

Sascha Stemberg (Foto: Kirchgasser Photography)

„Meine Zielsetzung war, wir kochen immer einfach. Ich versuche das Gesamte zu sehen. Dabei fragte ich mich vor einiger Zeit, ist es sinnvoll, dass die Beschäftigten immer 12, 14 Stunden im Betrieb sind? Ist es nicht. Wie kann man die Zeiten aber reduzieren, ohne Fertigsachen zu kaufen? Indem man hergeht und sich auf das konzentriert, was man gelernt hat. Ich gehöre noch zu der Generation, wo es um Geschmack ging, um beste Produkte. … Also ich bin immer im Flow und denke drüber nach, wie man Arbeitsabläufe optimieren kann. Wie kann ich die Wegstrecken meiner Lieferanten verkürzen? Also regional einkaufen, aber ohne Dogmen. Ich will uns wirtschaftlich und ökologisch optimieren und dabei mitarbeiterfreundlicher sein. Weil dieser Gedanke, dass Leute doch 16, 17, 18 Stunden für dich arbeiten, nur weil du ein Sternerestaurant hast, war noch nie meine Idee. Obwohl ich selbst ein Workaholic bin, wenn man mir nachts um eins schreibt, antworte ich

> *meistens auch direkt, aber alles muss im Rahmen bleiben, dass es mir noch Spaß macht"* (Sascha Stemberg).
>
> Seine Ideen hat er so umgesetzt, dass nach dem Corona-Lockdown der Mittagsservice so weit reduziert wurde, dass dieser jetzt nur noch am Wochenende angeboten wird und sich insgesamt mehr auf den Abendservice konzentriert wird. Die Reservierungen zeigen, dass sein Plan sehr gut aufgegangen ist.

Gerade nach der Pandemie haben sich die Bedürfnisse und Arbeitsanforderungen der Mitarbeitenden verändert. In vielen anderen Restaurants sind die Beschäftigten nicht gehalten worden und deshalb in andere Branchen abgewandert. Dort verdienen sie nicht nur vergleichsweise gut, sondern haben andere Arbeitszeiten, die familienfreundlicher sind oder den Mitarbeiter*innen selbst mehr Freizeit ermöglichen, besonders abends und am Wochenende. Aus diesem Grunde stellt sich das Thema Mitarbeiterrekrutierung und Halten von Mitarbeiter*innen nach der Pandemie neu. Auch andere Spitzenrestaurants überlegen, wie ihre Arbeitszeiten mitarbeiterfreundlicher werden können.

Der Wissenstransfer in der Küche und im Service
In einem kleinen Unternehmen, in dem nur so viele Mitarbeiter*innen beschäftigt sind, dass sich alle gut kennen und auch ständig sehen, ist ein formalisierter Wissenstransfer nicht notwendig. Hier ist vielmehr darauf zu achten, dass zwischen den einzelnen Personen das Wissen auch wirklich weitergegeben wird. Bei Sascha Stemberg geschieht dies durch eine Rotation der Köch*innen auf den einzelnen Stationen: *"Wir haben in der Küche ein rotierendes System, dass ich nicht einen Saucier habe, der seit sechs Jahren an der Position ist, sondern dass wir alle ein, zwei Jahre bei langjährigen Mitarbeitern die Posten auch wechseln. Wenn einer geht, dann kann der andere dem Neuzugang erklären, was auf dem anderen Posten zu machen ist."* Dies gilt natürlich auch für die Auszubildenden, die in ihren Lehrjahren an allen Posten einmal gearbeitet haben müssen. Die Wissensvermittlung der Auszubildenden ist aufgrund der geringen Größe des Unternehmens auch eher informell

organisiert. „*Was die Ausbildungsmaßnahmen anbelangt, da sagen wir z. B., wir müssen mal eine Besteckschulung machen oder wir müssen über Wein sprechen oder ein Menü schreiben lassen. Wir sind ein Familienbetrieb, das sind kurze Wege, da sprichst du beim Mittagessen über solche Sachen. Da gibt es kein Formblatt für wie in einem großen Hotel*" *(Sascha Stemberg).*

Die Standardrezepte hat Sascha Stemberg als Chefkoch alle im Kopf. Der jeweilige Koch bzw. die Köchin auf einer Position bekommt dann ein Rezept und weiß, was zu tun ist. Diese Köch*innen schreiben die Rezepte dann auf. Jeder hat dabei ein anderes Medium, wo es ablegt wird. Viele benutzen eine Kladde, andere einen Schnellhefter, die Jüngeren schreiben auch die Rezepte in ihr Handy oder Tablet. Wenn der Posten im Rotationssystem gewechselt wird, dann geben die einzelnen Postenköch*innen ihre Rezepte an die nachfolgende Person weiter und fungieren als Wissensgeber und die neue Person am Posten als Wissensnehmer. Beide sind aber selbst dafür verantwortlich, dass der Wissenstransfer vorgenommen wird und funktioniert.

Das Rotationssystem ist auch deshalb notwendig, weil gerade die jüngeren Köch*innen auf der Wanderschaft sind und häufiger wechseln. Der Weggang von Personen wird dann durch die Wissensverteilung auf mehrere Personen aufgefangen. Das Wissen geht dem Restaurant nicht mit der abwandernden Person verloren, sondern bleibt im Betrieb. Dies ist allerdings, wie Sascha Stemberg betont, im 1-Sterne-Bereich einfacher als im 3-Sterne-Bereich. „*Wenn du zwei oder drei Sterne hast und einen fantastischen Pâtissier, der begleitet dich drei Jahre, wird in der Zeit vielleicht mal Pâtissier des Jahres und geht dann, dann stehst du da wie ein Blödmann. Du musst es auf mehrere Leute verteilen. Alles andere macht keinen Sinn*" *(Sascha Stemberg).*

Sascha Stemberg vertraut seinem Team und muss nicht immer anwesend sein. Es läuft auch ohne ihn. Auch wenn dem Team ein Fehler unterlaufen sollte, ist das für Sascha Stemberg nicht der Weltuntergang, sondern das junge Team kann aus Fehlern auch lernen. „*Wenn ich mal an einem Abend woanders koche, dann mache ich mir auch keine Sorgen. Ich bin auch von dem Gedanken weg und wenn ein Fehler passiert, dann passiert mal ein Fehler. In dem Preissegment, in dem ich mich bewege, ist der Fehler eher mal mit Herzlichkeit zu verzeihen und das ist auch gut so, weil so kann ich mich auch weniger ernst nehmen und kann auch die Sache etwas entspannter angehen" (Sascha Stemberg).*

Bei einer Stellenneubesetzung wird ein halbes Jahr im Voraus nach potenziellen Nachfolger*innen Ausschau gehalten. Manchmal bekommt er aber auch gute Köch*innen von Kolleg*innen aus seinem Netzwerk empfohlen. So werden gerade junge Nachwuchsköch*innen in einem Netzwerk weiterempfohlen. Die Neuen werden zunächst auf dem Posten eingesetzt, wo sie sich am besten auskennen und am sichersten fühlen. Anschließend werden sie aber auch Teil des rotierenden Systems in der Küche. Gerade weil es sich um ein kleines, familiäres Team handelt, ist bei der Personalauswahl das wichtigste Kriterium die Menschlichkeit und Teamfähigkeit:

„Menschlichkeit ist ein wichtiges Kriterium bei der Personalauswahl. Den Rest kriegst du hin. Du kannst einen extrem guten Koch bekommen, wenn der aber das Team durch seine Art durcheinanderbringt, lass ich die Finger davon. Also kannst du lieber einen einstellen, wo die alle sagen, super netter Typ oder super nettes Mädel, war total klasse, kann aber noch nicht so viel, weil er oder sie gerade aus der Lehre kommt, dann ist es aber egal, das kannst du denen beibringen" (Sascha Stemberg).

Neue Ideen werden vor allem vom Chef selbst kreiert, der die Gerichte vorher im Kopf »kocht« und nur noch ein gewisses Fine-tuning durch ein Probekochen vornimmt. Alle dürfen aber auch Ideen einbringen. Diese neuen Ideen müssen dann so angepasst werden, dass sie zur Handschrift von Sascha Stemberg passen. Er entscheidet dann endgültig auch darüber, ob das Gericht vielleicht in einer gewissen Abwandlung auch auf die Karte kommt – oder auch nicht. Auf jeden Fall versucht er das jeweils genau zu begründen. Wichtig ist für Sascha Stemberg auch die Konstanz. Seine Gäste sollen immer wieder die gleich hohe Qualität auf dem Teller präsentiert bekommen. Wenn Gäste einmal eine sehr hohe Qualität auf dem Teller vorfinden, aber beim zweiten Besuch eine schlechtere Qualität, dann kann es sein, dass sie nicht ein drittes Mal zu Besuch kommen.

Im Service ist die Problematik des Wissenstransfers durch sehr lange Betriebszugehörigkeiten abgemildert. Fast alle Servicekräfte sind schon sehr lange in dem Restaurant beschäftigt und kennen deshalb alle Stammkunden mit Namen und ihren Vorlieben. Diese müssen deshalb nicht extra aufgeschrieben und in einem formalisierten Prozess hinterlegt und weitergegeben werden. Dieser Formalisierungsprozess würde einige Zeit in Anspruch nehmen, die nicht notwendig ist, da zumindest die Familienmitglieder, die im Service ebenfalls mit eingebunden sind, dieses Wissen auch besitzen und es somit bei einem Personalwechsel auch nicht verloren gehen würde. Sind an einem Abend besondere Gäste anwesend, so wird dies auch eher beiläufig und informell beim Personalessen vorher besprochen.

7.3 Wissenstransfer in und zwischen den Restaurants von The Duc Ngo

„Das Essen da bei Duc macht mich high" Sido im Song ‚High'

Der bekannte Berliner Star-Koch und Szene-Gastronom, The Duc Ngo, betreibt ein kleines Restaurant-Imperium von 14 verschiedenen Restaurants. Diese 14 Betriebe umfassen zehn verschiedene Konzepte, sodass nur jeweils zwei Restaurants vom Konzept her gleich sind. Der größere Teil der Restaurants ist in Berlin angesiedelt, aber einige befinden sich auch in Frankfurt oder Baden-Baden. Insgesamt beschäftigt er dort ca. 400 Mitarbeiter*innen. Da sich die Mehrzahl seiner Berliner Restaurants auf der Kantstraße befinden, hat sich der Hashtag *#kantstrassenmafia* etabliert, der vom Schauspieler Ken Duken kreiert wurde und unter dem viele Bilder aus seinen Restaurants gepostet werden.

Die Restaurants befinden sich bislang noch nicht unter einem gemeinsamen Dach eines Unternehmens, sondern werden mit unterschiedlichen Partnern in verschiedenen Gesellschaftsformen betrieben. Wichtigste Partner sind dabei erstens seine Familie, in Form seines Cousins und seines Bruders, zweitens die Interieur Designerin HyungJung Kim, drittens betreibt er zusammen mit der Gekko Gruppe weitere Restaurants in Frankfurt, Baden-Baden sowie Berlin und viertens betreibt er mit weiteren Partnern noch ein Restaurant in Braunschweig. Als erstes Restaurant eröffnete er 1999 das »Kuchi«, das bis heute in unveränderter Form und mit demselben Konzept weiter erfolgreich läuft. Für den Wissenstransfer stellt es deshalb eine Besonderheit dar: Viele Beschäftigte (besonders in der Küche) arbeiten dort schon seit über 20 Jahren. Aus diesem Grund hat sich die Frage nach dem Wissenstransfer bislang nicht gestellt, da mehr oder weniger alles Wissen in den Köpfen der Mitarbeiter*innen vereint ist. Die Frage des Wissenstransfers wird im »Kuchi« erst dann aktuell, wenn die langjährigen Wissensträger*innen das Restaurant verlassen sollten.

Die »The Duc Ngo-DNA«
Für den Wissenstransfer ist weiter wichtig, dass es – obwohl alle Restaurants in unterschiedlichen Gesellschaftsformen geführt werden – einen konzeptionellen und strategischen Überbau gibt. The Duc Ngo entwickelt für alle Restaurants zusammen mit seinen beiden Küchendirektoren die gesamten Konzepte und Speisekarten. Alles kulinarische Wissen läuft also bei diesen drei Personen zusammen bzw. geht von ihnen aus. Einer der Küchendirektoren ist zentral für die Kontrolle der Kalkulation und den Einkauf aller Restaurants zuständig, wie The Duc Ngo im Gespräch erklärt:

„*Ich habe meinen Küchendirektor, der kontrolliert immer mal wieder die Preise, weil das oftmals von den Küchenchefs selbst übersehen wird. Die bestellen einfach den Thunfisch und dann ist der Kilopreis von 26 Euro auf 32 Euro gestiegen und keiner bemerkt das. Bisher gibt es bei uns noch kein richtiges Controlling, weil alle Restaurants mit ihren eigenen Partnern für sich laufen. Aber mein Küchendirektor schaut da immer mal wieder drauf und wir verhandeln jetzt immer als große Gruppe bei den Händlern. Also da versuchen wir jetzt natürlich unsere Größe auszuspielen, zu sagen, okay, dann gib uns doch mal für die Garnelen einen Fixpreis für ganz Deutschland.*"

Zusätzlich kümmert sich in dieser zentralen Einheit noch eine HR-Managerin um die Organisation des Service. Ebenso existiert eine Managing Director, die sich seit 2008 um die Eröffnung fast aller neuen Restaurants als Restaurantleiterin kümmert. Das Rollout eines neuen

Restaurants wird demnach immer über die Küchendirektoren und die Managing Director betrieben und nach einigen Monaten in die Hände einer eigenen Mannschaft übergeben. Die beiden Küchendirektoren besuchen anschließend alle Restaurants im Schnitt alle zwei Monate, um möglicherweise korrigierend eingreifen zu können.

Meine Handschrift ist natürlich mein Essen … und wahrscheinlich mein Kopf und auch mein Bauch

The Duc Ngo (Foto: dado.de)

„Ich war schon immer ein sehr fauler Mensch, aber auch ein sehr glücklicher Mensch und ich kann anderen Menschen vertrauen. Mit meinen Küchendirektoren verstehe ich mich blind und wir haben eine gemeinsame Handschrift entwickelt. Es gibt – insbesondere bei den etwas ambitionierten Restaurants – aber auch Küchenchefs vor Ort, die ihre eigenen Gerichte entwickeln, eigene Vorschläge machen. Diese lassen wir uns vorlegen und wir segnen sie dann ab – oder auch nicht. Sie schicken uns zum Beispiel Fotos, erzählen uns kurz, was sie vorhaben, und dann können wir meist schon von weitem sagen: »Naja das ist wahrscheinlich nicht unser Ding, mach lieber mal etwas anderes.« Oder ich bin vor Ort und dann präsentieren sie mir was und dann wird »Ja« oder »Nein« gesagt. Aber wir sind als Team sehr, sehr stark. Also wir drei (oberen Küchendirektoren) sind sehr eingespielt und es ist für jeden neuen Koch oder Küchenchef sehr schwierig, da seine eigene Handschrift reinzubringen, weil wir uns auf eine besondere japanische Fusionsküche festgelegt haben" (The Duc Ngo).

Die gemeinsame DNA aller Restaurants wird neben den Vorgaben der Küchendirektoren durch das Design und das Interieur sichergestellt.

Für diese Aufgabe ist die Interieur Designerin zuständig, die auch alle Restaurants plant.

Wissenstransfer innerhalb und zwischen den Restaurants
Das Wissen ist im Restaurant-Imperium von The Duc Ngo stark zentralisiert. Er und seine beiden Küchendirektoren generieren alle Ideen für die einzelnen Konzepte der Restaurants, entwickeln die Gerichte und Rezepte und standardisieren den Ablauf, sodass das Wissen innerhalb des Restaurants einfach weitergegeben werden kann. Dieses Wissen wird in Booklets kodifiziert, damit es auch über die Zeit festgehalten werden kann: „*... es gibt natürlich für jedes Restaurant so ein Booklet, wo die Rezepte drinstehen, wo Service-Geschichten drinstehen, und das gibt es immer für jedes Restaurant individuell.*" Die Restaurantleiter*innen, wenn sie selbst kreativ sind, haben die Freiheit diese Booklets weiterzuentwickeln, wie The Duc Ngo berichtet: „*Die Restaurantleiter erweitern mit der Zeit natürlich auch noch einmal ihre Hefte und Bücher. Am Ende ist es so, wenn du einen starken Restaurantleiter hast, liegt das alles an ihm, wie er das jeden Tag immer wieder mit den Leuten durchgeht und mit den neuen Leuten, die sie einarbeiten. Und das wird auch immer erweitert mit neuen Ideen, also mit neuen to-do-Listen oder so und was ist wichtig.*"

Wissenstransfer wird durch Routinen und hohe Standardisierung sichergestellt. The Duc Ngo und seine beiden Küchendirektoren geben die Rezepte und Ideen vor, die dann von den Köch*innen in den einzelnen Restaurants nur umgesetzt werden müssen. „*Also wir haben zum einen sehr kreative Leute und zum anderen Leute, die eigentlich nur ihre Arbeit erledigen und nicht unbedingt kreativ sind, weil die sagen »Ich komme zur Arbeit, mache das Rinderfilet mit Pilzen und mache Teriyaki-Soße.« Das ist auch völlig in Ordnung und wir kreieren in solchen Fällen alles für diese Läden vorher.*" Allerdings müssen diese Routinen auch an die neu eingestellten Köch*innen und Servicekräfte weitervermittelt werden. Wie das passiert schildert The Duc Ngo folgendermaßen:

„*Ein Koch kann ja nicht alles alleine zwölf Stunden, sieben Tage die Woche machen, sondern er muss es ja weitergeben und dann sollten es die nächsten eigentlich gelernt haben. Also jeder Koch, der dann neu kommt, muss dann angelernt werden wiederum von dem, der schon da war. Es verändert sich natürlich Schritt für Schritt mal ein bisschen, gerade wenn ich mal weg bin und nicht mehr so viel den Blick darauf habe, dann werden die Portionen anders. Aber der Grundgeschmack ist bei mir, würde ich sagen, immer zu 90 Prozent gleich und deswegen mache ich mir da nicht so einen großen Kopf drum"* (The Duc Ngo).

Manchmal wandert das Wissen auch ungewollt ab, was bei diesem Konzept aber schwer zu kontrollieren ist.

„*Was richtig asozial ist, wenn man hundert Prozent kopiert, also wirklich eins zu eins, auch den Namen nicht mal ändert und die Speise und das Design kopiert, gibt es auch alles schon. Aber jeder, der einen netten Abgang macht und sagt: »Hey Chef, ich würde gerne mich in Aachen selbstständig machen mit meiner Familie, könnte ich das?« Dann habe ich gar nichts dagegen. Bitte vermerkt einfach nur, dass es von Duc ist oder vom Kuchi. Dann ist das fein. Leider gibt es davon nicht so viele Köch*innen, die so anständig sind, sondern viele hauen heimlich ab, klauen teilweise die Rezeptbücher. Es gab sogar einen jungen Deutschen, der hat das ganze Buch, Rezeptbuch von unserem Küchenchef und das Handbuch des Ladens geklaut und kopiert und dann weiterverkauft an Asiaten, Vietnamesen oder so. Und alle, die Restaurants aufmachen wollten, denen hat er das Konzept verkauft. Das ist natürlich asozial, aber gut, das gibt so ehrenlose Menschen"* (The Duc Ngo).

Auch durch so ein Verhalten lässt sich The Duc Ngo aber nicht von seinem Weg abhalten. Um den Wissenstransfer innerhalb des Restaurants anzuregen, d. h. in diesem Fall die Einübung der Routinen zu verbessern, empfiehlt er seinem neu eingestellten Küchenpersonal immer: „*Wenn ihr nett und fleißig dem Küchenchef gegenüber seid, dann lernt ihr etwas, weil er dann einfach Bock hat, euch etwas zu zeigen. Und wenn ihr faul seid, dann kriegt ihr wahrscheinlich nie was mit.*" Alle neu eingestellten Köch*innen sollen also durch ihr Verhalten selbst dafür sorgen, dass ihnen etwas gezeigt wird, d. h. dass ihnen Wissen weitergegeben wird. Anders ist es bei dem ältesten Restaurant, dem »Kuchi«:

„Also das Kuchi, da sind bestimmt noch drei, vier Leute, die seit 20 Jahren dabei sind oder so und dann die anderen seit 15 Jahren und dann zehn Jahre. Da ist ganz wenig Fluktuation. Klar, bei den Kellnerinnen und Kellnern und Barleuten ist oftmals, dass sie wechseln. Aber das Küchenpersonal, gerade die asiatischen Mitarbeiter, die wir haben, die wollen einfach nur einen guten Job und bleiben auch und sind treu, weil sie eine gute Arbeitsstelle haben."

Die Restaurants von The Duc Ngo haben klar vorgegebene Konzepte und Themen, sodass der Handlungsspielraum für die Entwicklung eigener Ideen vor Ort zwar vorhanden, aber dennoch begrenzt bleibt, damit seine Handschrift sichtbar bleibt. Sein Konzept unterscheidet sich da vom Gourmet-Restaurant, wie er selbst feststellt: *„Häufig ist es so, dass die Köch*innen einfach ihren Job machen, also sie drehen die Rollen und gehen nach Hause. Das ist der Unterschied zum Gourmet-Restaurant und zu sehr ambitionierten Restaurants, wo Leute in Teams zusammenarbeiten, die alle ambitioniert sind, die alle so als Team ineinanderwirken und Sachen zusammen kreieren."*

Die Generierung neuer Ideen
Alle neuen Ideen werden von The Duc Ngo in Kooperation mit seinen beiden Küchendirektoren entwickelt. Dabei beginnt der Prozess neuer Ideen häufig mit »Craving«, d. h. mit dem Verlangen, ein neues Essen, einen neuen Stil, den er selbst liebt, zu entwickeln und umzusetzen. So ist er z. B. früher einmal im Monat zum vietnamesischen Dong Xuan Center nach Berlin Lichtenberg gefahren, wo er vietnamesische Salate oder vietnamesische Nudelsuppe gegessen hat. Weil ihm das sehr gut geschmeckt hat, ist ihm irgendwann die Idee gekommen, dies selbst in einem eigenen Restaurant umzusetzen. Restaurant-Konzepte hat er immer nach dem Prinzip entwickelt, was er selbst gerne isst und was in sehr guter Qualität herzustellen ist.

Wenn das neue Konzept nicht mit dem vorhandenen Wissen in seiner Gruppe umsetzbar ist, dann wird zum einen das neue Thema innerhalb der Gruppe selbst sehr intensiv aufgearbeitet und zum anderen holt er sich externe Experten dazu:

> *„Also wenn ich den Ramen-Laden aufmachen will, dann habe ich mich natürlich vorher sehr stark mit dem Thema Ramen beschäftigt und Tests gemacht in meinen Küchen oder auch zu Hause. Und so entsteht das dann, dass ich das mit meinen eigenen Fachleuten entwickle oder ich hole mir auch noch Fachleute dazu, wie ich es zum Beispiel im Fall des Ramenladens gemacht habe."*

Antrieb für die Weiterentwicklung neuer Ideen ist dabei die Überzeugung, es immer besser machen zu können, eine sehr große Passion für die Sache und sehr viel Erfahrung in diesem Bereich. Das Führungstrio teilt die feste Überzeugung: *„Und ich bin auch sicher, dass wir drei in der Kombination immer das Beste rauskriegen, wenn wir uns damit beschäftigen."* Anregungen bekommt er auch aus den Social Media:

> *„… ich gucke sehr viel Social Media und YouTube und seit zehn Jahren schaue ich mir immer wieder Food-Sachen an. Und ich kenne alles und probiere manche Sachen aus. Wenn es gelingt, dann denke ich, ich könnte doch einen Poke-Laden aufmachen oder ich könnte doch einen Korean Barbecue aufmachen oder so und so weiter. Und dann koche ich das meinen Leuten vor und gerade, wenn die Leute, die aus der Region stammen, sagen: »Ja, es ist toll oder es ist super oder es ist anders, aber es ist trotzdem cool.« Dann mache ich das."*

Neue Ideen werden auch von außen an ihn herangetragen. Häufiger kommen Personen aus der Gastronomie-Szene auf ihn zu, mit einem neuen Konzept und fragen ihn, ob er einsteigt. Dies greift er aber nach seinen eigenen Aussagen sehr selektiv auf, etwa wie im Fall der Entwicklung des Pop-Up-Konzepts »Club L'Indochine«, welches er für das Fünf-Sterne-Hotel »Resort Villa Belrose« der Althoff Collection in St. Tropez konzipiert hat.

Der Kontakt zu den Gästen
Feedback der Gäste ist für die Weiterentwicklung wichtig. In diesem Fall geschieht dies über zwei Wege: zum einen über positive wie negative Kritik in den Social-Media-Kanälen und zum anderen über die Servicekräfte. In den Social-Media-Kanälen sind das Verhalten und der Umgang schwieriger zu steuern. Zwar kann auch dort neben

dem Lob und schönen Fotos auf Instagram ein berechtigter Hinweis auf ein Optimierungspotenzial auftreten, aber manchmal gibt es auch unberechtigte Kritik: *„Aber so etwas kann ich schlecht auf mir sitzen lassen, weil ich immer weiß, meine Läden sind gut, meine Leute sind gut."* Zentral für die Service-Kräfte ist aus der Sicht von The Duc Ngo, dass sie auch bei Fehlern freundlich und kompetent bleiben, dann begegnet der Gast ihnen auch respektvoll:

> *„Am Ende ist ja wichtig die Freundlichkeit und dann verzeiht dir der Gast alles. Dann bist du immer auf der sicheren Seite. Und ich sage jedem Angestellten, wenn ich mal eine Eröffnung habe, dass es für mich das allerwichtigste ist, dass du dem Gast erstmal gut begegnest, ganz am Anfang schon. Weil dann fängt der nicht an, dir das Haar in der Suppe zu suchen, sondern dann lässt der auch Sachen zu. Und wenn du dann noch durch Kompetenz überzeugst, dann hast du schon gewonnen. Und da können ja auch Fehler passieren und dann ist auch alles in Ordnung"* (The Duc Ngo).

In einem Fall hat sich durch das Verhalten der Gäste eine neue Form selbst ergeben. Der Bruder von The Duc Ngo ist ein bekannter Kameramann, der häufig in Babelsberg arbeitet. Wenn Filmleute gefragt haben, wo man gut in Berlin Essen gehen kann, fiel die Wahl natürlich auf die coole Location seines Bruders Duc, insbesondere auf sein Restaurant »893«. Über die letzten zehn Jahre ist dabei eine selbstverstärkende Spirale entstanden, in der viele Filmstars den Weg in das »893« gefunden haben. Auch aufgrund der Celebrities ist mit der Zeit eine sehr hohe Nachfrage nach Reservierungen gekommen, die mit der normalen Telefonnummer nicht mehr bewältigt werden konnte. Daraufhin ist eine zweite Nummer freigeschaltet worden, welche diejenigen Personen bekommen, die häufiger reservieren. Diese hat sich zu einer VIP-Reservierungsnummer gemausert, um auf diese Weise exklusive Reservierungen vornehmen zu können. Ungeplant ist somit eine Hierarchisierung des Reservierungssystems entstanden, welches eine eigene Anreizdynamik enthält. Schließlich schafft die künstliche Verknappung ein hohes Maß an Exklusivität. Die Anwesenheit von Celebrities im Restaurant ist dabei sicherlich zusätzlich hilfreich, aber die Essens- und Service-Qualität müssen natürlich auch stimmen.

7.4 Neuausrichtung im Premium Catering bei Alois Dallmayr

Bis heute befindet sich das Unternehmen Alois Dallmayr in Familienbesitz und kann auf eine über 300-jährige Geschichte zurückblicken. Das Unternehmen ist mittlerweile in die vier Geschäftsbereiche »Delikatessen und Gastronomie« (dazu gehört auch das Stammhaus in München), »Party & Catering«, »Kaffee & Tee« und »Vending & Office« (Getränke- und Snackautomaten) unterteilt. Dallmayr gehört zu den Premium Caterern in Deutschland. Dallmayr erwirtschaftet 96 % des Umsatzes mit dem Bereich Kaffee und 4 % mit dem Stammhaus, dem Ursprung des Unternehmens. Das Stammhaus in der Dienerstraße in München umfasst neben dem Catering das berühmte Ladengeschäft sowie ein Café-Bistro, ein Bar-Restaurant sowie das 2-Sterne-Restaurant »Alois«. Wir sprachen mit Sunny Randlkofer, Mitglied einer der beiden Inhaberfamilien, die den Bereich »Presse, Kommunikation und Social Media« bei Dallmayr im Delikatessenhaus leitet. Sie kann anhand der Laufwege der Kunden im Laden oft schon die Bedürfnisse der Kund*innen erkennen. Denn die Stammkundschaft kauft mehr Produkte des täglichen Bedarfs ein und hat meistens andere Laufwege als auswärtige Besucher, die eher verpackte Produkte im Laden suchen:

> *„Unser Delikatessenhaus in München wird im Jahr von ungefähr 2,8 Millionen Menschen besucht. Man kann die Stammkundschaft sehr gut daran erkennen, dass diese ganz gezielt unsere Fachabteilungen mit Frischeprodukten ansteuern, zum Beispiel Brot, Käse, Obst, Gemüse, Fisch oder Fleisch. Typische Städtebesucher schlendern durch den Laden und suchen die berühmte Kaffeeabteilung auf, machen eventuell noch ein Foto von den schön bemalten Kaffeevasen und der Balkenwaage oder gehen in unsere Confiserie Abteilung. Und wenn Urlaubshochsaison ist, dann weiß man genau: Heute verkaufen wir besonders viele Tafeln Schokolade und Pralinen. Das sieht man am Kaufverhalten und nachher auch an den Zahlen."*

Von den weltweit 4800 Beschäftigten arbeiten etwa 2000 in Deutschland und davon 300 im Stammhaus in München, von denen wiederum ca. 180 Personen im Bereich Gastronomie und Catering tätig sind. Man vermutet es von außen kaum, aber im Stammhaus – mitten in der Innenstadt von München – ist in der gesamten zweiten Etage eine Küche von über 800 Quadratmeter Ausmaß untergebracht. 70 Köch*innen bereiten dort, neben den Essensangeboten, die direkt im Delikatessenhaus verkauft werden, das Catering vor. Neben dem Standort in München existiert auch noch eine Dependance für das Catering in Berlin, wo auch eine eigene Produktionsküche in zentraler Lage »Unter den Linden« existiert. Mit Ausnahme der Niederlassung Berlin wird ansonsten alles, was bei Dallmayr an Essen verkauft wird, im Stammhaus produziert. Zudem erfolgt beim Catering – bis auf den Service – alles in Eigenregie bei Dallmayr. Im Bereich des Service wird mit festen Partnern zusammengearbeitet, die das Servicepersonal für die jeweiligen Events stellen. Die Trainings für die Einsätze des Servicepersonals werden wiederum von Dallmayr vorgenommen.

In der Gastronomie »Dallmayr Bar & Grill« im Erdgeschoß sowie im Delikatessenladen kommt eine größere Anzahl von Stammkunden, wie uns Klaus Baumgartner, Leiter der Gesamtgastronomie und des Caterings, im Gespräch in einer kleinen Anekdote erzählt hat: *„Wir haben seit der Eröffnung 2017 viele Stammgäste, die teilweise auch mehrmals in der Woche vorbei kommen. Im Sommer ist es dann auch unsere Außenterrasse, die besondere Begehrlichkeit erweckt. Da ist dann viel Fingerspitzengefühl nötig, um immer alle Wünsche der Gäste zu erfüllen."* Natürlich werden die Stammkunden sowohl im Ladengeschäft als auch in den Gastronomien persönlich mit Namen angesprochen.

Die Neuausrichtung des Caterings
Die strategischen Entscheidungen werden im Delikatessenhaus und damit auch in den Geschäftsbereichen Gastronomie und Catering von einem kleinen Personenkreis getroffen, vor allem von Florian Randlkofer, einem der beiden geschäftsführenden Gesellschafter der Dallmayr Gruppe.

Manchmal laufen einem neue Themen einfach zu

Sunny Randlkofer. (Foto: Dallmayr)

Dallmayr hat eine lange Historie als Delikatessengeschäft und war schon vor über 100 Jahren im Cateringgeschäft tätig. Als ehemaliger Hoflieferant belieferte und bewirtete das Familienunternehmen, damals unter der Leitung von Therese Randlkofer, diverse Fürsten und Königshäuser in ganz Europa. Das Siegel der Hoflieferanten wird nach wie vor auf ausgewählten Produkten, wie beispielsweise auf einer Pralinenpackung, verwendet. Die Tradition wird dabei sehr sorgfältig und gezielt eingesetzt, immer nur da, wo es passend scheint. Die Produktentwicklungen und das dazugehörige Packaging sollen immer Neues beinhalten und nicht nur die lange Geschichte des Hauses betonen. So hat sich Dallmayr immer weiterentwickelt und das ist auch der Grund der langen Tradition des Unternehmens. Dies gilt für sämtliche Geschäftsbereiche, darunter auch das Cateringgeschäft.

„Wir haben 2019 angefangen darüber nachzudenken und uns gefragt: »Wie stellen wir uns das Catering in der Zukunft vor?« Und wir stellten fest, dass wir bei Dallmayr über eine besonders gute Küchenleistung sowie eine einzigartige Produkt- und Servicequalität verfügen. Wir wurden aber von außen oft als sehr konservativ wahrgenommen. Also das Bild vom typischen Dallmayr Catering war in vielen Köpfen noch beispielsweise ein Staatsempfang in der Residenz, mit Servicemitarbeitern in weißen Handschuhen und Clochen in der Hand. Von dieser falschen Außenwahrnehmung wollten wir uns aktiv wegbewegen. Dazu haben wir vieles hinterfragt: Abläufe verändert, ein Team von Produktentwicklern für neue Speiseideen eingestellt und zusätzliche kreative Mitarbeiter für unser Cateringteam geholt. Und wir haben mit ganz unterschiedlichen Marketingaktivitäten wie beispielsweise unseren Webauftritt auch optisch einiges verändert und damit einen neuen Auftritt geschaffen. Die Neuausrichtung wurde über eine Vielzahl *von Workshops gemeinsam mit den Mitarbeitern durchgeführt, bei denen auch neue Führungsgrundsätze erarbeitet und umgesetzt wurden, so dass ein umfassender Change Prozess eingeleitet wurde, der die Beschäftigten mitgenommen hat." (Sunny Randlkofer).*

Diese Punkte kennzeichnen die Neuausrichtung beim Dallmayr Catering:
- Fokussierung auf Catering im obersten Qualitätssegment,
- erweitertes und kreatives Speisenangebot wie z. B. vegetarische Speisen,
- nachhaltiges Speisenangebot,
- Einbindung des hausinternen 2-Sterne-Kochs sowie Kooperationen mit anderen Köch*innen im Fine Dining Bereich,
- Erweiterung des Leistungsspektrums wie bei einer Full Service Agentur sowie
- gezielte Auswahl an Veranstaltungen, die beliefert werden.
- Durch die Corona-Pandemie bedingt, wurden die Veranstaltungen kleiner und feiner, dadurch aber hochwertiger und vielfältiger.

Das Selbstbild als Premium Caterer beinhaltet, dass ein entsprechend qualitativ hochwertiges Essen angeboten wird. Klaus Baumgartner erklärt das folgendermaßen:

„Wir machen keine Currywurst mit Pommes. In der Vergangenheit gab es Großveranstaltungen, da gab es Schöpfgerichte für 7,50 Euro pro Person. Das machen wir nicht mehr. Wir sind Premium und das wollen wir auch bleiben. Da werden zum Beispiel Catering Gerichte wie Jakobsmuschel, Kaviar, Liebstöckl, Languste, Bouchot-Muscheln auf Hering-Porzellan angerichtet. Also das ist schon die Richtung, die wir eingeschlagen haben. Wir haben gerade eine sehr, sehr schöne Veranstaltung in Kitzbühel realisiert. Das war bei den Generali Open. Bei diesem Tennis Turnier haben wir das VIP Catering organisiert und dafür richtig tolles Feedback bekommen. ... Wir kochen dann vor dem Gast. Und das Thema Nachhaltigkeit ist uns in diesem Kontext ebenfalls sehr wichtig. Mit so einem Konzept können wir viel besser planen, weil wir nicht auf Vorrat produzieren, sondern es »à point« machen."

Grundsätzlich gibt es zwei ganz unterschiedliche Vorgehensweisen: Wir unterscheiden hier ein eher privates »Du-Angebot« und das »Sie-Angebot« im Business bzw. B2B-Bereich. Ganz gleich, ob es bei der privaten Kundschaft zu Hause oder bei den Business-Kunden in angemieteten Locations stattfindet, jedes Catering Event wird von einer Projektleitung geplant und begleitet. Für die Vorbereitung des Events existiert ein standardisierter Fragenkatalog, der sicherstellen soll, dass genau das »(ab-)geliefert« wird, was die Kund*innen sich vorstellen. Was auf den ersten Blick wie ein Widerspruch klingt, macht auf dem zweiten Blick natürlich Sinn: Durch die Standardisierung wird sichergestellt, dass alle relevanten Informationen abgefragt werden und das ganze Team dadurch sehr genau weiß, was die Kund*innen wollen. Auf diese Weise können sehr individualisierte und möglichst perfekt zugeschnittene Caterings realisiert werden. Dazu gehört auch immer vorab ein persönlicher Besuch zu Hause, der schon immer einen ersten Eindruck von den Kund*innen vermittelt, wie Klaus Baumgartner es im Gespräch wunderbar zuspitzt: *„Der eine hat die Eiche-natur-Vertäfelung in seinem Wohnzimmer und der andere hat einen Roy Lichtenstein da hängen. Da erkennt man meist schon ungefähr, in welche Richtung es geht."* Ohne die Standardisierung der Abläufe könnte auch nicht sichergestellt werden, dass bei den Caterings auch immer das gleichhohe Niveau erreicht wird.

Sowohl bei den privaten Events als auch bei den Business-Events wird ein Rundum-Sorglos-Paket mitgeliefert. Das beginnt bei der Organisation der Location, dem Engagement von professionellen Fotograf*innen und DJs über den Shuttle-Service für die Gäste bis hin zu vollumfänglichen Reisebürotätigkeiten für alle Gäste – sofern es gewünscht wird. Ebenso wird für jedes Event eine eigene Präsentation mit Fotos erstellt. Diese kann eher standardisiert sein oder auch vollständig individuell zusammengestellt werden. Ebenso findet für jeden Kunden ein Probeessen im Hause Dallmayr statt, bei der dann auch das Gedeck, das Porzellan, die Gläser, das Besteck sowie die Kleidung des Servicepersonals festgelegt werden.

Zudem wird der 2-Sterne-Koch aus dem eigenen Gourmetrestaurant »Alois« eingebunden oder auch andere Spitzenköch*innen werden für exklusive Events angefragt. Dafür werden dann ganze Menüs für eine kleinere Anzahl an Gästen angeboten.

"Wir haben mit einem Menü für einen Schmuckhersteller zum Beispiel in Berlin eine Woche lang mittags und abends schöne Veranstaltungen für jeweils nur 25 Personen gemacht – aber mit dem Sterne-Menü. Das ist natürlich ganz etwas Großartiges. Und da haben die Kollegen aus der Branche am Anfang auch immer gesagt: »Ihr habt sie nicht mehr alle.« Aber die Nachfrage ist inzwischen da, weil die Events durch die Pandemie kleiner und exklusiver geworden sind. Wenn es mit 100 Gästen mal etwas größer wird, bewirtschaften wir es mit dem Catering. Aber unser Sternekoch hat den Hut auf, er macht das Menü" (Klaus Baumgartner).

Wenn ein Sterne-Menü im Bereich des Caterings angefragt wird, dann werden auch keine Änderungswünsche akzeptiert. Dann zählt die Expertise des Sternekochs wie er seine eigene Handschrift sieht und vertritt. „Wir hatten einen Fall, bei dem der Kunde an dem Menü zu viel „herumschrauben" wollte. Da müssen wir dann manchmal einschreiten und das zurückweisen. Wenn die Kundschaft ein Menü von unserem Sternekoch möchte – dann sollte seine Komposition respektiert werden" meint Klaus Baumgartner. Durch die Corona-Pandemie hat sich auch das Kundenverhalten geändert. Nicht mehr wenige Events mit vielen Gästen, sondern mehrere Events mit wenigen Gästen werden gebucht. Dafür ist alles sehr exklusiv. Da sich Dallmayr Catering in diesem hohen Qualitätssegment einen Namen gemacht hat, können mittlerweile auch höhere Preise durchgesetzt werden.

Wissensbewahrung und Wissenstransfer
Die Wissensbewahrung bei Dallmayr beruht auf zwei Säulen: zum einen auf dem individuellen Wissen der Mitarbeiter*innen und zum anderen durch eine digitalisierte Kodifizierung. Der erste Punkt wird dadurch sichergestellt, dass eine sehr geringe Fluktuation herrscht. Viele der Köch*innen sind schon sehr lange bei Dallmayr. Zusätzlich haben sie eine klar begrenzte Arbeitszeit und werden extra bezahlt, wenn sie Überstunden leisten. Da die Köch*innen beim Catering mit zu den Kund*innen fahren, fallen hier Überstunden an, die gesondert bezahlt werden, wie Klaus Baumgartner erklärt:

„Wir haben kaum Fluktuation, weil wir unsere Leute einfach gut behandeln. Wir haben alle eine 37,5 Stunden Woche, weil wir im Einzelhandel angesiedelt sind. Das heißt, wir haben alle Einzelhandelsverträge mit 30 Tagen Urlaub. So etwas findet man fast nirgends in der Gastronomie. Und darum bleiben die Leute auch. Wir haben viele Lehrlinge, die wir meist gerne übernehmen. Und ich habe ja auch in einigen anderen Unternehmen gearbeitet, aber so etwas wie hier gibt es nicht, nirgendwo! Also es ist schon ganz etwas Besonderes. Bei uns gibt es zwei Schichten. Eine Schicht kommt in der Früh, die anderen kommen um 16 Uhr und in der Küche ist es genauso. Und auch das hat man in der Branche sonst normalerweise nicht: Alles ist bei uns planbarer. Wenn wir zum Beispiel große Caterings haben, da wird natürlich auch länger gearbeitet, aber dann bezahlen wir unsere Leute extra, separat. Das heißt, hier im Haus wird produziert, dann stellt man seine Sachen zusammen und fährt raus. Und sobald man rausfährt, tickt die Uhr, so dass unsere Leute die Möglichkeit haben, zusätzlich Geld zu verdienen – wenn sie möchten."

Diese guten Arbeitsbedingungen halten die Köch*innen lange im Unternehmen. Die einzelnen Postenchefs arbeiten in der Küche schon seit 20 oder 30 Jahren.

Die digitalisierte Wissensbewahrung beruht auf einem Computerprogramm. Mithilfe dieses Programms werden Angebote erstellt. Alle einzelnen Bereiche für das Catering lassen sich in einzelnen Function Sheets herausziehen. So lässt sich jedes Teilprojekt einzeln planen und kalkulieren. Alle Gerichte, alle Gänge, alle Rezepte sind dort einzeln hinterlegt, sodass bei der Planung auch Allergien direkt mitberücksichtigt werden können. Alle Speisen und fast alle Sonderwünsche können so einfach vorbereitet und kalkuliert werden. Dies erleichtert einerseits den Arbeitsablauf und sichert andererseits die hohen Qualitätsstandards. Sowohl in München als auch am Standort in Berlin kann man darauf zugreifen. Allerdings bedeutet es einen hohen Arbeitsaufwand, diese Datenbank zu erstellen. Die Pandemie-Zeit wurde genutzt, um diese Datenbank zu überarbeiten, die im Unternehmen selbst den Status der Bibel hat, wie Klaus Baumgartner im Gespräch meint: „*Das ist unsere Bibel. Und wir haben die Pandemie genutzt, um 15.000 Datensätze zu löschen und wieder neu einzupflegen. Wir haben dann die Datenbank bis 2005 zurück eliminiert und neu eingepflegt.*"

Der Wissenstransfer wird intern und extern sichergestellt: Intern findet der Wissenstransfer zum Beispiel über den 2-Sterne-Koch statt, wenn er zusammen mit den anderen Köch*innen ein Catering mit seinem Menü vorbereitet und kocht: *„Unsere Mitarbeiter freuen sich immer besonders, wenn sie mit ihm kochen, weil sie da halt einfach sehr, sehr viel mitnehmen können"*, wie Klaus Baumgartner berichtet. Des Weiteren findet ein interner Wissenstransfer durch Rotation statt. Wenn die Köch*innen zu den Kund*innen mitfahren, dann kochen sie meist auf mehreren Posten und befinden sich dadurch in einem andauernden Lernprozess. Dies stellt ein anderes Anforderungsprofil dar, als es normalerweise in einer Küche gefordert wird, wo jeder nur seinen Posten überblicken muss. Extern findet der Wissenstransfer dadurch statt, dass gezielt Essen gegangen wird, um sich Inspirationen zu holen.

Ein weiterer Vorteil des Gesamtangebots bei Dallmayr mit Catering und Delikatessenladen besteht darin, dass neue Gerichte im Delikatessenladen ausprobiert werden können. Aber es gibt auch Klassiker, die einfach von den Kund*innen des Hoflieferanten erwartet werden, wie Sunny Randlkofer mit einem Augenzwinkern zugibt: *„Da gibt es natürlich so ein paar Sachen wie der Shrimps-Cocktail, der ist seit Jahrzehnten, sage ich mal, fast unverändert, weil das so ein Dallmayr-Klassiker ist. Die Leute wollen das mit der Cocktailsoße genau in dieser Rezeptur."* Das Beschreiten neuer Angebote findet besonders an der Delikatessen-Theke statt. Dort werden neue Kreationen angeboten und es wird beobachtet, wie die Kundschaft die neuen Gerichte annimmt. Funktioniert dort beispielsweise ein bestimmter neuer Salat, dann wird er ins Standardprogramm des Caterings übernommen.

7.5 Wissenstransfer in ein neues Business-Feld – vom Boden in die Luft

Im Jahr 2021 übertrug ein etablierter Gourmet-Caterer seine Expertise im Catering auf das Feld des Flugzeug-Caterings. Hierzu wurde eine neue Firma gegründet, die jene Airlines beliefert, die ab der Business

Class ganze Menüs im Bereich Langstreckenflug ordern. Es wurde im neuen Firmennamen aber bewusst auf den Namen des Stammhauses verzichtet, um sich erst einmal ausprobieren zu können, ob das neue Marktsegment in dieser Qualitätsstufe auch besetzt werden kann.

Die Grundidee hinter diesem Einstieg war, dass das Catering im hohen Qualitätssegment im Business-Bereich mehr oder weniger 1:1 auf das Flugzeug-Catering übertragen werden kann. Um diese Maxime umsetzen zu können, setzte man auf einen personengebundenen Transfer vom Stammsitz in das neue Business-Feld. Hierzu wurde der Produktionsleiter als Head of Culinary der neuen Firma eingesetzt. Neben dem reichen Erfahrungswissen im Gourmet-Catering brachte er zusätzliches Erfahrungswissen aus dem gehobenen Flugzeug-Catering durch frühere Berufsstationen mit. Mit dem Wissen, was er dort gesammelt hat, war die Gewissheit gegeben, dass die Prozesse des normalen Caterings an Land auf das neue Feld Catering in der Luft übertragbar sind. Fehlendes Know-How wurde über ein gezieltes Personal Recruiting »an Bord« geholt, wie der Produktionsleiter im Gespräch berichtet:

> *„Um den Wissenstransfer weiter zu unterstützen, haben wir bevorzugt Personen mit Erfahrung im Airline Premiumcatering eingestellt. Ebenso haben wir, um die Gerichte für eine asiatische Airline kochen zu können, einen erfahrenen asiatischen Koch gewinnen können. Dieser entwickelt Menüs für diese asiatischen Airlines und präsentiert sie auch den Verantwortlichen der Fluggesellschaft. Bei den arabischen Geschmacksvorlieben haben wir einen sehr guten Draht in die arabische Welt und pflegen auch Kooperation vor Ort, so dass wir Köch*innen von dort ausborgen, die bei uns hier schulen."*

Eine wichtige Maxime ist der hohe Anspruch an die Qualität. Billigairlines sind damit bewusst ausgeschlossen worden. Damit ist das Marktsegment definiert, was besetzt werden soll: Das Selbstverständnis ist es, ein Boutique-Caterer zu sein, der klein und fein ist und damit alles selbst kocht. Das Verbindende zwischen den beiden Geschäftsfeldern ist das Prinzip »Cook and Chill«. Im Catering, egal ob es für ein Unternehmensfest ist oder im Flugzeug, wird das Essen gekocht und anschließend sofort auf 3 Grad heruntergekühlt. Ebenso werden viele Rezepte und Produkte aus dem Stammhaus verwendet und auch der gesamte Küchenablauf wurde aus dem bestehenden Catering übernommen.

Neu hingegen sind die Logistik und bestimmte Anforderungen der Airlines. Nur die Essen, die 6 Stunden bei 3 Grad gekühlt waren, dürfen auf den Flieger verladen werden. Die Temperatur wird vor dem Verladen kontrolliert. Darüber hinaus wurde in der Küche eine eigenständige Halal-Küche eingerichtet und zertifiziert, um auch arabische Airlines beliefern zu können. Ebenso ist die gesamte Patisserie nach Halal-Kriterien ausgerichtet. Die Produktion unterliegt zudem den Sicherheitsstandards der Luftfahrt. Niemand und nichts darf unbemerkt in den Küchen und in den Verpackungsstationen herumlaufen. Alles wird durch Kameras überwacht. Die verschiedenen Personengruppen tragen farblich unterschiedliche Kopfbedeckungen, die zum einen aus Hygienegründen notwendig sind, zum anderen, um sie leichter auf den Kamerabildern differenzieren zu können. Hintergrund dieser Bestimmung ist, dass die Flugzeugtrolleys mit den Tabletts, auf denen das jeweilige Menü fertig zusammengestellt ist, in den Verpackungsstationen gefüllt und verplombt werden. Nichts, was die Flugsicherheit gefährden könnte, darf in den Trolleys sein. Die Trolleys werden anschließend durch einen externen Logistikpartner auf der »letzten Meile« in den Flieger geliefert. Weil dieses Logistik-Wissen bisher noch fehlt, ist der Bereich – zumindest bisher – ausgegliedert worden. Ebenso müssen die aus den Flugzeugen ausgeladenen Trolleys gereinigt und das Geschirr gespült werden. Das Porzellan bzw. Geschirr wird von den jeweiligen Fluggesellschaften gestellt. Das Menü wird immer auf den Tellern der jeweiligen Airline angerichtet.

Auf der einen Seite werden Rezepte und Produkte vom Stammhaus übernommen, auf der anderen Seite haben die Airlines aber auch konkrete eigene Vorstellungen. Sie beschäftigen Food Designer*innen, die mit konkreten Vorschlägen und natürlich einer Budgetvorgabe an den Flugzeug-Caterer herantreten. Eine asiatische Airline, die ein äußerst großzügiges Budget für ihre Menüs zur Verfügung stellt, besteht aber darauf, dass beim Rückflug immer eine sehr Mayonnaise-lastige Salatsoße verwendet wird, wie sie in keinem deutschen Restaurant, besonders keinem Spitzenrestaurant verwendet würde. Ebenso muss als Nachtisch ein dort sehr beliebtes Produkt verwendet werden, obwohl der Flugzeug-Caterer ähnliche Produkte zu deutlich besserer Qualität im eigenen Sortiment hat. Die Food Designer der Airlines sind dann vier Tage vor Ort und essen das Menü zur Probe. In der Kalkulation für ein Gericht muss dann immer der Arbeitsaufwand einkalkuliert werden. So hat z. B. das Halbieren einer Tomate einen relativ hohen »Schnittwert«. Was ist damit gemeint? Eine Arbeitskraft, die die Tomaten halbiert, verursacht mehr Kosten, als eine ganze Tomate auf den Teller zu legen. Aus diesem Grund befinden sich – übrigens nicht nur im Flieger – häufig ganze Cherry-Tomaten auf den Tellern, was zwar jeden Fluggast ärgert, da sie nicht leicht mit der Gabel zu essen sind, aber eben deutlich günstiger als eine halbierte Tomate in der Kalkulation zu Buche stehen.

Die Entwicklung neuer Produkte wird dem Flugzeug-Caterer überlassen, abgenommen werden sie dann aber von den Food Designer*innen der jeweiligen Fluggesellschaft. Letztendlich entscheiden dann aber die Airlines, ob – wie oben beschrieben – der Nachtisch A oder der Nachtisch B genommen wird. Ein Menü-Wechsel findet nach Vorgabe der Airline statt. Einige Airlines fliegen fast ein Jahr mit dem gleichen Menü, andere wollen alle drei Monate wechseln, da die Business-Class-Gäste häufiger fliegen und nicht immer wieder das gleiche Gericht essen sollen.

Ein Zusatzaufwand stellt die Zubereitung der Spezial-Menüs dar, z. B. für Diabetiker. Dafür ist ein eigener Posten eingerichtet worden, wo nur diese Sonderwünsche bearbeitet werden. Die Anzahl der Spezial-Menüs variiert nach Auskunft des Produktionsleiters aber zwischen den Airlines: *„Bei der Air XY sieht man das ganz stark. Sie haben 200 Passagiere und davon 75 Special Menüs. Weil es nichts kostet. Bei den anderen Airlines kostet es einen Aufpreis. Da haben sie fünf, sechs, zehn. Maximal zehn Prozent, aber das ist schon viel."*

Die Fluggesellschaften kontrollieren auch immer wieder stichprobenhaft die Menüs. Wenn vertraglich abgesichert ist, dass von einem Produkt 100 g auf dem Teller sein sollen, dann wird bei Ankunft von einem Essen, das nicht gebraucht wurde, jede Komponente auf dem Teller gewogen und kontrolliert. Es müssen dann auch von diesem

Produkt 100 g auf dem Teller sein. Damit es keine Beanstandungen von den Fluggesellschaften gibt und das Essen jedes Mal die gleich hohe Qualität besitzt, muss der Produktionsprozess standardisiert sein. Das Wissen ist somit in den Standards inkorporiert, wie der Produktionsleiter erklärt: *„Und wenn Sie heute Business fliegen von New York nach Wien, dann wird das genauso schmecken, wie wenn Sie Business-Klasse von Frankfurt nach Dubai fliegen. Standard heißt ja nicht, es ist alles gleich schlecht, sondern in diesem Fall es ist immer gleich gut."*

Um diese gleichbleibend hohe Qualität zu garantieren, existiert eine Rezeptdatenbank, in der festgelegt ist, wie Jus, Suppen und Soßen zubereitet werden. Diese Rezepte sind auch in den Konvektomaten hinterlegt und können somit mehr oder weniger automatisch auf den Punkt zubereitet werden. Darüber hinaus werden Produkte aus dem Stammhaus verwendet, wie in der Patisserie, die zentral produziert werden. Das Anrichten der Tabletts findet nach Vorgabe von Bildern statt, die in der Zubereitungshalle großformatig aufgehängt sind. Das Tablett muss dann so in den Trolley kommen, dass das Kabinenpersonal nur noch das fertig angerichtete Tablett aus dem Trolley zieht und dem Fluggast servieren kann.

7.6 Wissenstransfer im Gegenstrom-Prinzip bei einem großen Kantinenbetreiber

Das Unternehmen unseres Fallbeispiels ist international tätig und bedient die Bereiche Betriebsgastronomie, Klinik-Catering sowie Sport- und Event-Catering. In Deutschland arbeiten über 9000 Beschäftigte für das Unternehmen. Jährlich wird ein Jahresumsatz von weit über 500 Mio. EUR erzielt. In Deutschland, auf das sich dieses Case Study bezieht, steht das Geschäft mit Betriebskantinen im Vordergrund. Hier werden 500 Betriebskantinen und über 100 Kaffeebars betrieben. Ebenso wird auch das Sport- und Event-Catering bedient, was u. a. das Catering im VIP-Bereich der Fußball-Stadien umfasst.

Ursprünglich entstand die Geschäftsidee mit dem Aufstellen von Automaten mit Essen in Betrieben, um so die Arbeitskräfte mit

Essen zu versorgen. Heute ist das Kantinengeschäft das Hauptstandbein, wobei viel Wert auf hohe Qualität und gesundes Essen gelegt wird. Stellvertretend stehen dafür Essenskonzepte, die sich an solche Personen, die gerne fleischlos und einfach alternativ essen möchten (z. B. vegetarisch, vegan, flexitarisch). Zudem gibt es Food-Konzepte, in denen es um die Nährstoffe geht und Quinoa, Avocados sowie heimisches »Superfood« verwendet und alle Speisen frisch zubereitet sowie keine Zusatzstoffe verwendet werden dürfen. Daneben existiert ein Rahmenmenü-Plan, der alle 13 Wochen wechselt und die Standard-Menüs enthält, die jeden Tag dargeboten werden. Je nach Größe der Kantine werden zwischen zwei und acht Menüs jeden Tag angeboten und zubereitet.

Der Wissenstransfer im Unternehmen besteht aus einem organisational verankerten bottom-up und top-down Gegenstromprinzip. Neue Ideen werden hauptsächlich im Produktentwicklungsteam generiert, das in der Zentrale beheimatet ist. Die Konzepte wie die eben beschriebenen neuen Food-Linien, aber auch eine Pasta-Linie für den Rahmenmenü-Plan und der Rahmenmenü-Plan selbst werden von dem zentralen Produktentwicklungsteam kreiert. Neben dem Leiter der Produktentwicklung besteht es zum einen aus einem Culinary-Team, das drei Mitarbeiter*innen sowie eine Halbtagskraft umfasst, die das Intranet mit den Rezepten etc. pflegt. Zum anderen gibt es ein Retail-Team, das ebenfalls aus drei Personen besteht, welches für das neue Segment Shop-Konzept zuständig ist. Unternehmen können sich über das Retail-Team einen Shop neben der Kantine einrichten lassen, der ganztägig geöffnet ist und sowohl einen Bedienungs- als auch einen Selbstbedienungsteil umfasst. Zum letzteren Team kommt bei der Neugestaltung der Shops in einem Unternehmen noch ein Innenarchitekt dazu.

Das Culinary-Team wird wiederum durch zwei virtuelle Teams, dem Sortiment-Team und den Cooking Experts, ergänzt, wobei das zweite virtuelle Team besonders für das bottom-up-top-down Gegenstromprinzip steht.

Das Sortiment-Team prüft mit dem Einkauf zusammen das Sortiment, d. h. die Produkte, die grundsätzlich für den Einkauf gelistet sind. Dabei spielt die Qualität der Produkte eine Rolle, aber auch die

Frage, ob sie überhaupt gebraucht werden. Die Liste der Produkte wird ständig überprüft, wobei alte Produkte gestrichen werden und neue Produkte hinzukommen, wenn die Qualität oder der Preis nicht mehr stimmen bzw. wenn sie für den Rahmenmenü-Plan oder die Food Konzepte nicht mehr gebraucht werden. Dies passiert alles in der Zentrale. Ein Beispiel, welches uns im Interview genannt wurde, ist das Fleischersatz-Produkt Seitan. Dies wollten zwar einige Köch*innen verwenden, aber da bei der Produktion von einem Kilo Seitan sehr viel Wasser verbraucht wird, ist das Produkt als zu wenig ökologisch und nachhaltig ausgelistet worden.

Das CE (Cooking Experts)-Team besteht aus den fünf bis sechs besten Küchenleiter*innen der jeweiligen Region. Mithilfe dieser erfahrenen Köch*innen werden neue Rezepte und Linien ausprobiert und verfeinert. Darüber kann sowohl eine bottom-up Ideen-Entwicklung aus den einzelnen Betriebskantinen heraus als auch eine top-down Durchsetzung neuer Konzepte stattfinden, da diese CE-Teams mit dem Culinary-Team zusammen Ideen verfeinern oder auch entwickeln, aber auch die Trainings in den jeweiligen Regionen mit allen Betriebskantinen durchführen. Im Rahmen der CE-Teams sind einige Küchenleitungen immer in die Neuentwicklung von Produkten integriert. Der Leiter des Produktentwicklungsteams kennt die Köch*innen teilweise schon 18 Jahre und vertraut ihnen. Hierbei prüft das zentrale Produktentwicklungsteam hauptsächlich, ob die neuen Gerichte nicht zu regional sind. Ein interessantes Beispiel dafür wird im Interview mit dem Jägerschnitzel aus dem Osten Deutschlands genannt:

„Ich weiß nicht, ob Sie im Osten das Jägerschnitzel kennen? Das ist eine panierte Scheibe, eine dicke Scheibe Jagdwurst, die mit Tomatensoße serviert wird. Das ist, wenn es das dort in den Kantinen gibt, der absolute Renner. Ich war dort mal mit einem Kunden Mittagessen und da gab es runde Schnitzel. Denke ich: Was ist das denn? Denen muss etwas ausgegangen sein. Ich habe das dann genommen und habe das angeschnitten. Denke ich: Das ist ja Wurst, das glaube ich jetzt nicht. Und der Kunde hat es auch gehabt. Und ich habe gedacht: Jetzt blamierst du dich ja bis auf die Knochen. Anschließend Meeting gehabt, dann bin ich zu dem Küchenleiter und habe gesagt: »Habt ihr sie noch alle? Was ist das denn für ein Schnitzel?« Darauf

meinte er: »Das haben wir heute 60 Prozent verkauft. Das ist Jägerschnitzel.« In Dresden, Chemnitz und in der Ecke herum ist das der absolute Renner. Aber das können Sie in Frankfurt oder in Hamburg oder in München nicht verkaufen" (Produktionsentwicklungsleiter).

Die enge Zusammenarbeit mit den Küchenchefs vor Ort ist auch wichtig beim Roll-Out neuer Konzepte und Linien. So wurden bei der Einführung der neuen Food-Konzepte auch jeweils mehr als 20 Roadshows quer durch Deutschland in den fünf Regionen durchgeführt. Dabei soll den Köch*innen vor Ort nicht nur das neue Konzept vorgestellt werden, sondern die Köch*innen sollen selbst die neuen Gerichte probekochen. Die organisationale Form der CE-Teams wird also auch für die top-down Durchsetzung neuer Gerichte eingesetzt.

Der quartalsweise wechselnde Rahmenmenü-Plan und die grundsätzliche Idee zu neuen Konzepten wird aber in der zentralen Produktentwicklung vorgenommen. Im Rahmenmenü-Plan werden die Rezepte in einem Handbuch vorgegeben und die Produkte gelistet, die für das jeweilige Gericht eingekauft werden müssen. Das Handbuch enthält auch Arbeitsanweisungen und Hilfestellungen. Bei der Pasta-Linie z. B. wird die Pasta immer selbst frisch hergestellt. Je nach Größe der Kantine existieren dort aber unterschiedliche Maschinen (entweder wasser- oder luftgekühlt), die auch verschieden bedient und eingesetzt werden müssen. Diese Handbücher, zusammen mit Bildern als Beispiele für die Produktanrichtung und die Bestellformulare für die entsprechenden Waren sind im Intranet gelistet. Eine Halbtagskraft macht nichts anderes, als das Intranet zu pflegen. Bevor die Rezepte der Gerichte in das Intranet eingepflegt werden, findet aber immer ein Probekochen statt.

„… für die ganzen Food Linien, Aktionen und so weiter haben wir sowohl die Rezepte mit genauen Arbeitsanweisungen wie es idealerweise funktioniert. Teilweise auch mit unterschiedlichen Geräten. Weil, manche Sachen kann man sowohl im Kombidämpfer als auch im Kessel oder im Kipper machen. Gerade, wie dann die Kapazitäten dann auch in den Betrieben sind. In diesen Fällen machen wir auch immer Bilder. Wir haben eine Datenbank

von, ich glaube, 1800 Rezepturen. Vom Szegediner Gulasch, über normalen Gulasch, über ungarischen Gulasch, über Rahmgulasch vom Rind, vom Kalb, vom Schwein" (Produktionsentwicklungsleiter).

Beim Rahmenmenü-Plan muss allerdings auch immer auf regionale Besonderheiten Rücksicht genommen werden. Ein schönes Beispiel dafür ist der Kartoffelsalat, der in verschiedenen Regionen in Deutschland sehr unterschiedlich zubereitet wird:

„Sie können beispielsweise keinen nationalen Kartoffelsalat listen. Gehen Sie mal nach München. Da ist der Kartoffelsalat immer mit Essig und Öl. Dann gehen Sie nach Stuttgart, da haben Sie so eine schlotzige Variante, die wieder ganz anders ist. Aber ohne Mayonnaise. Und in Hamburg muss Mayonnaise rein. Und alles, was dazwischen liegt, gibt es auch noch in Deutschland. Wir sind schon sehr vielfältig" (Produktionsentwicklungsleiter).

Das bottom-up Feedback findet aber auch über die Regionalleitungen statt, die alle Kantinen in ihrer Region ständig besuchen. Zusätzlich gibt es noch einen standardisierten Fragebogen, der in regelmäßigen Abständen in den Kantinen ausgelegt wird, sodass die Kantinengäste ihr Essen regelmäßig beurteilen können. Das zentrale Entwicklungsteam wertet die Befragungen dann aus und zieht entsprechende Schlüsse daraus.

Neue Ideen bekommt das Produktentwicklungsteam zum einen aus kulinarischen Erlebnissen im Urlaub und zum anderen von externen Köch*innen, die zusätzlich engagiert werden. Der Leiter der Produktentwicklung erzählt als Beispiel von einem Urlaub in Malaysia, wo er viele neue Gerichte kennengelernt hat. Der Koch, der diese Reisen organisiert, hat dann als Auftrag die Entwicklung von Curry-Gerichten bekommen. Seine Rezepte sind nicht nur dann als Linie im Rahmenmenü-Plan übernommen worden, sondern er hat eine Woche lang in Deutschland mit den CE-Teams das Kochen seiner Rezepte trainiert. Daneben werden Rezepte von externen Food-Entwicklern eingekauft, die dann auch Kochtrainings durchführen. Zusätzlich gibt es eine Zusammenarbeit mit dem 1-Sterne-Koch Nelson Müller, der ebenfalls viele neue Gerichte für den Kantinenbetreiber entwickelt hat.

In einer Betriebskantine in Düsseldorf ist ein eigener Counter nur für Nelson Müller Gerichte eingeführt worden. Allerdings muss bei Sterneköch*innen immer darauf geachtet werden, dass die betriebswirtschaftliche Kalkulation stimmt.

> „Wir haben genügend Rezepte von Nelson Müller. Die hat er mittlerweile in über zehn Jahren für uns entwickelt. Da kommen manchmal auch neue Gerichte hinzu. Aber dort wird auch akzeptiert, wenn Sie dort ein richtig gutes Wiener Schnitzel machen, wie es eigentlich sein soll, mit einem richtig guten Kartoffel-Gurken-Salat, dann zahlen die Kunden auch 8,90 Euro oder 9,20 Euro. Das würden die bei uns im normalen Fall aber auch nicht annähernd bezahlen. Das muss natürlich auch die Qualität haben. Wir haben am Anfang ein bisschen übertrieben, einer von unseren Mitarbeitern, ein Top-Koch, der auch aus der Sterneküche kam, hat damals als verlängerter Arm vom Nelson gearbeitet und hat in der Kantine auf Sterneniveau gekocht. Das konnten wir aber gar nicht durchhalten, weil der noch zwei Köch*innen zum Vorbereiten brauchte. Dazu kommt noch der Wareneinsatz. Und irgendwann haben wir gesagt: Aus wirtschaftlichen Gründen brauchen wir da für das Gericht 20 Euro. Das zahlen uns die Kunden aber nicht" (Produktionsentwicklungsleiter).

Einen noch größeren Einfluss vor Ort als die Köch*innen besitzen die Betriebsleiter*innen, da die Kalkulation der Gerichte immer stimmen muss. Bei einem normalen Kantinengericht darf der Wareneinsatz nicht zu hoch sein, sonst kostet das Gericht mehr als 7 €. Allerdings hat der Kantinenbetreiber mit den jeweiligen Unternehmen für die Kantinen unterschiedliche Verträge. Bei einigen wird das Essen subventioniert, bei anderen nicht, sodass das Gericht bei gleichem Wareneinsatz unterschiedliche Preise an verschiedenen Orten hat.

Eine weitere Zusammenarbeit existiert mit dem 3-Sterne-Koch Harald Wohlfahrt. Er führt für ausgesuchte Köch*innen aus allen Kantinen Master Classes durch, die schon mehrfach stattgefunden haben. Dies ist als Incentive für die Köch*innen gedacht, aber sie sollen natürlich auch neue Techniken und neue Ideen vermittelt bekommen. Die ausgewählten Köch*innen kommen nach Aussage des Produktentwicklungsleiters „mit leuchtenden Augen wieder aus diesen Master

Classes raus". Eine Innovation ist auch während der Frauen-Fußball-Weltmeisterschaft in Deutschland entstanden. Für das Catering in den Stadien ist extra ein rein weibliches CE-Team gegründet worden, das die Essen für dieses Event entwickelt hat.

Im Gegensatz zu Spitzenrestaurants ist beim großen Kantinenbetreiber die Neuentwicklung von Gerichten in einer eigenen organisationalen Einheit zusammengefasst worden. Durch die CE-Teams findet aber ein bottom-up-top-down Wechselstrom mit den Köch*innen vor Ort statt. Die Köch*innen vor Ort haben auch andere Ambitionen als Köch*innen in Spitzenrestaurants. So beschäftigt das Unternehmen zum Teil Köch*innen, die vorher in Sternerestaurants gearbeitet haben, die aber jetzt ganz bewusst die Option gewählt haben, in einer Kantine zu kochen. Meistens handelt es sich um Personen, die sich in der Familiengründungsphase befinden und deshalb eine geregelte Arbeitszeit suchen, wo sie abends und am Wochenende frei haben, um sich um die Kinder kümmern zu können. Die vorgegebenen Routinen werden dabei nicht als Zwang oder Einengung verstanden, sondern als Arbeitsauftrag, der abgearbeitet werden muss. Köch*innen in Kantinen suchen nicht nach der Selbstverwirklichung bei der Kreation des perfekten Tellers, sondern wollen ihren Job innerhalb einer gewissen Routine einfach handwerklich gut erledigen. Allerdings ist es unter Köch*innen immer noch ein Stigma, »Kantinenkoch« genannt zu werden.

Der Einsatz von Küchentechnologie kann nicht nur Arbeitsabläufe verändern, sondern auch Einsparungen bewirken. Ein Beispiel dafür ist der Einsatz von Sous-Vide Garen im VIP Bereich-Catering in einem Fußballstadion. Als das Fleisch Sous-Vide gegart wurde, konnten pro Spieltag 1,2 t Fleisch eingespart werden. Das so eingesparte Geld konnte in bessere Qualität der Zutaten investiert werden.

7.7 Gastronomie bei Cluburlaubanbieter im Premiumsegment

Die Gastronomie, insbesondere die Küchenleistung, bei einem großen Cluburlaubanbieter im Premiumsegment ist unser letztes Fallbeispiel. Es handelt sich dabei um ein Tochterunternehmen eines großen Reisekonzerns mit 25 Clubanlagen in 16 Ländern. Ein wichtiger Teil des Angebots ist eine anspruchsvolle Küche. Die Gäste werden morgens, mittags und abends mit hochwertigen Speisen verwöhnt. Das Angebot liegt im gehobenen Preissegment und deshalb existiert bei den Gästen eine höhere Erwartungshaltung bezüglich des Essensangebots. In dem Club, der für dieses Fallbeispiel analysiert wurde, arbeiten in der Küche 48 Mitarbeiter*innen, zwei weitere Mitarbeiter*innen in einem Spezialitäten-Restaurant und ebenso zwei weitere Mitarbeiter*innen in einem Gourmet-Restaurant, wobei die beiden letzten Restaurants nicht jeden Tag der Woche geöffnet haben. Da das Club-Konzept immer Vollpension beinhaltet, ist der Arbeitstag in der Küche sehr lang. Die Schicht für das Frühstück beginnt um vier Uhr morgens. Die Schicht der warmen Küche beginnt um sieben Uhr morgens. Arbeitsbeginn für den Metzger und den Frühdienst von der Pâtisserie ist ebenfalls um sieben Uhr. Die Frühschicht für die warme Küche ist dann für das Mittagbuffet verantwortlich. Die Spätschicht erstellt das Abendbuffet. Die kalte Küche kann den Dienst etwas flexibler gestalten und organisiert sich selbst. Neben dem Chefkoch gibt es drei Sous-Chefs, wobei einer für den Aufbau, Umbau und die Warenbestellungen zuständig, der andere für die warme und der dritte für die kalte Küche verantwortlich ist. Der Chefkoch kümmert sich hauptsächlich um den Einkauf. Der letzte Spüler verlässt um Mitternacht die Küche, sodass diese nur zwischen Mitternacht und morgens um vier Uhr nicht besetzt ist.

Ein gutes Argument bei jedem Einstellungsgespräch für neue Köch*innen ist die Tatsache, dass die Person auch in einen der anderen 25 Clubs wechseln kann, die alle in attraktiven Urlaubsgebieten liegen. Drei der ehemaligen Sous-Chefs vom interviewten Chefkoch sind jetzt selbst Chefköch*innen in anderen Clubs, sodass ein Austausch zwischen den Clubs relativ einfach möglich ist. So arbeiten in dem analysierten

Club im Winter immer der Chef Pâtissier und der Demi Chef Pâtissier aus einem Club aus Griechenland, der in der Wintersaison geschlossen hat. Im Sommer wechseln beide wieder nach Griechenland.

Ein weiteres Argument für die Köch*innen ist der de facto Familienanschluss im Club: „*Wir sind wie eine große Familie. Die Deutschen wohnen alle zusammen in dem Personalhaus. Das Zimmer wird geputzt, Wohlfühlgarantie, denen wird da viel abgenommen. Die können an die Bar, die können ins Fitnesscenter, diese ganze Geschichte und sie können am Buffet essen*" (Chefkoch). Dafür müssen aber auch alle anderen Mitarbeiter*innen im Club bei der Essensausgabe am Buffet helfen, sodass die Küche immer personelle Unterstützung erfährt.

Für das Gourmet-Restaurant ist ein Koch verantwortlich, der sehr große Ambitionen in Richtung Fine Dining besitzt und sich dort eigenverantwortlich frei entfalten kann. „*Da ist es immer schwierig, da brauchst du halt schon einen Feinen. Der ist auch sehr, sehr schwierig zu kriegen und den musst du dann auch pflegen und hegen, sonst geht er schnell wieder weg*" (Chefkoch).

Von der Zentrale werden in regelmäßigen Abständen neue Food-Konzepte vorgegeben. Diese Konzepte werden in der Zentrale ausgearbeitet, von Essen, Trinken, Dekoration, über Show und allem, was dazu gehört. Die neuen Konzepte werden mit einem Roll-Out implementiert. Allerdings existieren dabei auch gewisse Freiheiten. Zwar wird ein Rezepte-Pool vorgegeben, aber die Auswahl bleibt jedem Chefkoch selbst überlassen. Insofern existiert kein Rezeptbuch, das streng nachgekocht werden muss. Die Spezialaktionen und die Well Food-Gerichte werden in einem gewissen Rahmen aus der Zentrale vorgegeben.

Wissen und Ernährungsvorlieben der Gäste
Nach Auskunft des Chefkochs, der schon seit 13 Jahren in dem Club in dieser Position tätig ist, hat sich die Haltung der Gäste in den letzten Jahren sehr verändert. Zum einen wissen die Gäste heute sehr viel mehr über Essen, u. a. auch aus den vielen Kochsendungen im Fernsehen, zum anderen gibt es heute viele Ernährungsvorlieben und Menschen mit Allergien und Lebensmittelunverträglichkeiten, die spezielle

Nahrung haben wollen, sodass immer wieder neues Wissen erforderlich wird. Diese Sonderwünsche können zum Teil schlecht in dem Buffet-Konzept umgesetzt werden:

> „Mittlerweile überlege ich, ob ich nicht wirklich einen Spezialisten einstelle, weil es so viele verschiedene Sachen gibt: Ernährungsvorlieben, wie die Rohkost-Veganer und Unverträglichkeiten wie Histamin, Sorbit, Gluten und so Dinger – also da wirst du wahnsinnig! Da musst du dich erstmal im Computer schlau machen. Früher gab es das nicht (lacht). Letztendlich haben wir am Buffet ein Schild aufgestellt mit der Aufschrift »Bitte fragt den Küchenchef«, weil man diese Kreuzkontamination am Buffet nicht vermeiden kann. Wenn da jemand mit einer Nussallergie einen Löffel mit der Aprikosenmarmelade nimmt und ein anderer Gast zuvor mit demselben Löffel in der Nusscreme war, dann haben wir ein Riesenproblem! Deswegen ist es so, wenn ein Gast wirklich eine schlimme Allergie hat, dann wird in der Küche etwas gekocht und die Person bekommt den Teller direkt in die Hand gedrückt. Aber es gibt auch Gäste, die sind die ganze Woche über die strengsten Veganer und dann kommt der Silvesterabend und da meinen sie: »Ja, so schlimm habe ich es auch wieder nicht. Ja, ich bin vegan, aber an Silvester esse ich doch mal Rinderfilet«. Es ist zum verrückt werden."

Was gekocht wird, unterscheidet sich zudem sehr stark nach der Saison: Im Winter wird doppelt so viel gegessen wie im Sommer. In der Schulferienzeit sind viele Kinder im Club und es müssen dann am Abend zwanzig Kilo Pommes extra hergestellt werden. Beim Einkauf ist die Vorgabe, die Lebensmittel nachhaltig regional zu erwerben. Wenn etwas nicht in der Nähe produziert wird, dann kann es von etwas weiter weg bezogen werden, aber eben keine Erdbeeren aus Südamerika. Die lokalen Hersteller honorieren dies auch, weil sie wissen, dass sie unverzüglich bezahlt werden. Sollte etwas im Land nicht lieferbar sein, dann wird notfalls aber auch mal beim Deutschen Lebensmittelgroßhändler bestellt. Der Tischwein, Eis, Cola und alle Großeinkäufe werden zentral erledigt.

Wissenstransfer in der Küche
Der Wissenstransfer in der Küche ist in hohem Maße erforderlich, da viele angelernte Köch*innen dort arbeiten. In dem Land, in dem der

Club beheimatet ist, kann nicht auf das deutsche System der Berufsausbildung zurückgegriffen werden und Köch*innen aus Deutschland sind immer schwieriger zu rekrutieren. Einheimische Arbeitskräfte, die aufgrund des Ausbildungssystems keine Kochausbildung besitzen, meistens aber auch keine Erfahrung in der Küche haben, werden selbst ausgebildet. So berichtet der Chefkoch: *„Die bewerben sich als Koch, die waren vorher Gärtner, Schlosser, alles Mögliche. Das kann sich keiner vorstellen. Und ein Jahr waren sie Spüler, und dann wollen sie einen auf Koch machen"* (Chefkoch). Schon deshalb ist ein guter Wissenstransfer notwendig, in dem – mehr oder weniger – ein intensives Training on the Job stattfinden muss. Motivierte Personen haben aber durchaus die Möglichkeit aufzusteigen. Eine ehemalige Barmitarbeiterin ist jetzt Chef de Partie in der Küche. *„Die Quintessenz davon ist, dass man die da einstellt und versucht, denen dann peu à peu alles zu vermitteln"* (Chefkoch). Dies ist auch deshalb relativ einfach möglich, weil der Speiseplan sich im 14-tägigen Rhythmus wiederholt. So können Leute an einer Station gut eingearbeitet werden und durch die häufige Wiederholung ist der Lerneffekt sichergestellt. Aufgrund dieser Situation ist Wissenstransfer in der Küche besonders wichtig.

„Da existiert schon Wissenstransfer vom Sous-Chef an den Chef de Partie, falls der das nicht weiß, und dann geht es weiter runter. Wir sind auch eine Schmiede hier, bekannt in Stadt und Land, auf der ganzen Insel, weil wir die Leute hier gut ausbilden und sie wirklich etwas können, wenn sie uns verlassen" (Chefkoch). Insgesamt hat der Chefkoch gute Erfahrung damit gemacht, Leute selbst hochzuziehen, weil man zum einen die Personen dann kennt und zum anderen können motivierte Personen unter den Rahmenbedingungen einer großen Küche mit zweiwöchigem Speisenwechsel in der Küche sehr viel lernen. Zwar existiert formal keine Ausbildung in dem Land, aber *„… letztendlich ist das, was wir machen, aber wie eine Ausbildung, natürlich ein bisschen kompakter und ein bisschen schneller"* (Chefkoch).

Wissenstransfer in der Gesamtorganisation
Der Wissenstransfer innerhalb der Organisation ist für die Chefköch*innen bzw. Köch*innen durch mehrere Faktoren organisiert:

Einmal im Jahr wird ein Küchenchef Seminar organisiert. Dort werden neue Konzepte vorgestellt, aber auch neue Küchentechnologien präsentiert. Ebenso werden neue Rezepte ausprobiert. Wichtig ist, dass dies nicht nur theoretisch, sondern auch praktisch umgesetzt wird, d. h. es wird auch zusammen gekocht. Zusätzlich existiert eine Küchenchef-WhatsApp-Gruppe, wo jeder posten kann, was er braucht. Aber auch Fotos oder Rezepte werden dort geteilt. Alle zwei Wochen findet ein Jour-Fixe mit der Zentrale statt. Dort geht es natürlich um die Zahlen, aber es wird auch allgemein über Probleme, neue Anregungen und vieles mehr geredet. Zudem werden bekannte Gastköch*innen in den Club eingeladen. *„Von Dieter Müller über Harald Wohlfahrt waren schon alle hier. Also da waren wirklich schon alle da. Die kochen dann eine Woche im Spezialitätenrestaurant und haben ein paar Aktionen im Hauptrestaurant. Im Gegenzug machen sie anschließend noch etwas Urlaub bei uns"* (Chefkoch). Natürlich werden zwei oder drei Köch*innen abgestellt, die dann dem Gastkoch oder der Gastköchin nicht nur helfen, sondern vor allem von ihnen lernen sollen.

8

Lernen in und aus der Krise

Die Covid-19 Pandemie und die beiden Lockdowns haben die Gastronomie vor eine harte Zerreißprobe gestellt. Krisen sind jedoch auch immer Lern-Anlässe. Neue Wege müssen überlegt, durchdacht und ausprobiert werden. Im Folgenden werden wir ein paar dieser neuen Wege aufzeigen. Die freie Zeit, die die beiden Lockdowns erzwungen haben, konnte als Lernzeit für Weiterbildung genutzt werden oder um sich anderweitig am Wissenstransfer zu beteiligen. So haben zum Beispiel Tobias Bätz und sein Team Trainer*innen engagiert, um ihre Choreographie beim Service zu verbessern. Ein weiterer Anlass war durch die Vorgaben zur verkürzten Öffnungsdauer der Restaurants der erzwungene frühere Feierabend, der beispielsweise im »Restaurant Alexander Herrmann« by Tobias Bätz dazu führte, dass der Service für alle Gäste gleichzeitig um 18 Uhr beginnen musste. Daraus folgte wiederum die Notwendigkeit, dass die Köch*innen beim Service aushelfen mussten, weil sonst der große Andrang um 18 Uhr nicht bewältigt werden konnte. Dafür wurde aber der Ablauf in der Küche optimiert, sodass die Köch*innen freie Zeit für den Service hatten. Diese gemeinsame Startzeit wurde auch nach den Lockdowns beibehalten, weil so die Arbeiten in der Küche auch leichter zu koordinieren sind.

Bei Dallmayr ist die freie Zeit während des Lockdowns zur umfassenden Reorganisation genutzt worden. Ebenso konnte die Zeit genutzt werden, um die Datenbank zu aktualisieren. Alte Einträge und Rezepte wurden im großen Stil gelöscht und durch aktuelle Rezepte ersetzt. Im regulären Betrieb wäre dafür nicht die Zeit gewesen. Andere Köch*innen haben wiederum Kochbücher geschrieben, Videos gedreht oder neue Gerichte entwickelt oder Kochtechniken ausprobiert. Im Folgenden wollen wir ein paar Aspekte besonders behandeln, die sich während des Lockdowns herauskristallisiert haben.

Take-Away, Boxen und Kochen mit Gästen
Je nachdem, an welcher Stelle der Küchentypologie sich die Gastronom*innen befinden, wurden von ihnen während der Lockdowns unterschiedliche Konzepte entwickelt, um sich über Wasser zu halten und um den Kontakt zu den Gästen nicht zu verlieren. Die Idee des Lieferservice wurde ausprobiert, aber vielfach aus logistischen Gründen wieder eingestellt, wie Victoria Fuchs in der Sendung »Kitchen Impossible – Tagebücher der Küchenchefs« eindrucksvoll berichtete. Stattdessen hatten viele Spitzenköch*innen bereits im ersten Lockdown Take-Away Konzepte oder Versandboxen entwickelt, sodass die Gäste sich gutes Essen mit wenigen Handgriffen zu Hause selbst anrichten konnten. Diese Konzepte und das vorhandene Wissen konnten im zweiten Lockdown dann sehr schnell reaktiviert werden. Zum einen diente das Take-Away Geschäft dazu, Geld zu verdienen und die Angestellten aufzustocken, die in Kurzarbeit waren. Zum anderen konnten so Gäste gehalten und manchmal auch neue Gäste dazu gewonnen werden. Zudem kochten sie live mit ihren Gästen per Videokonferenzen oder es wurden professionelle Videos zum Zubereiten und Anrichten der gelieferten Inhalte von Boxen bereitgestellt, wie beispielsweise im Fall von Andi Widmann. Gerade in der Zeit der Lockdowns waren alternative Beschäftigungsmöglichkeiten der potenziellen Gäste selten und so freuten sich viele über ein »Restaurantbesuch zu Hause«. Mitunter wurden die Boxen aber auch aus dem Kreis der Kochkolleg*innen bestellt, um die ein oder andere Idee abzukupfern – auch

eine Art des Wissenstransfers. Viele Gerichte funktionieren einfach nicht in Boxen und jede pfiffige Idee der Kolleg*innen war herzlich willkommen. Zum Teil werden auch heute noch eingekochte Gerichte in Gläsern und Dosen weiter in Online-Shops vertrieben. Das Take-Away Geschäft ist allerdings nach dem zweiten Restart der Gastronomie wieder stark zurück gegangen. Schließlich benötigt man die zum Packen und Lagern von Kartons umfunktionierten Galrräume wieder für die Gäste und auch die Küchenkapazitäten reichen in den wenigsten Fällen aus, um den »normalen« Restaurantbetrieb und den Versand von Boxen gleichzeitig zu stemmen.

Neue Geschäftsfelder – Essen auf Rädern
Im Lockdown, wo alle Restaurants schließen mussten, versuchte ein großes Catering-Unternehmen, das im High Quality Segment angesiedelt ist und auch eigene Restaurants betreibt, ein neues Geschäftsfeld zu erschließen. Das neue Geschäftsfeld war Essen auf Rädern. Aus Gründen des Marketings wurde der Firmenname verwendet, was aber sehr hohe Erwartungshaltungen erzeugte. Diese Erwartungen konnten aber nur sehr schwierig bei dem geringen Preis erfüllt werden. *„Da reden wir jetzt von zehn Euro Verkaufspreis für ein Menü. Da ist ein Salat, Suppe, Hauptgang drin. Zugestellt bis nach Hause und es wird noch reingetragen. Sie wissen, voller Service. Das Teuerste an dem Ganzen ist die Verpackung. Also das Geschirr, Mehrweg natürlich, wird gespült und so weiter und so fort. Dann bleiben für uns zwischen fünf und sechs Euro über. Und dann müssen wir auch noch etwas verdienen, weil die Kosten gedeckt werden müssen"* (Produktionsleiter). Aufgrund des Selbstverständnisses wurden keine Convenience-Produkte verwendet, sondern alles wurde selbst geschnitten und gekocht. Genau darin lag aber ein Problem: Die Rückmeldung der Zielgruppe war, dass das Gemüse zu hart sei, die Pasta zu »al dente«. Dies widersprach jedoch dem Selbstbild der Köch*innen, weil sie sich der gehobenen Gastronomie verschrieben haben. Es war schlicht gegen ihre Berufsehre, das Gemüse »zu verkochen« und die Pasta »matschig« werden zu lassen. Hier mussten die Köch*innen erst lange überredet werden, den Wünschen des älteren Zielpublikums zu entsprechen. Es war ein

steiniger Lernprozess zu durchlaufen, um von Fine-Dining zum »Essen auf Rädern« zu gelangen.

Wechsel der Kund*innen – von Firmenfeiern zu privateren Feiern
Zwei der größten Caterer im gehobenen Qualitätssegment hatten ihre Hauptbetätigungsfelder bislang im Bereich von Business-Events, die in der Corona-Pandemie ersatzlos wegfielen. Im Sommer 2021 konnten wieder Events in kleinerer Größenordnung stattfinden. So wurden dann statt großer Firmenfeiern eher kleinere und »privatere« Events zelebriert. Zwar waren dort weniger Gäste anwesend als auf den großen Business-Events, aber die Anzahl der »privaten« und exklusiveren Feiern war deutlich größer, sodass insgesamt genauso viele Personen bewirtet wurden:

> „Aber sie haben nicht mehr diese Firmenfeste mit 300, 400 Gästen. Normal haben wir so klassische Firmenfeiern im Juni, Juli, August. Das haben sie nicht mehr. Wir haben jetzt extrem viel private Feste. Also Sie können sich nicht vorstellen, wo wir überall hinfahren. Wir schicken Köch*innen zurzeit nach Griechenland, nach Spanien, überall hin in Häuser. Weil die Leute sagen: »Wir fliegen dorthin, in unser Haus und wollen dann einen Koch mithaben.« Wir haben extrem viele Privatveranstaltungen. Die Industriekunden, also die großen Versicherer, die großen Anwaltskanzleien, die machen vielleicht ein Fest mit 50 Gästen, wo er vor zwei Jahren noch seine 400 besten Kunden eingeladen hat. Aber solche Events werden nicht mehr gemacht, weil auch die Kunden Vorbehalte wegen des Infektionsrisikos haben" (Produktionsleiter).

So sind die Veranstaltungen angepasst worden, nicht aber der Anspruch an die Qualität. Ganz im Gegenteil, Feiern mit weniger Leuten sind einfacher in hoher Qualität zu bedienen als sehr große Events. Sicherlich werden in vielen Branchen mit den Lockerungen und dem Nachholbedürfnis der Kund*innen wieder große Events und Messen stattfinden und dabei alte Größenordnungen annehmen.

Nachhaltigkeit – Regionalität
Nach den beiden Lockdowns traten häufig Probleme bei den Lieferketten auf. So war es nicht möglich, Fische von hoher Qualität zu

8 Lernen in und aus der Krise 253

kaufen. Produkte aus Japan und Fernost konnten überhaupt nicht geliefert werden. In dieser Zeit mussten sich viele Restaurants neu erfinden und lokale Lieferketten aufbauen. Der allgemeine Trend in der Spitzengastronomie zur Regionalität und Nachhaltigkeit bekam dadurch noch einen zusätzlichen starken Schub. Wie in den Fallbeispielen des »Restaurant Alexander Herrmann« by Tobias Bätz und »Sascha Stemberg« gezeigt wurde, lassen sich extrem hochwertige Produkte auch lokal einkaufen, wenn man langfristig mit Zulieferern zusammenarbeitet, die sich einer sehr hohen Qualität verpflichtet haben. Natürlich haben diese Anforderungen ihren Preis, aber in der Spitzengastronomie geht es um Spitzenprodukte, die dann auch entsprechend teuer sind und sein können, wie auch Juan Amador schon meinte. Solche neuen Lieferantennetzwerke lassen sich aber nicht über Nacht aufbauen, sondern erfordern eine Kontaktpflege und über viele Jahre gewachsenes Vertrauen. Gerade während der Pandemie hat es sich aber für all diejenigen gelohnt, die schon vorher in hochwertige lokale Zuliefernetzwerke investiert haben. Sie konnten jederzeit mit ihren Produkten beliefert werden und haben nicht so stark unter dem Ausfall von Lieferketten gelitten.

Abgesehen davon war es für alle Köch*innen immer selbstverständlich, saisonal und regional zu kochen. Allerdings konnte in der Vergangenheit mitunter die Qualität der regional angebotenen Lebensmittel nicht sichergestellt werden. Des Weiteren stellt sich heutzutage viel stärker die Frage, was wir essen können. Viel zu oft denkt man darüber nach, was man (aus Deutschland) nicht essen kann. Gerade in der Reduktion und in der (künstlichen) Verknappung (z. B. auf Regionalität, vegetarische Alternativen) liegt auch eine schöpferische Kraft. In der Zukunft braucht es daher noch mehr Wissen über die Botanik und über das, was für uns genussvoll werden kann. Hier entsteht gerade in Deutschland ein neues Bewusstsein für Terroir und für den Anbau, was eine Chance und großes kreatives Potenzial freisetzt, das es jetzt und in Zukunft zu heben gilt.

Neue Arbeitsbedingungen
Zwar konnte im Bereich der Gastronomie für die Beschäftigten Kurzarbeit angemeldet werden, sodass 60 % des vorherigen Gehaltes ersetzt

wurde, allerdings haben viele Beschäftigte von selbst die Gastronomie verlassen, weil 60 % von einem geringen Gehalt (z. B. im Service) einfach sehr wenig ist. In anderen Branchen, wie der Logistik, wurden aufgrund des boomenden Online-Handels während dieser Zeit Arbeitskräfte gesucht, sodass viele dorthin wechselten. Ein Nebeneffekt für die ehemals in der Gastronomie Beschäftigten stellten dann auch die besseren Arbeitszeiten dar, sodass ein Klebe-Effekt zu vermuten ist und viele Beschäftigte dauerhaft der Gastronomie den Rücken zukehren werden. Schließlich muss man in der Logistik bei einem vergleichbaren Einkommen – im Gegensatz zur Gastronomie – nicht ständig abends und am Wochenende arbeiten, während andere Freizeit haben. Viele Restaurants haben während der Lockdowns ihr komplettes Personal oder einen Teil ihres Personals entlassen, weil für sie die Zukunft des Restaurants ökonomisch nicht vorhersehbar war. Durch diese beiden treibenden Kräfte ging die Zahl der Beschäftigten laut Statistischem Bundesamt in den beiden Lockdowns (jeweils Anfang der Jahre 2020 und 2021) stark zurück, wie die Abb. 8.1 zeigt.

Abb. 8.1 Beschäftigungsentwicklung im Gastgewerbe. (Eigene Darstellung; Quelle: Statistisches Bundesamt 2022)

In der Abb. 8.1 wurde das Jahr 2015 auf 100 % gesetzt, sodass die prozentualen Veränderungen gut sichtbar werden. Die starken Einbrüche bei den Beschäftigtenzahlen konnten bisher noch nicht wieder ausgeglichen werden. Das Beschäftigungsniveau liegt immer noch unter dem Wert von 2015, d. h. es fehlt immer noch Personal in der Gastronomie. Der Personalmangel hat dazu geführt, dass viele Restaurants nach den Lockdowns nicht so einfach wieder öffnen konnten. Die Arbeitsbedingungen und -zeiten in der Gastronomie sind für viele nicht mehr attraktiv. Deshalb bleiben bis heute viele Stellen unbesetzt. Am ehesten gelingt es den Großküchen und Kantinen, hochqualifiziertes Personal zu attrahieren. Schließlich ist man dort inzwischen bemüht, das Angebot der angebotenen Speisen in Krankenhäusern und Kantinen zu verbessern. Die Lockdowns wurden zum Teil dazu genutzt, Spitzenköch*innen in das Arbeitsumfeld von Kantinen anzulocken, etwa wie im Fall von Jörg Thiele, der in Lübben im Spreewald Küchenchef des 1-Sterne-Restaurants im Hotel »Zur Bleiche« war und seit Februar 2022 als Projektleiter für die Mitarbeiterverpflegung im größtem Krankenhaus Brandenburgs arbeitet. Ausgangspunkt der Idee war der Wunsch der Klinik, die Arbeitsbedingungen zu verbessern, wozu auch das Kantinenessen zählt. Neben Jörg Thiele wechselten während der Pandemie auch noch andere Spitzenköch*innen in eine Kantine, etwa der Berliner Sternekoch Peter Frühsammer, der seit 2020 in der Klinik Bad Belzig kocht, oder Lars Willbrecht, der ehemalige Chefkoch der »MS Deutschland«, der nun in der Kantine der Erdölraffinerie PCK Schwedt arbeitet.

Diese prekäre Personalsituation war für einige Gastronomen Anlass, über neue Arbeitsbedingungen nachzudenken, etwa die Entzerrung von Arbeitszeiten. Viele Restaurants, die vorher auch in der Woche einen Mittagsservice angeboten haben, bieten diesen jetzt nur noch am Wochenende an (siehe das Fallbeispiel »Sascha Stemberg«). Über eine Reduktion der Öffnungszeiten, wo dann mit kleinerem Personalstamm gearbeitet werden kann, aber eben auch mit kürzeren Tagesarbeitszeiten, kann die Gastronomie für das potenzielle Personal attraktiv gehalten werden. Als Vorreiter guter Arbeitsbedingungen kann das Sternerestaurant »Tantris« in München - die Wiege der deutschen Spitzengastronomie - gesehen werden (Wilkesmann und Wilkesmann 2020).

Hier führte man bereits vor der Pandemie eine Vier-Tage-Woche im Service und in der Küche ein, wie uns Mona Röthig, die Directrice des Restaurants »Tantris Maison Culinaire«, berichtete. Die Vier-Tage-Woche hat nicht nur den Vorteil, dass die Crew ausgeruhter in den Service startet und die Gäste dadurch (noch) aufmerksamer bedient werden, sondern auch in der Küche ist die Verletzungsrate stark zurückgegangen. Die Personalwohnungen, die modernisierte Küche und der gute Ruf der Hauses locken viele internationale Nachwuchskräfte nach München, was auch dazu führt, dass Benjamin Chmura neben all den französischen Fachbegriffen Englisch als Kommunikationssprache eingeführt hat, damit sich alle verstehen. Zur Attraktivität gehört natürlich auch ein entsprechender Führungsstil und ein Team-Spirit, der auch gerade für die jüngere Generation die Arbeit interessant macht. Die Gastronomie sollte aus der Krise lernen, wie sie sich langfristig mit neuen Konzepten auf dem Arbeitsmarkt präsentiert, um den Fachkräftemangel zu überwinden. Pioniere, wie das »Tantris«, oder das Case Study zu »Sascha Stemberg« machen uns aber Hoffnung, weil man sich hier viele Gedanken über neue Arbeitsabläufe und Arbeitszeiten in der Küche und im Service macht, um die Begeisterung für die Gastronomie hochzuhalten.

9
Ein kleiner »Absacker« zum Schluss

> **Ab·sa·cker**
> /Ábsacker/
> *Substantiv, maskulin* [der]
> UMGANGSSPRACHLICH
>
> 1. normalerweise: am Ende eines Zusammenseins oder vor dem Schlafengehen getrunkenes letztes Glas eines alkoholischen Getränks;
> 2. in unserem Fall: am Ende des Buchs ein »Best of« zum Wissenstransfer.

Wir haben bei der Zusammenstellung der Inhalte unseres Buches versucht, die Aspekte des Wissenstransfers in der Gastronomie möglichst bekömmlich aufzubereiten. Dabei müssen wir an dieser Stelle aber auch zugeben, dass manche unserer »Gerichte« auf der Speisekarte – sprich Kapitel – an der ein oder anderen Stelle vielleicht etwas schwerer zu verdauen waren. Weshalb wir mit diesem »Absacker«-Kapitel noch einmal das Wichtigste zum Wissenstransfer auf den Punkt bringen wollen.

Die »Vorspeise« hat gezeigt, dass die Gastronomie auf eine lange Tradition zurückblicken kann und Restaurants ursprünglich etwas zu Essen waren, bevor sich der Begriff zu einem Ort zum Ausgehen mauserte. Der Blick in die Vergangenheit machte zudem deutlich, dass viel gastronomisches und kulinarisches Wissen im Laufe der Zeit verloren ging und in der heutigen Zeit durch Zufall wiederentdeckt wird. Unser Hauptgang startete mit der Darstellung, dass nicht nur Zucker, sondern auch Wissen und Nichtwissen ganz unterschiedliche Facetten annehmen können. Man erinnere sich nur an »bekanntes« und »unbekanntes Nichtwissen« oder »implizites« vs. »explizites« Wissen. Es ist wichtig, Begriffe zu definieren, weil sie uns einerseits helfen, ein klares Bild davon zu bekommen, was genau wir betrachten wollen, und andererseits, weil sich aus diesen Unterscheidungen verschiedene Fragen und Konsequenzen ergeben: Soll Wissen zwischen zwei oder mehreren Personen geteilt oder sogar neu entwickelt werden? Geht es um den Wissenstransfer zwischen zwei oder mehreren Betrieben? Soll kulinarisches Wissen für die Gäste transparent gemacht machen werden, wie es im Fall vom »Ox & Klee« praktiziert wird? Wie das Case Study zu »tellerrand consulting« zeigt, kann der Wissenstransfer in Form von Beratung sogar die Entwicklung von Stadtteilen, Quartieren oder Einkaufszentren umfassen.

Alles in allem zeigen unsere Ausführungen zum Service und die Case Studies, dass Wissenstransfer in der Gastronomie in vielfältiger Form auftritt. Wo das Wissen lokalisiert ist und wie Wissenstransfer zu organisieren ist, hängt sehr stark vom Küchentyp ab. In der Zubereitungsküche ist für den Wissenstransfer ein individueller Austausch notwendig. In der Systemgastronomieküche steckt das Wissen in den Arbeitsroutinen und den Strukturen, sodass der Wissenstransfer durch das Einüben der Arbeitsroutinen stattfindet. Allerdings existiert ein großer Unterschied: In der Zubereitungsküche sind Änderungen relativ schnell umsetzbar. In der Systemgastronomieküche bedeuten Änderungen immer neue Arbeitsroutinen und neue Strukturen. Dies erfordert einen großen Vorlauf durch die Arbeitsvorbereitung und einen großen Aufwand in der Umsetzung, sodass Änderungen nur schwer umsetzbar sind. Der Service spielt als Bindeglied zwischen der Küche und den Gästen eine wichtige Rolle beim Transfer von Wissen. Nicht zuletzt auch deshalb, weil sich die Ansprüche der Gäste und deren Bewusstsein für Essen und Kulinarik verändert haben.

9 Ein kleiner »Absacker« zum Schluss

Wissenstransfer kann auch in Form einer Übertragung eines Geschäftsmodells in ein neues Geschäftsfeld stattfinden, wie es beim Case Study über den Einstieg ins Flugzeug-Catering beschrieben wurde. In diesem Fall wurde das eigene »Catering-Wissen« in eine vollständig neue Umgebung übertragen. Dies ist vor allem dadurch gelungen, indem das Personal von einem Geschäftsfeld direkt in das andere Geschäftsfeld mit seinem persönlichen Wissen wechselt, weil dieses Wissen zum größten Teil personengebunden ist.

Wir haben auch gesehen, dass der Wissenstransfer in gewissen Strukturen einfacher als in anderen gelingt. Ein wichtiger Faktor ist die Organisationsstruktur. Wird in der Küche sehr strikt Escoffiers hierarchisches Arbeitsteilungsmodell der Küche umgesetzt, dann könnte es sein, dass den einzelnen Posten nicht genügend Freiraum für Wissenstransfer gegeben wird. Die Rotation und gewisse Freiheiten, wie es im Case Study zu »Sascha Stemberg« beschrieben wurde, sind für den Wissenstransfer in seiner Küche entscheidend. The Duc Ngo hingegen hält seine vielen Restaurants durch einen organisatorischen Überbau zusammen. Er und seine Küchenchefs sind für den Wissenstransfer in die einzelnen Restaurants verantwortlich. Des Weiteren wird der Wissenstransfer durch Organisationsprinzipien erleichtert, wie das gemeinsame Servieren von weißer und schwarzer Brigade. Unterstützt wird dieses gemeinsame Servieren durch ein vorgefertigtes Drehbuch, wie im Case Study des »Restaurant Alexander Herrmann« by Tobias Bätz gezeigt, sowie dem Storytelling, das immer auf einige Teammitglieder referiert und somit ein eigenes Anerkennungssystem darstellt. Außerdem wird die Motivation an jedem Abend noch einmal durch das »Power-Briefing« erhöht.

Ebenso ist die intrinsische Motivation ein wichtiger Faktor. Die Aufforderung von Vorgesetzten an die Mitarbeiter*innen: »Sei intrinsisch motiviert!« ist eine paradoxe Aufforderung, da intrinsisch bedeutet, dass die Motivation von innen, aus der Person selbst kommt und eben nicht von außen, von den Vorgesetzten. Intrinsische Motivation tritt immer dann auf, wenn die Person eine hohe Autonomiewahrnehmung und eine hohe Kompetenzwahrnehmung hat sowie sich in eine Peer-Group eingebettet fühlt. Hohe Autonomiewahrnehmungen haben Chefköch*innen, weil sie ihre Gerichte selbst kreieren können.

Sie sind zudem dafür selbst verantwortlich, dass der Laden läuft. Chefköch*innen haben auch meistens eine hohe Kompetenzwahrnehmung. Sie können sehr gut kochen und das wissen sie. Ebenso fühlen sie sich der Gemeinschaft der Köch*innen (»brotherhood of chefs«) und deren Normen zugehörig. Damit sind die Voraussetzungen gegeben, dass Chefköch*innen hoch intrinsisch motiviert sein können. Weiterhin sind Spitzenköch*innen auch extrinsisch motiviert in dem Sinne, dass sie gerne mit einem Stern ausgezeichnet werden möchten, was wir auch anhand einer eigenen Studie zeigen konnten.

Die soziale Norm der »brotherhood of chefs« unterstützt zudem den Wissenstransfer. Eine Person, die gegen diese Norm verstößt, wird von den anderen sanktioniert. Einen besonderen Stellenwert hat die Norm, dass sich nicht wechselseitig plagiiert wird. Wird jemand beim »Abkupfern« erwischt, dann wird die Person, die plagiiert hat, über den Klatsch unter den Köch*innen sanktioniert. Allerdings ist diese Sanktionsform nicht öffentlich, sondern findet immer nur unter der Hand statt und kann deshalb von außen nicht so einfach beobachtet werden. Bei den Koch-Events wird es aber meistens sehr offensichtlich, weil dort alle wichtigen Akteure zusammenkommen und der Klatsch an diesem Ort geteilt wird. Eine weitere Möglichkeit, Plagiate zu verhindern, ist die Angabe der Quelle (wie es in der Wissenschaft üblich ist). Leider ist es in der deutschen Gastronomie bisher noch nicht so ausgeprägt, Quellenangaben zu machen (siehe das Case Study zu »The Duc Ngo«). Die Quellenangabe auf der Speisekarte könnte in Deutschland selbstverständlicher werden. Dies würde den Wissenstransfer zumindest nach außen hin sichtbar machen. Bisher werden Quellenangaben nur dann gemacht, wenn es aus Gründen des Marketings gut ist. So wird das Kantinenessen beispielsweise mit Gerichten eines Sternekochs beworben (siehe das Case Study »Wissenstransfer im Gegenstrom-Prinzip«). Im gehobenen Catering wird, wie das Case Study von Dallmayr zeigt, mit dem hausinternen 2-Sternekoch ge- und beworben bzw. seine Menüs explizit verkauft. Im Case Study Dallmayr sticht neben der bewussten Integration des 2-Sterne-Kochs in das Catering auch die Benutzung und Pflege der Datenbank hervor. Wissenstransfer, genauer Informationstransfer, findet hier zudem über elektronische Medien statt. Dies ist auch beim großen Kantinenbetreiber der Fall. Die 500 Betriebskantinen, die über ganz Deutschland verteilt sind, bedürfen einer digitalen Wissensdatenbank. Aber auch die gemeinsamen Kochworkshops mit den Küchenchefs bzw. -chefinnen vor Ort sind ein wichtiger Bestandteil im Wissenstransfer.

Ein transformationaler Führungsstil ist eine weitere Voraussetzung für den Transfer von Wissen. Wie Tim Mälzer aus seiner eigenen Berufsbiografie berichtete, kann ein guter Führungsstil auf sehr einfache Weise die Mitarbeiter*innen für den Chef oder die Chefin brennen lassen. Nur dann sind alle bereit, dem gemeinsamen Ziel zu folgen. Das gemeinsame Ziel kann aber nur dann erreicht werden, wenn alle ihr Wissen gleichermaßen einbringen. Ohne Wissenstransfer kann die gesamte Gruppe das Ziel nicht erreichen und dies haben alle verinnerlicht. Lernen kann eine Person nur, wenn sie auch einmal einen Fehler machen darf. Tim Mälzer hat dies sehr eindrücklich beschrieben. Ohne eine Kultur, dass Fehler gemacht werden dürfen, kann es kein Lernen geben. Allerdings sollte dann auch aus den Fehlern gelernt werden und sich der Fehler nicht wiederholen. Keineswegs wollen wir an dieser Stelle verschweigen, dass es leider noch immer viele negative Führungsbeispiele in der (Spitzen-)Gastronomie gibt, über die auch hin und wieder in der Presse berichtet wird, wo ein guter Umgang mit Fehlern verhindert wird.

Voraussetzung für einen guten Umgang mit Nichtwissen und Fehlern wird am Beispiel des »Restaurants Alexander Herrmann« by Tobias Bätz deutlich: Alle fühlen sich als ein Team und geben deshalb ihr Wissen auch ohne Vorbehalte an die anderen weiter. Tobias Bätz betont aber, dass Wissenstransfer bei ihnen immer explizit als Holschuld der Mitarbeitenden und nie als Bringschuld definiert wird. Jede und jeder kann, soll und muss fragen, wenn er oder sie etwas nicht weiß. Darüber hinaus kann eine eigene Versuchsküche – ähnlich wie im berühmten Restaurant »El Bulli« von Ferran Adriá – dabei helfen, neue Kochtechniken und neue Gerichte zu kreieren. Wie die Forschungs- und Entwicklungsabteilung großer Unternehmen sind solche Versuchsküchen von der alltäglichen Routine abgekoppelt und können ganz ohne Produktionsdruck neue Wege ausprobieren.

All dies zeigt, dass sich der Wissenstransfer in der Gastronomie als ein äußerst breites Feld präsentiert und hier viel voneinander gelernt und im positiven Sinne »abgeschaut« werden kann. Auch wir haben im Rahmen unseres Buches einiges dazugelernt und insofern gilt ebenfalls für uns drei Autor*innen das Motto »Hinterher ist man immer schlauer!«.

Anhang

Weitere Informationen zur Befragung der Köch*innen im Frühjahr 2020.
Alle Items zur Motivation wurden auf einer 5-stufigen Likert-Skala von 1 (niedrig) bis 5 (hoch) gemessen. Die Amotivation wurde durch zwei Items mit α .78 gemessen („Ich weiß nicht, manchmal sehe ich keinen wirklichen Sinn darin, in der Küche zu arbeiten. Angesichts der unzumutbaren Arbeitsbedingungen in der Küche weiß ich gar nicht, warum ich das tue."). Die extrinsische Motivation wurde über das besondere Merkmal der Sternevergabe operationalisiert („Ich koche, weil ich gerne einen Stern im Guide Michelin bekommen oder die Auszeichnung haben möchte."). Zusätzlich wurde die intrinsische Motivation mit zwei Items und einer Reliabilität von α .68 gemessen ("Ich koche zum Vergnügen. Ich habe Spaß am Kochen."). Außerdem wurden die Kontrollvariablen Alter und Geschlecht abgefragt. Die Tab. A.1 zeigt die AME einer logistischen Regression mit der abhängigen Variable einer Sterneauszeichnung.

Tab. A.1 Anhang: Logistische Regression: Motivationstypen, die die Wahrscheinlichkeit beeinflussen, mit einem Michelin Stern ausgezeichnet zu werden. (Quelle: eigene Darstellung)

	Sterneköch*innen AME
Amotivation	−,151**
extrinsische Motivation	,127**
intrinsische Motivation	−,141'
Alter	,011**
Geschlecht	−,268'
N	126
Nagelkerke	,340
Cox und Snell	,255

**=1 % Signifikanzniveau, *=5 % Signifikanzniveau, '=10 % Signifikanzniveau.

Literatur

Aamodt, Agnar, Nygård, Mads. (1995). Different roles and mutual dependencies of data, information, and knowledge. An AI perspective on their integration. *Data & Knowledge Engineering* 16 (3). S. 191–222.

Abel, Wilhelm. (1963). Die Lage in der deutschen Land- und Ernährungswirtschaft um 1800. *Jahrbücher für Nationalökonomie und Statistik* 175 (1). S. 319–334.

Achatz, Grant, Kokonas, Nick. (2011). *Life, on the Line* London. Penguin Us.

Antoniewicz, Heiko, Maurer, Ludwig. (2019). *Wilder Wald.* Stuttgart: Matthaes.

Antoniewicz, Heiko. (2006). *Finger Food.* Stuttgart: Matthaes.

Antoniewicz, Heiko. (2008). *Molekulare Basics: Grundlagen und Rezepte.* Stuttgart: Matthaes.

Antoniewicz, Heiko. (2011). *Sous-Vide.* Stuttgart: Matthaes.

Antoniewicz, Heiko. (2013). *Flavour Pairing. Das Spiel der Aromen.* Stuttgart: Matthaes.

Antoniewicz, Heiko. (2021). *Fermentation.* Stuttgart: Matthaes.

Arens-Azevêdo, Ulrike, Böts, Margit, Schnur, Esther, Tecklenburg, Meike Ernestine. (2020). *Beurteilung ausgewählter Convenience-Produkte in der Gemeinschaftsverpflegung und Handlungsempfehlungen zur Optimierung.* Bonn: Deutsche Gesellschaft für Ernährung e. V.

Argote, Linda, Ingram, Paul. (2000). Knowledge Transfer: A Basis for Competitive Advantage in Firms. *Organizational Behavior and Human Decision Processes* 82 (1). S. 150–169.

ver.di. (2013). *Aus einer Utopie wird Wirklichkeit*. ver.di-Bundesvorstand. https://www.verdi.de/themen/arbeit/aktionswoche-urlaub/++co++ 0b790800-c84e-11e2-9c0c-52540059119e

Barlösius, Eva. (2016). *Soziologie des Essens. Eine sozial- und kulturwissenschaftliche Einführung in die Ernährungsforschung*. Weinheim: Beltz Juventa.

Bass, Bernard M., Riggio, Ronald E. (2010). The transformational model of leadership. Robinson, Hickman, Gill (Hrsg.), *Leading organizations*, Thousand Oaks: SAGE. S. 76–86.

Berger, Georg. (2015). *Escoffier und die Nouvelle Cuisine. Spitzenköche und ihre Rezepte*. Haan-Gruiten: Pfanneberg.

Birdseye, Clarence. (1929). Some Scientific Aspects of Packaging and Quick-Freezing Perishable Flesh Products I—More Rapid Freezing Means Better Preservation. *Industrial & Engineering Chemistry* 21 (5). S. 414–417.

Blumenthal, Heston. (2009). *The Fat Duck Cookbook*. London: Bloomsbury Publishing.

Borgmann, Lars, Rowold, Jens. (2013). Personalführung: Verhaltensbezogene Ansätze. In: Rowold, Jens (Hrsg.), *Human Resource Management: Lehrbuch für Bachelor und Master*, Berlin, Heidelberg: Springer Berlin Heidelberg. S. 187–197.

Borkenhagen, Chad. (2017). Evidence-based creativity: Working between art and science in the field of fine dining. *Social Studies of Science* 47 (5). S. 630–654.

Bundesinformationszentrums Landwirtschaft, BZL (2021). *57,3 Kilogramm Fleisch pro Person: Verzehr sinkt weiter*. Bonn.

Bundesministerium für Ernährung und Landwirtschaft, BMEL (2020). *Landwirtschaft verstehen. Fakten und Hintergründe*. Berlin.

Christoph, Maria, Voit, Nora. (2021). Gruß aus der Küche. *DIE ZEIT* Nr. 37.

Cölfen, Herrmann. (2007). Vom Kochrezept zur Kochanleitung. Sprachliche und mediale Aspekte einer verständlichen Vermittlung von Kochkenntnissen. *Essener Unikate. Berichte aus Forschung und Lehre* 2007 (30). S. 85–93.

Cooper, John, Giousmpasoglou, Charalampos, Marinakou, Evangelia (2017). Occupational identity and culture: the case of Michelin-starred chefs. *International Journal of Contemporary Hospitality Management*, 29 (5), 1362–1379.

Cramp, Lucy J.E., Evershed, Richard P., Eckardt, Hella. (2011). What was a mortarium used for? Organic residues and cultural change in Iron Age and Roman Britain. *ANTIQUITY* 85. S. 1339–1352.

Dalby, Andrew. (1998). *Essen und Trinken im alten Griechenland: von Homer bis zur byzantinischen Zeit.* Stuttgart: Reclam.
Davidis, Henriette. (1844). *Praktisches Kochbuch für die gewöhnliche und feinere Küche mit besonderer Berücksichtigung der Anfängerinnen und angehenden Hausfrauen.* Berlin: Berlet.
de Lepinasse, René. (1886). *Histoire générale de Paris . – Les Métie de Paris. Tom ei, XIVE-XVNIE siècle. Ordonnances générales. Métiers de l' alimentation.* Paris.
Deci, Edward L., Ryan, Richard M. (2000). The "what" and "why" of goal pursuits: Human needs and the self-determination of behavior. *Psychological Inquiry* 11 (4). S. 227–268.
DEHOGA, Bundesverband. (2015). *Gemeinschaftsgastronomie in Deutschland.* Berlin.
Di Stefano, Giada, King, Andrew A., Verona, Gianmario. (2014). Kitchen confidential? Norms for the use of transferred knowledge in gourmet cuisine. *Strategic Management Journal* 35 (11). S. 1645–1670.
Elster, Jon. (2013). *Securities Against Misrule: Juries, Assemblies, Elections.* Cambridge: Cambridge University Press.
Erhardt, Mathilde. (1904). *Großes illustriertes Kochbuch für den bürgerlichen und feinen Tisch.* Berlin: Merkur.
Embacher, Alexandra. (2022). Verwechslungsgefahr: Alles Gastronomie, oder nicht? *Falstaff,* https://www.falstaff.at/nd/verwechslungsgefahr-alles-gastronomie-oder-nicht/.
Fauchart, Emmanuelle, von Hippel, Eric. (2008). Norms-Based Intellectual Property Systems: The Case of French Chefs. *Organization Science* 19 (2). S. 187–201.
Fikiin, Kostadin. (2008). Emerging and Novel Freezing Processes. In: Evans, Judith A. (Hrsg.), *Frozen Food Science and Technology,* Oxford: Blackwell. S. 101–123.
Fincke, Heinrich. (1927). Geschichte des Marzipans bis zum Anfange des 19. Jahrhunderts. *Zeitschrift für Untersuchung der Lebensmittel* 53 (2–3). S. 100–126.
Furetière, Antoine, Basnage de Beauval, Henri. (1708). *Dictionnaire Universel Contenant generalement tous les Mots François tant vieux que modernes & les Termes des Sciences et des Arts.* Rotterdam.
Gillespie, Cailein, Cousins, John. (2001). *European gastronomy in the 21st century.* London: Routledge.

Gollmer, Richard. (2000 [1909]). *Das Apicius-Kochbuch aus der römischen Kaiserzeit.* Frechen: Komet.
Grimm, Veronika. (2019). The good things that lay hand. In: Freedman, Paul (Hrsg.), *The history of Food.* London: Thames & Hudson. S. 62–92.
Guiro, Guido. (2019). Die Pflanzen Bärlauch, Maiglöckchen und Herbstzeitlose im Vergleich. https://upload.wikimedia.org/wikipedia/commons/2/24/Bärlauch_und_seine_giftigen_Doppelgänger.png.
Herrmann, Alexander, Hock, Andreas. (2020). *... und eine Prise Wahnsinn. Mein Leben und meine Lehren aus Spitzengastronomie und Fernsehen.* Kulmbach: Börsenmedien.
Hirschfelder, Gunther. (2005). *Europäische Esskultur. Geschichte der Ernährung von der Steinzeit bis heute.* Frankfurt/New York: Campus.
Hochschild, Arlie Russel. (1979). Emotion work, feeling rules, and social structure. *American Journal of Sociology* 85 (3). S. 551–575.
Hochschild, Arlie Russel. (1990). *Das gekaufte Herz.* Frankfurt a.M./New York: Campus.
Hofstede, Geert. (1991). *Cultures and Organizations: Software of the Mind.* London.
Hofstede, Gert. (2001). *Lokales Denken, globales Handeln: Interkulturelle Zusammenarbeit und globales Management.* München: dtv Beck.
House, Robert J., Hanges, Paul J., Javidan, Mansour, Dorfman, Peter W., Gupta, Vipin. (2004). *Culture, Leadership, and Organizations: The GLOBE Study of 62 Societies.* Thousand Oaks: Sage.
Johnson, Steven. (2016). *Die Erfindung der Zukunft. Sechs Innovationen, die die Welt veränderten.* Berlin, Heidelberg: Springer Nature.
Judel, Klaus Günther. (2003). Justus Liebig, Georg Giebert und der Fleischextrakt. *Gießener Universitätsblätter* 36. S. 26–41.
Lane, Christel. (2014). *The Cultivation of Taste. Chefs and the Organization of Fine Dining.* Oxford: Oxford University Press.
Lange, Sarah, Bormann, Kai C., Rowold, Jens. (2018). Mindful leadership: mindfulness as a new antecedent of destructive and transformational leadership behavior. *Gruppe. Interaktion. Organisation. Zeitschrift für Angewandte Organisationspsychologie (GIO)* 49 (2). S. 139–147.
Liu, Yang. (2007). *Ost trifft West.* Mainz: Hermann Schmidt.
Liyanage, Champika, Elhag, Taha, Ballal, Tabarak, Li, Qiuping. (2009). Knowledge communication and translation – a knowledge transfer model. *Journal of Knowledge Management* 13 (3). S. 118–131.

Lugert, Verena. (2017). *Die Irren mit dem Messer: Mein Leben in den Küchen der Haute Cuisine*. München: Knaur.
Mälzer, Tim. (2018). *Neue Heimat*. München: Mosaik.
Mintz, Sidney W. (1987). *Die süße Macht: Kulturgeschichte des Zuckers*. Frankfurt a.M.: Campus.
Müller, Henrik. (2013). *Die Geschichte des Erholungsurlaubs als Erfolg gewerkschaftlicher Tarifpolitik*. https://bw.dgb.de/themen/++co++80727fae-ad75-11e2-8c29-00188b4dc422
Nassehi, Armin. (2011). *Soziologie: Zehn einführende Vorlesungen*. Wiesbaden: VS Verlag für Sozialwissenschaften.
Nonaka, Ikujiro, Takeuchi, Hirotaka. (1995). *The Knowledge-Creating Company: How Japanese Companies Create the Dynamics of Innovation*. Oxford: Oxford University Press.
Nonaka, Ikujiro, Takeuchi, Hirotaka. (1997). *Die Organisation des Wissens: Wie japanische Unternehmen eine brachliegende Ressource nutzbar machen*. Frankfurt a.M./New York: Campus.
Ory, Pascal. (1998). *Le discours gastronomique français des origines à nos jours*. Paris: Gallimard/Julliard.
Owings, Alison. (2002). Hey, Waitress!: The USA from the Other Side of the TrayA Brief, and Subjective, History of Waitressing. Berkeley: University of California Press.
Owings, Alison. (2002). *Hey, Waitress!: The USA from the Other Side of the Tray. A Brief, and Subjective, History of Waitressing*. Berkeley: University of California Press.
Pilar Opazo, Maria. (2012). Discourse as driver of innovation in contemporary haute cuisine: The case of elBulli restaurant. *International Journal of Gastronomy and Food Science* 1 (2). S. 82–89.
Polanyi, Michael. (1966). *The Tacit Dimension*. Chicago: University of Chicago Press.
Probst, Gilbert, Raub, Steffen, Romhardt, Kai. (2006 [1998]). *Wissen managen. Wie Unternehmen ihre wertvollste Ressource optimal nutzen*. Wiesbaden: Gabler.
Rawson, Katie, Shore, Elliot. (2020). *Dining out. A global history of restaurants*. London: Reaction books.
Ribbat, Christoph. (2018, 13.12.2018). Seien Sie unser Gast! Eine Sozialgeschichte des Restaurants. *Neue Zürcher Zeitung*. https://www.nzz.ch/geschichte/seien-sie-unser-gast-eine-sozialgeschichte-des-restaurants-ld.1443754

Ritter, Stefan. (2012). Das Wirtshaus als Lebensraum: »Kneipenszenen« aus Pompeji. In: Dally, Ortwin , Wulf-Rheidt, Ulrike (Hrsg.), *Jahrbuch des Deutschen Archäologischen Instituts*, Berlin: de Gruyter. S. 155–220.
Rowold, Jens, Poethke, Ute. (2017). *Fragebogen zur Integrativen Führung*. Bern: Hogrefe.
Ruiner, Caroline, Wilkesmann, Maximiliane. (2016). *Arbeits- und Industriesoziologie*. Paderborn: Fink.
Ryan, Richard M., Deci, Edward L. (2000). Self-determination theory and the facilitation of intrinsic motivation, social development and well-being. *American Psychologist* 55(1). S. 68–78.
Scarpato, Rosario. (2002). Gastronomy as a tourist product: The perspective of gastronomy studies. In: Hjalager, Anne-Mette, Richards, Greg (Hrsg.), *Tourism and gastronomy*, London: Routledge. S. 51–70.
Schein, Edgar H. (1995). *Unternehmenskultur: ein Handbuch für Führungskräfte*. Frankfurt a.M.: Campus.
Spang, Rebecca. (2020). *The Invention of the Restaurant. Paris and Modern Gastronomic Culture*. Cambridge, Massachusetts.
Spechtenhauser, Klaus. (2006). Kühlschränke, Kochinseln und andere Kultobjekte. Küchen vom Zweiten Weltkrieg bis heute. In: Spechtenhauser, Klaus (Hrsg.), *Die Küche*, Zürich: Birkhäuser. S. 45–73.
Spence, Charles. (2018). *Gastrologik. Die erstaunliche Wissenschaft der kulinarischen Verführung*. München: C.H. Beck.
Statistisches Bundesamt, Destatis. (2021). *Alkoholverbrauch geht im Corona-Jahr 2020 weiter zurück*. https://www.destatis.de/DE/Presse/Pressemitteilungen/2021/03/PD21_148_799.html
Statistisches Bundesamt, Destatis. (2022). *Beschäftigte im Gastgewerbe*. https://www.destatis.de/DE/Themen/Wirtschaft/Konjunkturindikatoren/Gastgewerbe-Tourismus/hug310.html
Steden, Stephanie, Wilkesmann, Maximiliane. (2019). Nichtwissen im medizinischen und pflegerischen Kontext – Wen stört Nichtwissen (nicht)? In: Wilkesmann, Maximiliane, Steden, Stephanie (Hrsg.), *Nichtwissen stört mich (nicht). Zum Umgang mit Nichtwissen in Medizin und Pflege*, Wiesbaden: Springer VS. S. 271–292.
Stockhaus, Dörthe. (1994). „Aber mir sind trotzdem satt wordn mit unserer Suppn". Nürnberger Arbeiterkost um die Jahrhundertwende. *Mitteilungen des Vereins für Geschichte der Stadt Nürnberg*. S. 243–272.

Svejenova, Silviya, Mazza, Carmelo, Planellas, Marcel. (2007). Cooking up change in haute cuisine: Ferran Adrià as an institutional entrepreneur. *Journal of Organizational Behavior* 28 (5). S. 539–561.
Svejenova, Silviya, Planellas, Marcel, Vives, Luis. (2010). An Individual Business Model in the Making: a Chef's Quest for Creative Freedom. *Long Range Planning* 43 (2–3). S. 408–430.
Szulanski, Gabriel. (1996). *Sticky Knowledge. Barriers to Knowing in the Firm.* London, Thousand Oaks: Sage.
Teuteberg, Hans Jürgen. (1988). Die tägliche Kost unter dem Einfluß der Industrialisierung. In: Teuteberg, Hans Jürgen (Hrsg.), *Unsere tägliche Kost*, Münster: Coppenrath. S. 345–361.
Teuteberg, Hans Jürgen. (1990). Die Veränderung der Hausfraulichen Küchenarbeit unter dem Einfluss der Industrialisierung. In: Petzina, Dietmar, Reulecke, Jürgen (Hrsg.), *Bevölkerung, Wirtschaft und Gesellschaft seit der Industrialisierung*, Hagen. S. 359–388.
Teuteberg, Hans Jürgen. (1991). Zur Geschichte der Kühlkost und des Tiefgefrierens. *Zeitschrift für Unternehmensgeschichte* 36 (3). S. 139–155.
Thoms, Ulrike. (2002). Essen in der Arbeitswelt. Kantinen in Deutschland von 1850 bis heute. *Der Bürger im Staat. Nahrungskultur. Essen und Trinken im Wandel* 52 (4). S. 238–242.
Vensky, Hellmuth. (2010). Die Geschichte der Tiefkühlkost. Einfrieren wie die Eskimos. *ZEIT Online.* https://www.zeit.de/wissen/geschichte/2010-03/tiefkuehl-geschichte
von Paczensky, Gert, Dünnebier, Anna. (1999). *Kulturgeschichte des Essens und Trinkens.* München: Orbis.
Voß, Gerd-Günter, Rieder, Kerstin. (2005). *Der arbeitende Kunde: wenn Konsumenten zu unbezahlten Mitarbeitern werden.* Frankfurt a.M./New York: Campus.
Voswinkel, Stephan. (2000). Das mcdonaldistische Produktionsmodell – Schnittstellenmanagement interaktiver Dienstleistungsarbeit. In: Minssen, Heiner (Hrsg.), *Begrenzte Entgrenzungen*, Berlin: Edition Sigma. S. 177–201.
Wagner, Christoph. (1995). *Fast schon Food. Die Geschichte des schnellen Essens.* Frankfurt a. M.: Campus.
Wagner, Daniela. (2015). Gastronomie als Forschungsfeld. In: Fritz, Klaus-Peter, Wagner, Daniela (Hrsg.), *Forschungsfeld Gastronomie*, Wiesbaden: Springer. S. 1–17.

Waley-Cohen, Joanna. (2019). The quest for perfect balance. In: Freedman, Paul (Hrsg.), *The history of Food*, London: Thames & Hudson. S. 93–124.
Weber, Max. (1988). *Gesammelte Aufsätze zur Wissenschaftslehre*. Tübingen: J.C.B. Mohr.
Wilkesmann, Maximiliane, Wilkesmann, Uwe. (2011). Knowledge transfer as interaction between experts and novices supported by technology. *VINE – Journal of Information and Knowledge Management Systems* 41 (2). S. 96–112.
Wilkesmann, Maximiliane, Wilkesmann, Uwe. (2020). *Nicht nur eine Frage des guten Geschmacks. Die Organisation der Spitzengastronomie*. Wiesbaden: Springer Nature.
Wilkesmann, Maximiliane. (2009). *Wissenstransfer im Krankenhaus. Strukturelle und institutionelle Voraussetzungen*. Wiesbaden: Springer VS.
Wilkesmann, Maximiliane. (2010). Der professionelle Umgang mit Nichtwissen. Einflussfaktoren auf der individuellen, organisationalen und organisationsübergreifenden Ebene. *zhb Discussion Papers*, (01/2010). TU Dortmund.
Wilkesmann, Maximiliane. (2019a). Nichtwissen – ein schillernder Begriff. In: Wilkesmann, Maximiliane, Steden, Stephanie (Hrsg.), *Nichtwissen stört mich (nicht). Zum Umgang mit Nichtwissen in Medizin und Pflege*, Wiesbaden: Springer VS. S. 9–32.
Wilkesmann, Uwe, Fischer, Heike, Wilkesmann, Maximiliane. (2009a). Cultural characteristics of knowledge transfer. *Journal of Knowledge Management* 13 (6). S. 464–477.
Wilkesmann, Uwe, Lauer, Sabine. (2018). The influence of teaching motivation and New Public Management on academic teaching. *Studies in Higher Education* 45 (2). S. 434–451.
Wilkesmann, Uwe, Schmid, Christian J. (2014). Intrinsic and internalized modes of teaching motivation. *Evidence-based HRM* 2 (1). S. 6–27.
Wilkesmann, Uwe, Virgillito, Alfredo. (2014). Wissenstransfer im Betriebsrat. Am Beispiel von organisierten Betriebsratsmitgliedern der IG Metall. *Industrielle Beziehungen* 21 (2). S. 133–159.
Wilkesmann, Uwe, Wilkesmann, Maximiliane, Virgillito, Alfredo. (2009b). The absence of cooperation is not necessarily defection: structural and motivational constraints of knowledge transfer in a social dilemma situation. *Organization Studies* 30 (10). S. 1141–1164.

Wilkesmann, Uwe, Wilkesmann, Maximiliane. (2018). Wissensmanagement. In: Gessler, Michael, Sebe-Opfermann, Andreas (Hrsg.), *Handlungsfelder des Bildungsmanagements. Ein Handbuch,* Bremen: Universität Bremen. S. 449–474.

Wilkesmann, Uwe, Wilkesmann, Maximiliane. (2019). Wissensmanagement. (Wie) Lässt sich Wissen in der öffentlichen Verwaltung managen? In: Werdes, Bärbel, Porsch, Torsten (Hrsg.), *Lehrbuch Verwaltungspsychologie,* Göttingen: Hogrefe. S. 321–346.

Wilkesmann, Uwe, Wilkesmann, Maximiliane. (2021a). Which Factors Are Associated with the Chefs' Perception of Stress at the Beginning of the COVID-19 Lockdown. *International Journal of Hospitality Management* 96. S. 102945.

Wilkesmann, Uwe, Wilkesmann, Maximiliane. (2021b). Who can reach for the Michelin stars? An empirical analysis of human, organizational, and motivational resources. *zhb Discussion Papers,* (2–2021). TU Dortmund.

Wilkesmann, Uwe. (1994). *Zur Logik des Handelns in betrieblichen Arbeitsgruppen. Möglichkeiten und Grenzen einer Rational-Choice-Theorie der Anreizsysteme bei Gruppenarbeit.* Opladen: Leske + Budrich.

Wilkesmann, Uwe. (1999). *Lernen in Organisationen. Die Inszenierung von kollektiven Lernprozessen.* Frankfurt a.M.: Campus.

Wilkesmann, Uwe. (2019b). Motivation und Mitgliedschaft. Das Verhältnis von Organisation und Mitglied. In: Apelt, Maja, Bode, Ingo, Hasse, Raimund, Meyer, Uli, von Groddeck, Victoria, Wilkesmann, Maximiliane, Windeler, Arnold (Hrsg.), *Handbuch Organisationssoziologie,* Wiesbaden: Springer VS Verlag.

Willke, Helmut. (1998). *Systemisches Wissensmanagement.* Stuttgart: Lucius & Lucius.

Wilkins, John. (2005). Fish as a Source of Food in Antiquity. In: Bekker-Nielsen, Tønnes (Hrsg.), *Ancient fishing and fish processing in the Black Sea region,* Aarhus: Aarhus University Press. S. 21–30.

Zeuske, Michael. (2019). *Handbuch Geschichte der Sklaverei.* De Gruyter: Oldenbourg.

GPSR Compliance

The European Union's (EU) General Product Safety Regulation (GPSR) is a set of rules that requires consumer products to be safe and our obligations to ensure this.

If you have any concerns about our products, you can contact us on

ProductSafety@springernature.com

In case Publisher is established outside the EU, the EU authorized representative is:

Springer Nature Customer Service Center GmbH
Europaplatz 3
69115 Heidelberg, Germany